2020/2021 中国长丝织造产业发展研究

2020/2021 CHINA FILAMENT WEAVING INDUSTRY DEVELOPMENT RESEARCH

中国长丝织造协会　编著

中国纺织出版社有限公司

内 容 提 要

本书全面系统地介绍了 2020 年以来中国化纤长丝织造产业的技术创新、绿色生产、产品开发、标准建设、集群发展、行业运行、产业政策等内容，具有内容丰富、重点突出、数据翔实、观点鲜明、指导性强的特点，对研究和指导长丝织造产业发展具有重要作用。

本书适合行业管理者、长丝织造及上下游产业相关专业技术及管理人员参考阅读。

图书在版编目（CIP）数据

2020/2021 中国长丝织造产业发展研究/中国长丝织造协会编著 . --北京：中国纺织出版社有限公司，2021.8

ISBN 978-7-5180-8689-4

Ⅰ.①2⋯　Ⅱ.①中⋯　Ⅲ.①长丝织物—纺织工业—产业发展—研究—中国—2020-2021　Ⅳ.①F426.81

中国版本图书馆 CIP 数据核字（2021）第 132831 号

责任编辑：范雨昕　责任校对：楼旭红　责任印制：何　建

中国纺织出版社有限公司出版发行
地址：北京市朝阳区百子湾东里 A407 号楼　邮政编码：100124
销售电话：010—67004422　传真：010—87155801
http://www.c-textilep.com
中国纺织出版社天猫旗舰店
官方微博 http://weibo.com/2119887771
天津千鹤文化传播有限公司印刷　各地新华书店经销
2021 年 8 月第 1 版第 1 次印刷
开本：710×1000　1/16　印张：16.25
字数：259 千字　定价：88.00 元
京朝工商　广字第 8172 号

◆ 前　言

　　近年来，随着经济社会发展和科技进步，中国纺织服装工业正在发生内涵质变，诞生了一批技术含量和创新水平高的新产品或新产业，化纤长丝织造产业正是其中之一。

　　为总结中国长丝织造行业"十三五"的发展经验，更好地促进行业"十四五"的高质量发展，在广泛调查、深入研究的基础上，中国长丝织造协会组织行业专家完成了《2020/2021 年中国长丝织造产业发展研究》一书的编写工作。

　　本书全面系统地介绍了中国长丝织造产业的产品开发、生产技术、科技创新、绿色发展、标准建设、产业集群、行业运行、产业政策等内容。

　　自 2010 年开始，本书每年更新，具有内容丰富、重点突出、数据翔实、观点鲜明、指导性强的特点，对研究和指导行业发展具有重要作用，深受行业内人士的欢迎。《2020/2021 中国长丝织造产业发展研究》在《2019/2020 中国长丝织造产业发展研究》的基础上，优化了产品分类，完善了行业专用术语和定义，按照行业综合篇、专题研究篇、集群发展篇、行业运行篇、学术成果篇、产业政策篇和数据统计篇等篇章进行介绍。根据每年的研究重点，本书省略了纺织机械的内容，增加了常见纺织品的生产技术、化纤行业运行分析等内容，突出了阶段性重点和针对性，以利于指导行业的转型升级与高质量发展。

　　本书对纺织行业管理人员、长丝织造及上下游产业相关专业技术及管理人员，具有很好的参考、应用和研究价值。

　　本书得到了各地方政府、产业集群行业组织、高等院校和会员企业的大力支持，在此一并表示感谢。

2021 年 3 月 15 日

目　录

学术成果篇

产业政策篇

数据统计篇

行业综合篇

第一章 长丝织造产业概述

一、长丝织造的概念和产业特点

(一) 长丝织造的概念

中国工程院曾对我国 26 个制造业与全球制造业强国进行对比分析，结果表明，中国纺织工业在处于世界先进水平的五个行业中名列第一，已形成全球最为完备的产业体系，生产制造能力与国际贸易规模长期居于世界首位。

随着经济社会发展和科技进步，传统纺织服装产业的内涵也不断延伸，化纤长丝织造产业是覆盖服装、家纺、产业用三大主要用途的新兴产业，其产品在满足传统服用、家用纺织品需求外，在航空、医疗、军事、交通等关系国计民生的战略领域也发挥着重要的作用。

长丝织造产业是指经向以化纤长丝为主要原料进行机织生产、研发、营销服务等相关活动的产业。作为纺织工业重要的制造环节，长丝织造产业在行业发展中发挥着基础性作用，是产业规模优势的集中体现，是实现价值的重要环节。

长丝织造产业在替代丝绸、棉、毛、麻等天然纤维，在繁荣市场、吸纳就业、增加居民收入、加快城镇化进程以及促进社会和谐发展，满足人民对美好生活的新需求等方面都发挥着不可替代的作用。

(二) 长丝织造产业的特点

1. 产品性价比高

与棉、毛、丝、麻等传统纺织行业相比，化纤长丝织造织物不仅性能卓越，而且价格还特别亲民。

这一方面是因为长丝织造产业所用原料以合成纤维为主，其价格明显低于棉、毛、麻、蚕丝等天然纤维；另一方面是因为化纤长丝无须经过像棉、麻、毛等短纤维一样的纺纱工序就可以织布，减少了能源消耗，提高了生产效率，降低了加工成本。

此外，化纤长丝强力高，断头少，织造效率普遍达到 97% 以上，远远高于天然纤维的织造效率；喷水织机的用电功率约为 3kW，远低于需配备空压机的喷气织机（用电功率约9kW），能耗较低。

化纤长丝织造产业原料成本低、生产流程短、织造效率高、电气能耗低等优势决定了其产品的高性价比。

2. 产品性能卓越，应用广泛

随着产品的不断创新，化纤长丝织物的使用性能特别在免烫、耐磨、耐水洗色牢度、吸湿快干、防紫外等方面，远远优于天然纤维，目前已应用于生活中的方方面面。

化纤长丝织物以其独特的手感、抗皱、挺括、抗起毛起球性等特点，辅以防水透气、阻燃、抗菌等工艺，广泛应用于时装、休闲装、户外运动服、防寒服、防护服等服装领域；以其耐磨、高强、耐紫外、色彩艳丽、风格多变等特点，广泛应用于窗帘、箱包、沙发布、床上用品等家纺领域；以其高强、高性能、功能多变等特点，在医疗卫生、过滤分离、安全防护、文体旅游、隔离绝缘、结构增强、航空航天、土工建筑、农业、包装、汽车配饰等产业用领域大放异彩。

3. 产品多变，创新优势明显

化纤长丝织物产品创新空间广阔，新产品层出不穷。化纤织物的原料是通过化学与物理的方法制造而成，改变这些方法就可以制出不同性能、不同形状、不同规格的化纤原料；将这些不同的原料经过织造前准备的深加工工艺处理，又可以赋予其更加丰富而卓越的性能，再经过织造过程中丰富的组织结构变化，配以染整后整理不同工艺的加工，便可以生产出成千上万的不同功能、不同特色、风格各异的长丝织物。长丝织物各环节的创新，使新产品开发丰富多彩、层出不穷，赋予了化纤长丝织物不竭的生命力。

二、长丝织造产业的发展现状与前景

（一）发展现状

2020年，我国纤维加工量达5800万吨，其中化学纤维约5000万吨，占纤维加工总量的85%以上，其中化纤长丝约3500万吨，超过60%的化纤长丝用于机织，长丝织造已成为纺织工业中第一大纤维加工产业。

我国化纤长丝织造产业起源于20世纪80年代，最初以仿真丝为主，随着科技进步，产业得到快速发展，化纤长丝织造扩展到仿棉、仿毛、仿麻、仿麂皮等仿真面料上，应用也逐步从服用纺织品扩展到家用纺织品和产业用纺织品领域。产量从2000年的41亿米上升到2020年的520亿米，年平均增速超过13%，是增长最快的纺织产业之一；年产值近2000亿元，年出口量超过140亿米，是纺织行业中第一大出口机织物。化纤长丝织造产业已成为中国纺织工业中发展最快的支柱产业之一，并逐步成为最具市场活力和技术活力的产业之一。2011~2020 年中国化纤长丝织物的产量如图 1-1 所示。

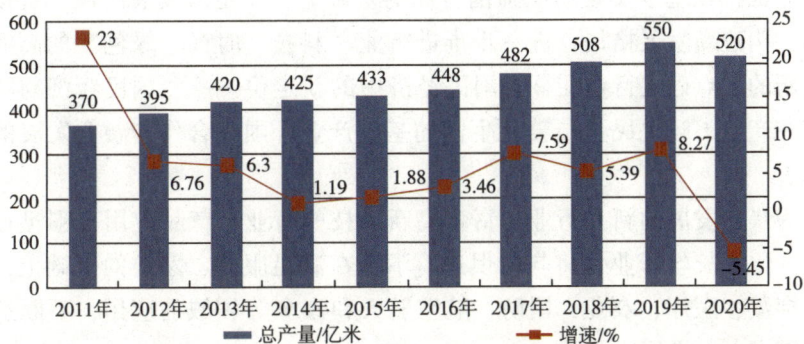

资料来源：中国长丝织造协会

图 1-1　2011~2020 年中国化纤长丝织物的产量

目前，化纤长丝织造行业采用的织造设备几乎全部都是高度自动化的喷水织机和喷气织机，其中 90% 以上是喷水织机。随着科技的不断进步，行业中采用电子送经、电子卷取、电子多臂开口、电子提花开口、共轭凸轮开口、断经自停、自动补纬、永磁伺服电动机、高速电子储纬器等具有国际先进水平织机的企业越来越多。全行业喷水织机的自动控制功能和智能化水平得到了进一步提升，有效提高了生产效率和产品质量。

另外，用于长丝织造产业的全自动穿经机、自动挂经系统、智能立体仓储和物流配送系统、企业资源计划（ERP）系统和制造执行（MES）系统等智能织造技术，已在行业骨干企业中推广使用，在提升生产效率和产品质量的同时，也为开发生产高档复杂组织的织物提供了技术保障，有效降低了对熟练工人的依赖，显著节约了劳动力成本，提升了企业的国际竞争力。

截至 2020 年底，我国长丝织造行业织机规模达到 75 万台，同比增长7.14%，其中喷水织机 68 万台，同比增长 6.25%。据中国海关、中国长丝织造协会统计，中国喷水织机规模约占全世界总量的 78%，中国已成为当之无愧的长丝织造产业第一生产大国。

截至 2020 年底，苏南、浙江、福建等原有产业集群的喷水织造规模约为 43万台，占全国总规模的 63%；苏北、安徽、河南、湖北、江西等新兴产业集群的喷水织机规模约 25 万台，占全国总规模的 37%。"以沿海发达地区为产品研发和销售基地，以中西部地区为产品生产加工基地的产业分工格局"已初步形成。

（二）发展前景

当前，我国已全面建成小康社会，实现第一个百年奋斗目标，正乘势而上开启全面建设社会主义现代化国家新征程，向第二个百年奋斗目标进军。我国纺织行业也将在基本实现纺织强国目标的基础上，立足新发展阶段、贯彻新发展理念、构建新发展格局，进一步推进行业"科技、时尚、绿色"的高质量发展，在新的起点确定行业在整个国民经济中的新定位——"国民经济与社会发展的支柱产业、解决民生与美化生活的基础产业、国际合作与融合发展的优势产业"。

作为快速发展的新兴行业、富含高新科技的行业、产品应用范围迅速扩展的行业，化纤长丝行业也将与时俱进，不断在满足服装、家纺的基础上，拓展在智能穿戴、医疗、农业、国防、航空航天和汽车等领域的应用，不断适应社会的新需求、新发展。

根据联合国预测，2050年全球纺织纤维消费量将达到2.53亿吨，其中化纤长丝织物年均增长3%，而天然纤维织物年均增长只有1%左右。化纤织造产业市场潜力巨大，前景广阔。

专题研究篇

第二章　产品开发

一、化纤长丝

化学纤维（Chemical fibers，Manufactured fiber，Manmade fiber）是指用天然或合成高分子化合物为原料，经过化学处理和机械加工制得的纤维。化学纤维在制造过程中，纺丝流体（熔体或溶液）经纺丝成型和加工工序后，得到的连续不断、长度以千米计的化学纤维即为化学纤维长丝（Filaments），简称化纤长丝。

（一）化纤长丝分类

1. 按原料不同分类

化纤长丝按照原料可分为再生纤维和合成纤维两大类。再生纤维是以天然高分子化合物（如纤维素）为原料，经化学处理和机械加工制得的纤维，又称人造纤维。合成纤维是以石油、天然气、煤及农副产品等为原料，经一系列化学反应制成合成高分子化合物，再经纺丝加工而制得的纤维。

2. 按结构不同分类

化纤长丝经喷丝孔喷出，理论上长度可以无限长，按结构和外形，可以分为单丝和复丝。

（1）单丝。单丝又称单根丝或单孔丝，是指由单孔喷丝所形成的很长的单根丝。

（2）复丝。复丝是指由两根或两根以上的单丝并合在一起的丝束，俗称束丝。

3. 按加工方法不同分类

按照加工方法不同，化纤长丝可分为初生丝 ［未拉伸丝（UDY）、半取向丝（MOY）、预取向丝（POY）、高取向丝（HOY）］，拉伸丝 ［低速拉伸丝（DY）、全拉伸丝（FDY）、全取向丝（FOY）］和变形丝 ［常规变形丝（TY）、拉伸变形丝（DTY）、空气变形丝（ATY）］，如图2-1所示。

（1）预取向丝（POY，pre-oriented yarn）。POY是经高速纺丝获得的取向度在未取向丝和拉伸丝之间的未完全拉伸的化纤长丝，与未拉伸丝相比，它具

```
                       ┌ 未拉伸丝（常规纺丝）（UDY）
                  初生丝│ 半取向丝（中速纺丝）（MOY）
                       │ 预取向丝（高速纺丝）（POY）
                       └ 高取向丝（超高速纺丝）（HOY）

                       ┌ 拉伸丝（低速拉伸丝）（DY）
  化纤长丝 ──── 拉伸丝 │ 全拉伸丝（纺丝拉伸一步法）（FDY）
                       └ 全取向丝（纺丝一步法）（FOY）

                       ┌ 常规变形丝（TY）
                  变形丝│ 拉伸变形丝（DTY）
                       └ 空气变形丝（ATY）
```

图 2-1 涤纶长丝按加工方法分类

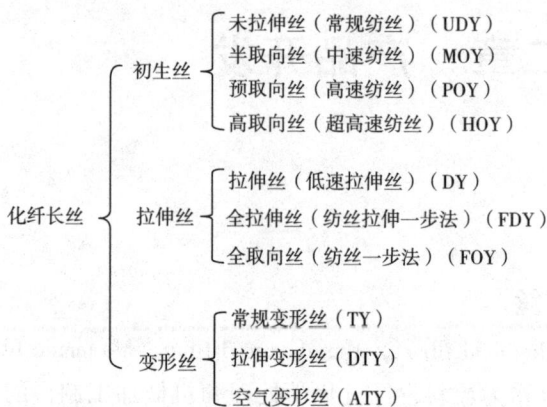

有一定程度的取向，稳定性好，常用作弹力丝（DTY）、变形丝、异收缩丝等。

（2）全拉伸丝（FDY, full-draw yarn）。FDY 是采用纺丝牵伸一步制得的化纤长丝。纤维已经经过充分牵伸，可以直接用于纺织加工。

（3）拉伸变形丝（DTY, draw-textured yarn）。拉伸变形丝也称低弹丝，是用 POY 做原丝，经过牵伸和假捻变形制成的成品丝。DTY 丝具有一定的弹性和收缩性，也称弹力丝。

（4）空气变形丝（ATY, air-textured yarn）。ATY 是用空气喷射技术对丝束进行交络加工，形成不规则扭结丝圈，使丝束具有蓬松毛圈状，织物呈现厚实、柔软、短纤状的效果。

4. 按光泽不同分类

化纤长丝根据光泽不同，可分为有光丝（BR）、半消光丝（SD）和全消光丝（FD）。

5. 按色彩不同分类

化纤长丝根据色彩可分为双色丝、多彩丝等。

(二) 常用化纤长丝产品

1. 化纤长丝产品

常用化纤长丝产品种有聚酯纤维（涤纶）、聚酰胺纤维（锦纶）、聚丙烯腈（腈纶）、聚丙烯纤维（丙纶）、聚乙烯醇纤维（维纶）、聚氯乙烯纤维（氯纶）、聚氨酯弹性纤维（氨纶）等。

（1）涤纶。涤纶是聚酯纤维的一种，化学名称为聚对苯二甲酸乙二酯。涤纶是我国的商品名称，国外称其为大可纶、特利纶、帝特纶等。由于涤纶具有原料易得、性能优异、用途广泛等特点，发展非常迅速，产量稳居化学纤维之首。

涤纶的优点十分突出，强度、耐磨性、耐热性较强，具有较好的化学稳定性，在正常温度下，不会与弱酸、弱碱、氧化剂发生作用。涤纶面料不但色牢度优良，而且挺括、不易变形，有"免烫"的美称；涤纶的缺点是吸湿性、透气性、抗静电性差，涤纶短纤容易起毛起球，影响舒适性和美观性。

（2）锦纶。在我国聚酰胺纤维的商品名称是锦纶，是指分子主链由酰胺键（—CO—NH—）连接的一类合成纤维。主要包括聚己内酰胺（锦纶6）、聚己二酸己二胺（锦纶66）、锦纶1010、锦纶56等品种，国外商品名称有耐纶、卡普纶、阿米纶等。由于其性能优良，原料资源丰富，锦纶在合成纤维中产量一直较高，仅位居涤纶之后。

锦纶具有良好的综合性能，如具有较好的力学性能、耐热性、耐磨损性、耐化学药品性和自润滑性。锦纶最突出的优点是耐磨性居于纤维之首，在混纺织物中稍加入一些锦纶纤维，可大幅提高其耐磨性。锦纶的缺点是耐热、耐光性都不够好，吸湿性较差，锦纶保型性不佳，做成的衣服不如涤纶挺括，容易变形，但它可以随身附体，是制作各种体形衫的好材料。

（3）氨纶。氨纶是以聚氨基甲酸酯为主要成分的嵌段共聚物制成的纤维，是我国聚氨酯纤维（polyurethane）的商品名称。国外称其为莱卡、来克拉、斯潘齐尔等。氨纶的最大特点是弹性非常高，其使用方式也比较独特，一般制品不单独使用，多以氨纶为芯，用其他纤维做皮层制成包芯纱弹力织物，其对身体的适应性良好，很适合做紧身衣，无压迫感，且织物的外观风格及服用性能与所包覆外层纤维织物的同类产品接近。

2. 再生纤维产品

再生纤维产品有再生纤维素纤维、纤维素酯纤维和再生蛋白质纤维。目前长丝面料应用较多的是再生纤维素纤维和纤维素酯纤维，包括黏胶纤维、天丝纤维、莫代尔纤维、醋酯纤维和铜氨纤维等。

（1）黏胶纤维。黏胶纤维是由天然纤维素经碱化而成碱纤维素，再与二硫化碳作用生成纤维素黄原酸酯，溶解于稀碱液内得到的黏稠溶液称黏胶，黏胶经湿法纺丝和一系列处理工序后即成黏胶纤维。黏胶纤维像棉一样柔软，与丝纤维一样光滑，其某些性能与棉接近。其吸湿性和透气性比棉好，是常见的化学纤维中吸湿性最好的。纤维容易上色，色彩纯正，色谱齐全。其主要特点是湿强低，弹性也比较差，织物容易起皱，耐酸碱性都不如棉纤维。

（2）天丝纤维。天丝纤维（Tencel）是以木浆为原料，采用专用溶剂

（NMMO）直接溶解纤维素后纺丝加工而成的纤维（Tencel 是英国生产的 Lyocell 短纤维的商品名，我国称为天丝），因溶剂可以回收故对生态无害，被称为绿色纤维。其特点是具有较好的柔软性和悬垂性，韧性和干强略低于涤纶，湿强优与棉纤维，但湿热条件下容易变硬。天丝服装的服用舒适性好，具有柔软、透气、光滑、悬垂、耐穿耐用和不易起皱等特点。

（3）莫代尔纤维。莫代尔纤维（Modal）是以山毛榉木浆粕为原料，经过专门的纺丝加工工艺而得到的纤维。具有较高的湿模量、强力、韧性，同时具有良好的柔软性和吸湿性。莫代尔纤维具有棉纤维的柔软、真丝的光泽、麻纤维的滑爽，其吸水透气性优于棉纤维的品质。莫代尔纤维制成的面料具有天然的抗皱性和免烫性，手感柔软、穿着舒适，但织物的挺括性较差。

（4）醋酯纤维。醋酯纤维俗称醋酸纤维，即纤维素醋酸酯纤维，是一种半合成纤维。它是以木浆粕或棉浆粕等为原料提取的天然高分子化合物，通过与其他化学物质反应，改变组成成分，再生形成天然高分子的衍生物而制成的纤维。醋酯纤维的主要特点是，具有热塑性，产生塑性变形后形状不可回复；纤维的外观、光泽和手感与桑蚕丝相似。其强度偏低，断裂伸长较大，湿强与干强的比值高于黏胶纤维，初始模量小；耐酸性较好，耐碱性较差；回潮率比黏胶纤维和桑蚕丝低；耐日光性较好，经一般光照后强力基本保持不变。醋酸丝织物易洗易干，不霉不蛀，其弹性优于黏胶纤维。近几年，醋酸纤维服用织物的研发和生产取得较大的进步，很多醋酸面料取得很好的市场反响，具有广阔的发展前景。

（5）铜氨纤维。铜氨纤维是将棉短绒等天然纤维素，溶解在铜氨溶液中制成纺丝液，然后经过湿法纺丝而制成的再生纤维素纤维。其主要特点是具有真丝般的光泽，单纤维较细，织成的织物手感柔软，悬垂感好，服用性能近似于真丝绸；纤维的吸湿性与黏胶纤维接近；纤维的干强与黏胶纤维接近，但湿强高于黏胶纤维，湿强是干强的 $65\% \sim 70\%$；纤维无皮层结构使其对染料的亲和力较大，上色较快，上染率较高；耐磨性优于黏胶纤维；对酸和碱的抵抗能力较差。

（三）常用新型化纤长丝

随着化纤行业的迅猛发展，应时代和消费升级的需求，各种新型化纤丝不断涌现，为化纤长丝织物的发展提供了源源不断的动力。

1. 绿色纤维

环保、绿色是人类长期发展的基础，绿色可持续发展也是化纤行业重要趋势，各种绿色纤维成为研究焦点。新型绿色化纤丝主要包括生物基纤维、循环再利用纤维、原液着色纤维三大类。

（1）生物基纤维。生物基纤维具有生物安全性、生物相容性、生物可降解性等特性，属于可再生资源，生产环保，产品亲肤，已广泛应用于贴身内衣、衬衫、袜类、休闲运动等服装领域以及床品、窗帘等家纺领域。生物基纤维的种类十分丰富，主要分为生物基新型纤维素纤维、生物基合成纤维、海洋生物基纤维及蛋白纤维等几大类。生物基纤维种类十分丰富，如（Lyocell）纤维、竹浆纤维、聚乳酸纤维（PLA）、壳聚糖纤维、生物基 PTT 纤维、PA 56 纤维、海藻酸盐纤维、甲壳素/纤维素复合纤维、大豆蛋白纤维、牛奶蛋白纤维等。

（2）循环再利用纤维。市场上常见的循环再利用绿色纤维是指由废旧聚酯（如瓶片、泡料、废丝、废浆、废旧纺织品等）经过再生工艺制成的聚酯纤维。随着技术的进步，锦纶循环再利用绿色纤维也取得了长足的进步，不仅纺丝技术取得了突破，10 旦超轻薄再生尼龙长丝织物也已在某些企业实现量产。

（3）原液着色纤维。原液着色改变了传统的染液染色工艺，在纺丝加工过程中实现纤维染色，可极大地降低染色后加工的耗能及污染排放，同时融合一些特定功能、超细旦技术，给予纤维抗菌、凉感、亲肤、吸湿、速干、绿色健康、可完全生物降解等功能，更加绿色环保，减少了废水及 CO_2 的排放，从根本上保证了纺织纤维对环境的可持续发展。

2. 弹力纤维

弹力是满足服装可穿性、舒适性的重要基础。随着人们对穿着体验的要求越来越高，各种弹力织物成为市场热点，各种化纤弹力丝也不断被深入开发。弹性纤维按品种和组成可分为氨纶弹性纤维、聚醚—酯类弹性纤维、聚烯烃类弹性纤维、聚酯类弹性纤维、假捻变形弹力丝、双组分复合卷纤维等。近年来，聚酯类弹性纤维和双组分弹性纤维成为长丝织造行业产品研发的热点。

（1）聚酯类弹性纤维。

①PBT 弹性纤维。聚对苯二甲酸丁二酯（PBT）是由对苯二甲酸二甲酯（DMT）或对苯二甲酸（TPA）与丁二醇酯化后缩聚而成，后经熔体纺丝制得，属于聚酯纤维的一种。由于 PBT 纤维的分子可以自由运动，使得 PBT 纤维具有优良的弹性和弹性回复性。此外，PBT 纤维还具有防霉防蛀、抗静电性以及较好的染色性等，价格也较传统氨纶弹力丝低，因此，PBT 纤维被广泛用于弹性衣物，如泳衣、舞蹈紧身衣及牛仔裤等微弹服装。

②PTT 弹性纤维。聚对苯二甲酸丙二醇酯（PTT）是由对苯二甲酸和 1,3-

丙二醇缩聚而成的芳香族聚酯化合物。PTT 大分子链呈螺旋状排列，呈现 Z 字形特性，具有像弹簧一样的弹性变形并发生键角的改变和键的旋转。由于在弹性变形过程中分子构象并未发生变化，当外力消失后又恢复原状，构象转变是完全可逆的，因此 PTT 比 PBT 和 PET 拥有更好的弹性和回复性能。此外，PTT 还具有优异的尺寸稳定性、抗污性、抗皱性、耐磨性和易染色性，被称为"21 世纪新型聚酯纤维"。

（2）双组分弹性纤维。双组分弹性纤维由于很多性能优于单组分纤维而受到市场广泛欢迎，如具有自然且永久螺旋卷曲，拥有优异的蓬松性、弹性、弹性回复率、色牢度以及极柔软的手感，既可单独织造，也可与棉、黏纤、涤纶、锦纶等进行交织，形成多种多样的风格。这类纤维主要用互不混合但具有较好相容性的成分以并列或皮芯、偏心的方式沿纤维轴向连续排列，利用各组分的热收缩差异而产生螺旋形卷曲。

①T-400 弹力纤维。T-400 弹力纤维是一种复合弹性纤维，通过采用杜邦生产的 SORONA 聚合物和 PET 复合纺丝加工而成，具有自然永久螺旋卷曲及优异的蓬松性、弹性、色牢度以及柔软的手感。它解决了传统弹力氨纶长丝不易染色、织造复杂、面料尺寸不稳定及在使用过程中易老化等诸多问题，而且还可以直接上机织造，而氨纶长丝则需要先做成氨纶包覆丝才能上机织造，进一步降低了生产成本，提高了产品的质量均一性。T-400 面料弹性好、布面平整、手感滑爽、易于打理，广泛应用于裤料、运动休闲服装、高档正装等面料领域。

②SSY、SPH 弹力纤维。涤纶复合丝 SSY 由低黏度 PET 与高黏度 PET 复合纺丝而成，SPH 则由低黏度 PET 与高收缩 PET 复合纺丝而成。纤维截面为异形，纤维上存在沟槽，易产生毛细管效应，具有一定的吸湿散湿功能，由于两种组分不同的热收缩性能，在拉伸的过程中将有少量卷曲出现，赋予纤维一定的弹性。该类弹性纤维受到企业和市场的好评，被广泛用于化纤长丝女装、裤装和休闲服装面料等产品的开发。

③其他双组分弹性纤维。双组分弹性纤维的弹性产生原理赋予其很强的开发性，成为企业、院校和行业组织等研究的热点，并根据自身需求，分别对不同弹力纤维进行了命名，如 POY 纤维与 SSY 纤维复合成 CEY 弹性纤维，PET 和 PBT 复合成 T-800 弹性纤维，PET 和 PTT（石油提炼）复合成 H-400 弹性纤维等各类弹力纤维。

除此以外，还有很多双组分弹力纤维相继被研发出来，这些弹性纤维弹力和回复性各异，其他各项性能也不尽相同，满足了产品开发人员对多样弹性纤维的需求，满足了市场对弹性面料的多样需求。

（3）加捻变形弹力丝。加捻变形弹力丝是在加捻丝的基础上加假捻定形改良的一种新型原料，具有一定的弹性，常用于开发仿真丝面料。常规的加捻弹力丝为75D/36F，先加1200捻/m的Z捻度，然后通过220℃的高温使之定形，然后反向加800捻/m的S捻度，再次进行高温定形。这样加工后的丝就具有了Z捻的主趋势，同时具有S捻的反向趋势，使丝既有良好的蓬松性，又有一定的弹力，可以替代氨纶丝，解决了氨纶丝露白及易老化断裂的缺点。在后道整理过程中通过碱减量处理，也进一步提升了面料的弹性。假捻四面弹、假捻乱麻都是市场上开发出的经典产品，广泛应用于时尚女装、裙装和礼服。

3. 功能性、智能纤维

生活水平的提高，除了基本的服用需求，人们对纤维的功能性也提出了更高、更新的要求，化纤长丝基于自身可开发性强的特点，很早就成为被赋能的对象。

（1）功能性纤维。目前，功能性纤维研究的主要方向有医疗卫生、安全防护、舒适亲和等方面。疫情下，人们对抗菌抑菌、消臭除臭的需求持续上升，这类纤维主要是通过添加抗菌助剂实现对微生物抑制的相关功能，助剂种类及添加方式对产品效能至关重要。安全防护一直是功能性纤维的研究重点，如阻燃纤维、防紫外、防辐射纤维等，这些纤维织物主要是为了保障特殊环境工作人员的人身安全，其研究成果具有重要的意义。亲和舒适纤维主要是指纤维具有发热、凉感、吸湿速干、轻柔手感等效果，这些纤维的发展大幅提升了织物的附加值，满足了普通消费者对功能服装的要求。

（2）智能纤维。智能纤维是功能性纤维的特殊品种，是指当外界环境条件（力、热、声、光等）或内部状态发生变化时，能够及时感知并响应的功能性纤维材料。智能纤维的种类十分丰富，有随外界温度、光线变化而自动发生可逆颜色变化的智能变色纤维、将光能封闭在纤维中并使其以波导方式进行传输的智能光纤、能够根据要求自动调控温度的智能调温纤维、模仿生物体损伤自愈合的自修复纤维、具有形状记忆功能的形状记忆纤维，还有能对外部环境和条件进行感知、反馈、响应的电子信息纤维等。信息技术的高速发展，对智能纤维以及智能可穿戴服装等领域的研究提供了更多可能，也提出了更高要求。

4. 高性能纤维

化纤长丝除了满足日常需求，在高新技术的产业用等领域也发挥着重要作用，各种高性能化纤长丝的发展为"科技强国"注入了能量。高性能纤维要求纤维能耐受极端环境条件，如高强度、高模量、高温、化学药品、极端气候、电弧环境等。按原料不同分类，高性能纤维主要包括芳香族聚酰胺纤维、芳香族聚酯纤维、芳杂环类聚合物纤维，超高相对分子量聚乙烯纤维以及碳纤维等。高性能纤维的品种十分丰富，如聚间苯二甲酰间苯二胺（PMIA）纤维、聚对苯二甲酰对苯二胺（PPTA）纤维、聚苯并咪唑（PBI）纤维、聚苯并双噁唑（PBO）纤维、聚苯硫醚（PPS）纤维、聚酰亚胺（PI）纤维、聚醚酰亚胺（PEI）纤维等。

高性能纤维已有几十年的研究历史，目前各国仍然致力于探索高性能纤维。其中超高分子量聚乙烯（UHMWPE）主要是开发耐温、抗蠕变的 UHMWPE 纤维，完善中高强度 UHMWPE 工程化制备技术，解决生产过程能耗大、成本高的问题。PPS 纤维在朝着细旦化、均匀化方向发展。芳纶主要开发系列化、功能性对位芳纶，满足差异化应用领域需求，同时发展新一代高强高模、高复合性、低成本杂环芳纶。总体来说，高性能纤维的研发和生产，日本及欧美等处于世界领先水平，且研发不断取得新的进展。我国在高性能纤维领域，过去一直处于追赶国外先进技术和产品系列化的阶段，目前已取得了长足进步，已经成为高性能纤维研发和生产品种较全的国家。

二、化纤长丝机织物

经纬双向或经向以化纤长丝为原料的机织物，称为化纤长丝机织物，简称长丝织物。目前，化纤长丝织物的花色品种日新月异，新产品层出不穷。在衣着类方面不仅有仿真丝织物，而且还有仿毛、仿麻、仿棉等仿真类织物，也有自身特色产品、功能性产品（如里子布、遮光布、记忆布、麂皮绒、桃皮绒、防羽绒布等），除服用外，还可大量应用在家纺、车内装饰、军用和其他产业用等领域，如用于制作篷盖布、防弹衣、降落伞及军服等装备所用面料。目前，绝大多数窗帘布、帐篷布都是用长丝面料制作而成的。

（一）化纤长丝机织物的分类

化纤长丝机织物可制成服装、箱包、篷盖等各类产品，虽然生产历史较短，但发展迅猛，产品数量已远远超过天然纤维机织物。由于历史原因，到目前为止化纤长丝织物还没有一个全国统一的分类和命名，由于它是从丝绸行业分离出来的，有些已基本定型的传统产品继续沿用原来在丝绸行业赋予的名字，而绝大多数新开发出来的产品则各有各的名称，分类并不清晰。

1. 按织物经纬丝原料构成不同分类

（1）纯化纤长丝织物。经丝和纬丝采用同一种化纤长丝所织制的化纤长丝织物，如纯涤纶织物、纯锦纶织物、纯黏胶织物和纯醋酸织物等。

（2）交织化纤长丝织物。经丝采用化纤长丝，且经纬采用不同纤维原料

（如棉、毛、麻、化纤短纤的纯纺或混纺纱、真丝、不同化纤长丝等）织制的化纤长丝织物，如涤/锦织物、涤/棉织物等。

2. 按织物印染整理加工工艺不同分类

（1）按织前丝线漂染加工工艺不同分类。

①本色织物。未经染色加工的丝织成的化纤长丝织物。

②色织织物。先将丝线进行染色等加工再织成的化纤长丝织物。可通过长丝染色或纺丝中加入色母粒获得色丝。

（2）按织物染色加工工艺不同分类。

①漂白织物。即白坯布经过练漂加工后获得的化纤长丝织物。

②染色织物。即白坯布经过练漂、染色加工后获得的化纤长丝织物。

③印花织物。即白坯布经过练漂、印花加工后获得的化纤长丝织物。

（3）按后整理加工工艺不同分类。可分为涂层织物、烂花织物、褶皱织物、磨毛织物、功能性织物，是指分别经涂层、烂花、褶皱、磨毛、功能性后整理等特殊加工的化纤长丝织物。

3. 按织物用途分类

化纤长丝织物按用途不同可以分为衣着类长丝织物、装饰类长丝织物及产业用类长丝织物。

（1）衣着类长丝织物。服装用纺织品也称衣着用纺织品，服饰用长丝织物是指用于制作服装和服饰的长丝织物。这类长丝织物需要具备实用、舒适、卫生、装饰等基本功能，能够满足人们日常穿着的需求。

按照不同的服用风格，又可分为：

①时装类长丝织物。主要用于时装类服饰的面料。面料颜色、纹样、肌理等设计具有视觉上的时尚性、艺术性，符合当下流行趋势。

②户外运动类长丝织物。主要用于户外运动类服饰的面料，如登山服、滑雪服、冲锋衣、沙滩装、速干装等。该类面料要求具有很好的防水性、防风保暖性、抗菌防臭、防沾污、抗拉伸、抗撕裂以及速干、透气性等，同时要求质轻易携带。

③休闲类长丝织物。主要用于休闲类服饰的面料。休闲服饰是指在休闲场合所穿着的服饰。所谓休闲场合，就是人们在公务、工作外，置身于闲暇地点进行休闲活动的时间与空间。如居家、健身、娱乐、逛街、旅游等都属于休闲活动。穿着休闲服饰，追求的是舒适、方便、自然，给人以无拘无束的感觉。休闲服装一般有家居装、牛仔装、运动装、沙滩装、夹克、T恤等。制作该类服装所用的面料一般具有轻质、柔软和易洗快干等要求。

④新型功能类长丝织物。主要用于具有特殊需求的服装。要求织物具有一定特殊功能性，如抗紫外线、防辐射、抗菌除臭等。

⑤仿真类长丝织物。是指采用化纤长丝为原料仿制出具有类似于天然纤维织物外观风格、光泽、手感及使用效果的织物，按模仿天然纤维的种类具体可分为仿真丝类长丝织物、仿棉类长丝织物、仿毛类长丝织物、仿麻类长丝织物、仿真皮类长丝织物。

（2）装饰类长丝织物。装饰类长丝织物又称家纺类织物，家用装饰纺织品的内涵包括：巾、床、橱、墙、帘、艺、毯、帕、旗、线、袋、绒，该范围随着家用纺织品的发展将进一步扩展。化纤长丝织物在以上家用纺织品应用种类中都有所作为，不少方面还发挥着主力军作用。

（3）产业用类长丝织物。产业用纺织品是专门设计的、具有工程结构特点的纺织品。用于制作产业用纺织品的化纤长丝织物称为产业用类长丝织物，主要包括骨架材料、篷帆布、渔业用纺织品、工业用呢、革基布、土工织物、轻工业用织物（伞、箱包、鞋等）、汽车内饰、防护服、农业用纺织品、过滤材料、国防用布、屋顶材料、医疗用布、包装材料、绳带缆、绝缘隔声材料等。所有这些产业用纺织品中或多或少都涉及长丝织物。

4. 常用化纤长丝织物命名

长丝织物其多变的特性，满足了人们不同的需求，在纺织行业中发挥着重要的作用。常见的化纤长丝织物品种主要包括以下几个方面内容。

（1）塔夫绸。塔夫绸本来是真丝绸的一类，又称塔夫绢，织物密度大，在绸类织品中是最紧密的高档丝织品之一。涤塔夫是由涤纶长丝织造的全涤布，外观光亮，手感光滑，一般作里料较多。化纤塔夫的品种很多，根据所用原料，除涤塔夫或者涤丝纺外，还有尼丝纺、人造丝塔夫绸、化纤交织塔夫绸等。

（2）春亚纺。春亚纺主要是用涤纶 DTY 织造的全涤产品，织物基本组织为平纹，常见品种有半弹春亚纺、全弹春亚纺、消光春亚纺、斜纹春亚纺、格子春亚纺等。春亚纺是长丝织造行业的经典品种，近年来除了采用消光丝原料和织造工艺创新外，还在染整后处理工艺方面做了延伸，织物密度增加，手感更柔软，功能更齐全。

（3）乔其纱。乔其纱又称雪纺，是以强捻绉经、绉纬制织的一种丝织物，经丝与纬丝采用 S 捻和 Z 捻两种不同捻向的强捻纱，按 2S、2Z（两左两右）相间排列，以平纹组织交织，织物的经纬密度很小。雪纺面料轻薄透明，手感柔爽富有弹性，外观清淡雅洁，具有良好的透气性和悬垂性，穿着飘逸、舒适，适合制作妇女连衣裙、高级晚礼服、丝巾等。

（4）塔丝隆。织物中主要含有空气变形丝原料，或经纬向至少有一个方向采用空气变形丝，织物组织有平纹、变化平纹、小提花和斜纹等。其品种有锦纶塔丝隆和涤纶塔丝隆，分别采用锦纶空气变形丝和涤纶空气变形丝。通常所说的塔丝隆面料是以锦纶空气变形丝为原料的长丝织物。

（5）尼丝纺。尼丝纺是采用无捻锦纶长丝织成的结构紧密、质地轻薄的织物。尼丝纺织物组织常为平纹组织、变化组织等。该织物平整细密，绸面光滑，手感柔软，轻薄而坚牢耐磨，色泽鲜艳，易洗快干，主要用作服装面料。

（6）桃皮绒。桃皮绒是采用细旦或超细纤维制织的有绒毛效应的织物，常用原料为涤纶丝或涤锦复合丝，一般织物表面需经过磨毛处理形成桃皮绒毛效果。织物质地更柔软，绒毛感强，手感和外观更细腻别致。目前市场上桃皮绒主要有平桃、斜桃、缎桃、双面桃皮绒等。

（7）色丁布。色丁是丝绸产品素绉缎英文的音译名称，多采用涤纶长丝，即涤色丁，也有尼龙色丁布和交织色丁布。常用的经纬原料规格有 55.6dtex×83.3dtex（50 旦×75 旦），83.3dtex×111.1dtex（75 旦×100 旦）等，一般为五枚和八枚缎纹组织。由于正则缎纹的经面经浮长较长，织物悬垂性较好。一般经丝选用有光丝，织物正面光亮、爽滑，反面暗淡，类似真丝绸的素绉缎。

（8）麂皮绒。麂皮绒是以海岛丝或超细纤维为原料织制的具有麂皮效应的织物，单丝线密度为 0.056~0.089dtex（0.05~0.08 旦）。由于减量开纤，除去纤维表面 25%左右的水溶性聚酯，为防止布面不至于太稀松需加入可收缩纤维或做可收缩处理。海岛短纤维最早用于制造成麂皮革，其性能与高级天然皮革相媲美。目前市场上主要有经麂皮绒、纬麂皮绒、提花麂皮绒等。

（9）牛津布。多以涤纶丝和锦纶丝为原料、采用平纹变化和纬重平组织织造的产品，又称牛津纺。该织物具有易洗快干、手感松软、吸湿性好和穿着舒适等特点。牛津纺具有粗犷的外观风格，主要用于衬衫面料或箱包材料。目前市场上化纤牛津纺主要有套格、全弹和提格等品种。

（二）化纤长丝织物的应用

化纤长丝面料的用途非常广泛，既可应用于各式各样的服装系列，也是家用纺织品的首选面料，同时在许多产业用领域也发挥着越来越重要的作用。

1. 在服用纺织品中的应用

服用长丝织物是指用于制作服装的长丝织物。其中，服装是化纤长丝面料的第一大应用领域。

化纤长丝面料最初以仿真丝产品为主，具有结实耐用、抗皱免烫易打理和性价比高等优点。涤纶仿真丝经历了纤维仿真丝、外观仿真丝和手感仿真丝三个阶段，通过采用化学接枝、共聚等方法，使涤纶本身的吸湿性能明显提高，外观、手感几乎和真丝绸一样。经过多年的发展，化纤长丝面料的花色品种日新月异，新产品层出不穷。在服用纺织品中，不仅有仿真丝织物，而且还有仿毛、仿麻、仿棉等仿真类织物，也有防水透湿、防紫外、防红外伪装等功能性产品。化纤长丝面料在服装中的应用也越来越广泛，不仅应用于时装、休闲装和工装上，而且还应用于户外运动服、消防服、潜水服和宇航服等特殊用途的服装。

（1）流行绚丽的时装（图2-2）。时装是一类款式新颖而富有时代感的服装，其对面料的需求随流行趋势的变化而不断变化，具有时尚新颖、风格独特、时效性强等方面的特点。化纤长丝面料种类丰富，不仅有璀璨耀眼的有光面料，而且还有低调奢华的消光面料；不仅有各种厚度的雪纺、春亚纺、涤塔夫等面料，而且还有各种式样的仿记忆面料、仿麂皮面料等，可满足时装对亮度、造型、色彩、纹样等各式各样的要求。

图2-2 时装

生活中常见的各种时尚女装、礼服、影视服装，包括裙装、裤子和外套等，大多由化纤长丝面料制作而成。化纤面料以其新颖绚丽的特点，正符合了社会个性化消费的需求，也满足了时装所具有的时代特征。

（2）精美舒适的休闲装（图2-3）。休闲装俗称便装，是人们在无拘无束、自由自在的休闲生活中穿着的服装，具有舒适、健康、环保、耐穿和易洗的特点。制作该类服装所用的面料一般具有轻质、柔软和易洗快干等要求。化纤长丝面料具有柔软、舒适、耐用、成本低、不起毛起球等众多优点，是休闲装、特别是休闲女装的首选。常见的休闲装，如各类休闲夹克、外套、休闲男（女）装等，有相当一部分是采用的黏胶或涤纶长丝面料制造而成。目前，随着各种化纤仿真丝、仿麻和仿棉面料技术的成熟，化纤长丝面料在休闲服装中的应用也越来越广泛。

图2-3　休闲装

（3）安全可靠的工装。工装又称工作服，是专门为特殊环境工作人员设计的服装。一般来讲，根据工作环境的需要，工装要求面料具有防污染、防化学药剂、防热辐射等特殊功能，包括防护性、耐洗涤性、防菌防霉性、耐化学药物性、耐热性等。目前，有些防护服装采用的是芳纶、高分子量聚乙烯或者工业涤纶等纤维制作，也有些是使用经特殊整理的常规涤纶或者锦纶长丝面料生产而成。如石油工人的服装，就是采用经防油防水整理后的常规涤纶长丝面料制作而成，满足石油工人服装不沾油污和易清洁的需求。

当前，随着社会分工的日益专业化和劳动者保护意识的增强，社会对工装的需求正日益增加，同时对工装的功能和质量也提出了更高的要求。这些需求很多都是天然纤维等短纤面料难以达到的，而化纤长丝面料却能够轻易满足，化纤长丝面料在工装中的作用不言而喻。

（4）功能舒适的户外运动服装（图2-4）。户外运动服装主要是为户外运动穿着而设计的服装，其中有专门用于体育运动竞赛的服装，包括田径服、球类运动服、水上运动服、举重服、摔跤服、体操服、登山服、冰上运动服和击剑服等，也有日常运动穿着的休闲运动服、防晒服、防寒服和冲锋衣等。这类服装的面料大都具有防水透湿、舒适和耐磨等特点。如防寒服面料，大多采用锦纶长丝面料制成，不仅防水、挡风、透湿，而且还具有耐寒、耐磨的功能。春夏秋时节，大街上五彩缤纷的防晒服，大多也都是由超细锦纶面料制成，不仅如皮肤一般轻薄柔软，而且还具有较好的防水透湿和防紫外功能。正是由于运动服装独特的设计和化纤长丝面料优异的性能以及社会健康运动理念的逐步深入，户外运动服装正逐步成为居家、旅游、度假和休闲服装的首选。

图2-4 户外运动服装

随着新型纤维的不断出现，织造技术的不断发展以及社会生活水平的不断提高，化纤长丝面料也在不断创新，不断以新的面貌满足新的需求，对社会进步做出更大的贡献。

2. 在家用纺织品中的应用

家纺用长丝织物，也可指装饰面料，具有实用性、艺术性、舒适性、功能性等特征，既含有服用织物性能的某些特征，又具有产业用织物的特性，有的甚至是介于服用和产业用织物之间的，其应用范围广阔，家居用、公共场所用、职业办公用等。随着社会发展，家纺用长丝织物的市场份额不断增加，市场潜力很大。新材料、新技术的发展也为家纺用长丝织物的开发提供了更广阔的空间。

家纺用面料的运用不仅能装饰空间，满足现代人多样化需求，而且为居住环境注入更多文化内涵，增强环境中的意境，不同材质、不同纹理的家纺用面料都可体现不同的生活特征。此外，作为家纺用产品，该类面料也需要具有较好的舒适性、安全性和特殊的使用性能。主要包括：毛巾、床上用品、厨房、餐桌用纺织品、窗帘、装饰帘等。

随着人们对家装的要求不断提高，墙布作为家用纺织面料快速发展。经过后整理的墙布可展现出色彩绚丽、富有质感的图案，有中式、欧式、田园、卡通、现代、工程、刺绣、手绘、数码打印等不同风格，可广泛应用于客厅、卧室、书房、儿童房、办公室、会议室、宾馆等场所。还可以根据客户需要，进行防水、防油、防污以及阻燃等处理，特别是近年来极为流行的氧离子墙布，在普通室内光强下即可高效分解室内甲醛及其他挥发性有害气体，从而满足人们对健康安全的室内软装材料的追求，是目前国内外室内软装材料的主要发展趋势。如图2-5~图2-9所示。

图2-5　窗帘、桌布

图2-6　床上用品

图2-7　沙发布

图 2-8　功能性墙布

图 2-9　田园风格墙布

3. 在产业用纺织品中的应用

近年来，国内外各行各业对产业用纺织品的需求不断增加，推动了产业用纺织品的发展。产业用纺织品是指经过专门设计、具有特定功能，应用于工业、医疗卫生、环境保护、土工及建筑、交通运输、航空航天、新能源、农林渔业等领域的纺织品。它技术含量高，应用范围广，市场潜力大，其发展水平是衡量一个国家纺织工业综合竞争力的重要标志之一。

产业用途一般要求纺织品具有强度高、耐高温、耐酸碱等特种功能。在过去较长时间内这类产品都是由天然纤维占统治地位。但随着化纤技术的进步，由于化学纤维性能优良、耐久性好，占有价格优势，现在这种格局已被化学纤维所取代。由于长丝织物所具有的优异特性，目前被广泛应用于多个产业领域，如图 2-10~图 2-14 所示。

图 2-10 帐篷布

图 2-11 土工布

图 2-12 降落伞

图 2-13　箱包布及箱包

图 2-14　汽车内饰

4. 在军用纺织品中的应用

我国是世界纺织大国，纺织品在军队中是除武器装备外的第二大军用物资，单兵、武器等诸多方面都离不开纺织品。

从社会需求和装备科技发展趋势来看，军用纺织品的未来发展方向在于突出战场防护的功能性，纤维的多元化搭配，并向舒适健康和智能化发展，可以说新一代军用纺织品的开发对纺织工业的结构优化和产品升级起到十分重要的促进作用。

纺织品作为军需品的一个重要门类，是军队建设不可或缺的重要资源。军品采购的市场化和公开化促使更多、更高品质的化纤长丝类纺织产品进入军队采购之列。军用纺织品的需求十分巨大，每年的产值都达到百亿元以上。

军用纺织品对功能性要求最为强烈的是防护类装备材料，比一般纺织品更强调功能性，有更高的附加值，也是纺织科研人员的重点攻关研究对象。

在长丝织造行业中，以浙江盛发纺织印染有限公司为代表的骨干企业已成为军用物资采购稳定供应商，多年来专注可用于军队的化纤长丝功能性面料及成品的开发与生产。盛发公司拥有中科院三位院士加盟，以军队科研院所项目为导向，以东华大学为研发基地的一体化协同机制，在涤纶长丝类军用纺织品研发与转化方面取得了很好的成效，特别是为几次大阅兵活动提供装备面料及装备成品，为固我国国防，扬我军威做出了贡献。

盛发公司主要涤纶长丝类军用纺织产品如图2-15~图2-20所示。

图2-15　迷彩印花涂层帐篷类涤纶长丝面料及装备产品

图2-16　各种涤纶长丝类涂层面料及装具产品

图2-17　迷彩印花涂层伪装用多品种涤纶长丝面料及帐篷产品

图 2-18　涤纶高强长丝伪装面料及产品系列

图 2-19　涤纶长丝类涂层各种车衣面料及装备产品

图 2-20　各种涤纶长丝类涂层面料产品

国防建设与纺织长丝行业及其产品的发展是相互促进、相辅相成、密切相关的，涤纶长丝系列化产品是建设强大国防的重要基础和保障。由此可见，涤纶长丝织造工业的发展必将是国防建设的一个重要组成部分。

（三）化纤长丝机织物产品开发

长丝织造行业是年轻的纺织行业，以产品的技术性、多样性、变化性、可塑性见长于传统的纺织行业，多年来正是以产品创新满足了不断发展的消费者需求，赢得了市场空间，争得了相对主动。因此，在全行业坚定不移地推动产品创新，不仅关乎继续保持行业优势实现行业高质量发展的考量，也是引导企业获得持续可观经济效益的关键所在。长丝织造行业作为纺织工业重要的制造环节，只有以产品创新为着力点，才能发挥行业基础性、支撑性作用，才能推动产业高质量发展。

1. 产品开发备受重视、成效显著

长丝织物新产品的开发，是满足多变市场需求的需要，是企业提升产品附加值、赚取利润的需要，也是行业不断前进、持续发展的需要，因此长丝织物新产品的开发备受重视，前景可观，并已取得了丰硕的成果。

中国长丝织造协会作为行业专业协会，通过持之以恒组织各类相关活动，致力于促进行业新产品的开发，尤其是每年为行业举办新产品交流大会，为企业提供最新的产品研究信息、产品开发的相关知识以及产品开发分享、交流的平台。长丝织造企业对产品开发的重视程度逐年提高，部分龙头企业更是对内制订新产品战略计划，建立产品开发体系，组建产品研发团队，对外与各高校、研究机构合作，紧贴市场需求，攻坚克难，不断推动产品开发。

2020年长丝行业基于多年开发经验和当前市场需求，将产品开发推向新的高度，尤其在以下几个方面表现突出。

（1）原料、工艺、装备多管齐下，面料综合性能凸显。环保再生丝、铜氨丝、仿醋酸丝、异形截面丝、金属丝等多种特殊原料被巧妙应用，为长丝织物产品开发提供了更多的选择；组织设计更加灵活多样，有的面料无花胜有花，仅凭组织结构的巧妙设计，就呈现多样机理和极佳的视觉效果；企业在生产工艺设计、装备以及配套后整理加工上也下了很多工夫，攻克了许多织造上的难关。

（2）家用纺织类产品紧扣市场需求。产品针对疫情期间抗菌、抑菌的需求，很多企业开发了相应产品，不仅舒适透气，吸湿排汗，还特别重视抗菌抑菌，防螨等特殊功能，获得一致好评。产品紧跟市场对大提花织物的需求不断增加的趋势，企业提供大提花产品数量创新高。产品洞悉市场特色，根据消费者文化背景设计产品花色图案，国内外市场皆获得积极反应。

（3）功能性面料效果明显，种类丰富。目前，新型功能类产品所涵盖的功能十分全面，抗菌除臭、防螨、感光、蓄热保暖、防静电、抗紫外、远红外吸光发热以及各种功能组合的织物应有尽有，各有风采。同时，其赋予的性能效果也更为明显，绝大多数提供了准确的检测报告予以证明。这些功能性产品在开发上不断突破，为人们对纺织品的高需求提供了可能，尤其是为特殊工作者的服装需求提供了保障。

（4）弹力织物无处不在。纵观近几年的面料情况，可以说弹性已经慢慢成为织物的一个基本要求，各种弹力织物的研发也成为企业热点。非氨纶类弹性织物构成主力军，有的利用改性涤纶自身所具有的弹性、有的通过不同收缩性纤维的组合或者通过假捻的方式并辅以后整理的适当处理而赋予弹性，这些弹性有大有小，可以满足不同消费者对不同弹性的要求。

其他各类优秀新产品也是不断涌现，长丝织物新产品的开发在 2020 年取得了非常显著的成果，极大地丰富了面料市场，满足了人们日常生活需求。如图 2-21~图 2-27 所示。

图 2-21　时装类新产品

图 2-22　仿真类新产品

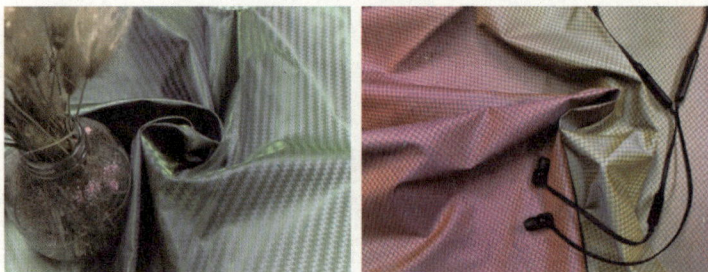

图 2-23　休闲类新产品

图 2-24 户外运动类新产品

图 2-25 新型功能性新产品

图 2-26 家用纺织品类新产品

图 2-27 产业用类新产品

2. 产品开发指导建议

近年来，长丝织造企业产品创新已取得不错的成果，但是当前行业的产品开发仍然长路漫漫。以下五个方面的不足正严重阻碍行业产品创新。

一是，仍有不少企业不重视产品研发与创新工作，认为产品创新劳民伤财、得不偿失，更愿意跟风随流。

二是，企业内部尚未建成有利于产品创新的管理机制，以至于产品创新昙花一现、不可持续。

三是，产品创新投入不足，急于求成，缺少耐心。

四是，产品创新方法单一，闭门造车，缺少必要的社会合作，如上下游合作、校企合作等。

五是，人才缺乏，企业欠缺人才培养意识和认识。只有这些问题得到有效解决，企业才能满足形势发展的需要，在激烈的市场搏击中取得成功。

总体来说，企业需要从以下几个方面，为产品开发打好、打牢基础。

（1）优化管理流程，再造产品创新保障体系。产品开发与创新是一项长期而艰巨的任务，企业运营的每个环节对产品开发与创新都有深度影响，因此必须通过管理流程的优化，创造一个适应产品创新的制度保障体系，调度企业所有要素服从、服务于产品创新，才能从根本上保障企业的产品创新有序、有效、稳定可持续地推进。这个创新型制度保障体系必须具有管理精细、反应迅速，责、权、利分明到位的特点。这对企业管理提出了更高要求，目前尚不具备这个能力的企业还很多，需要各企业给予重视。

（2）重视人才培养，打造创新型团队。产品创新人是第一要素，没有一个善于创新的团队，绝不可能产生创新的业绩。企业一定要重视人才培养，努力建设一支富有创新精神和能力的人才队伍，以满足产品创新、技术创新、管理创新的要求。企业不仅要重视培养、挖掘产品研发人才，也要重视培养生产一线工人和企业各级生产经营管理者，因为他们都是创新团队的有效组成部分，任何一个环节、一个人不到位都会影响企业产品创新的有效产出。企业要制定人才培养的长期规划，有目的、有计划、系统持续地进行全员培训，以此来满足企业不同发展时期和持续创新的人才需求。同时，企业还要注重制定一个责权利到位的人才激励考核制度，与人才共享企业发展的成果，从根本上解决人才缺乏问题，这是人才队伍建设至关重要的一环，不容忽视。

（3）积极开展社会化合作，丰富产品创新手段。企业的产品创新模式有以下几种，企业自行创新、上下游协同创新、校企联合创新、买断他人成果等，除第一种外，其他都属于社会化合作模式，都是企业产品创新的有效组成部分，都应该充分利用以达到事半功倍的效果。当前许多企业因过分注重自行创新而忽视了社会化合作作用，这对企业产品创新非常不利，应加以改进。上下游企业协同创新是捕捉市场信息、寻求技术突破的重要途径，许多产品创新都是靠上下游企业协同开发完成的。有些日本、韩国的化纤长丝织物产品创新和产品档次之所以比我国好，几乎都是以他们的化纤原料创新优势为依托上下游企业联动开发实现的，他们一款产品的先进性通常可以保持一两年的优势。因此我国长丝织造企业一定要向他们学习，注重与化纤原料生产企业以及印染后整理企业紧密合作，以实现产品创新的质的突破。

（4）加强市场调研，把握需求方向。产品创新必须以市场需求为导向，只有充分了解市场需求并做出前瞻性预判，企业的产品创新才能做到有的放矢、开花结果。企业应赋予产品研发人员必要的市场销售权，让他们充分接触客户，了解市场需求，听取用户反映，学会市场预测。企业要让产品开发人员积极参加国内外各种市场展销会，了解不同市场的需求差别，观摩同行产品，激发创新灵感。同时，产品开发人员要多参加行业技术交流活动，结识专家学者，学习他人经验，在为自己充电的同时建立产品开发的合作人脉。另外，还应鼓励企业积极参与协会组织的创新产品评比及创新论文交流，检验自己的创新能力，获取必要的荣誉，为开发人员留下职业成长记录，为企业的对外宣传建立有效支撑。

3. 市场需求驱动产品开发

随着社会的发展与进步，生活水平不断提高，人们的思想、观念、审美也在不断发生变化，从不同的角度对纺织服装面料提出了更高、更精准的要求，特别是在舒适功能性、流行时尚性及绿色环保等方面，源源不断的市场需求驱动产品开发再上新台阶。

（1）舒适功能性开发趋势。作为与人体紧密接触的服装面料，舒适性十分重要。一方面以安全为基础的舒适性必不可少，适度的弹力、人体工学、热湿舒性、安全防护成为关键要素。为了提高舒适性，特别是织物的吸收、透气性、手感及弹性等，人们通过物理、化学等方式对纤维进行改性，从形态上模拟天然纤维，以达到天然纤维的某种性能，使化纤长丝织物的服用舒适性成为可能。通过织造工艺的控制、后整理加工等方式，也可以很好地提高织物的舒适性。另一方面随着织物产品开发的不断深入，仅具有舒适的性能已经不能满足大部分人对服装的需求。以科技为载体的功能性在提高舒适性的基础上，赋予织物各种功能，成为提高穿着体验，提升化纤长丝产品附加值的重要方式。功能性纺织材料最初是为了满足某种特殊需求而开发的，但现在服用功能织物已成为不可或缺的产品。如受疫情影响，抗菌、抑菌、防螨、除臭等面料成为人们对服用面料的重要要求；抗紫外皮肤衣成为夏日必不可少的产品；防蚊、防虫面料也逐渐受到户外爱好者的欢迎；单项导湿面料成为爱好运动者的新宠；各种神秘光感、温感面料更是被很多年轻人青睐，一些具有蓄热保暖、保健等功能的面料备受中老年人的喜爱，还有一些面料，多功能兼备，更是满足了人们多样化的需求。舒适兼具功能性的产品开发，已经并将长期成为长丝织物产品开发的发展趋势。

（2）流行时尚开发趋势。当下，审美水平已经成为个人专业素质中必不可少的一项，服装作为特殊的美学载体，已经渗入人们的生活中，衣服是否时尚、符不符合当下流行，成为人们日常交流的重要方面。各时尚、流行相关机构，每年都会通过多方调查、研究、分析，来预测和引导来年或未来几年的服装流行趋势，并从不同的角度进行细分，如流行颜色、款式、图案及面料材质、服装款式等各方面。服装公司会根据流行趋势，进行面料采购、设计和服装制板，最终呈现出各式各样的服装产品。精美的产品、权威机构的引导，往往让这些产品具有很好的市场，成为消费者首选的对象。这使得流行时尚成为化纤长丝产品开发的重要考虑因素，产品开发人员不仅需要懂技术，还需要实时掌握当前的审美和流行趋势。

（3）绿色环保开发趋势。绿色环保是大趋势，是国家支持和引导的重点，同时也逐渐成为消费者关心、在意的问题。所谓"绿色环保织物"，从生态学角度看应该满足以下三个条件：一是原料采用可再生资源，不会破坏生态平衡和导致资源枯竭；二是生产过程不会对环境造成污染，符合节能和环保的要求，产品穿着健康舒适；三是制成品废弃后可回收利用或可在自然条件下降解。绿色环保理念在全行业积极推动下愈发强势，作为时尚产业的风向标，国际奢饰品牌纷纷转战可循环、可再生、可降解面料的使用，将产品开发注入绿色环保基因势必是未来产品开发的大趋势。目前，利用新原料、新工艺开发的绿色纤维织物已经取得部分成果，特别是再生纤维素纤维织物，除此以外，甲壳素、再生蛋白质、聚乳酸及其他绿色纤维、织物的开发也在不断进行中。

（4）特殊专业领域开发趋势。除普通服用、家用面料，化纤长丝织物还被广泛应用于各类专业领域职业服装，如消防员服装需要很好的阻燃性、耐热性、抗熔滴性等；带电作业者服装需要面料具有耐电火花、耐燃、抗静电等性能；医护人员服装需要具有抗菌、抑菌等要求。在非服用专业领域，如医疗、航天、汽车、飞机、军用等，对纺织材料要求更加严格。化纤长丝织物可开发性强，一直以来为这些特殊行业做出了很大贡献，也取得了可观的成果。随着以人为本思想和科技强国战略的深入，对这些特殊领域用面料的专业性提出了更高的要求，需要化纤长丝织造企业及上下游企业更加深入地开展研究，为特殊领域的面料需求提供坚实的保障。

三、特色产品重点生产企业

1. 浙江台华新材料股份有限公司——锦纶丝织物

浙江台华新材料股份有限公司是一家集纺丝、织造、染色及后整理完整产业链的锦纶面料生产企业，拥有高端日本丰田和津田驹喷水织机近 3000 台，引进国外高端成套染色、定形、压光、贴膜、涂层等后整理一体化生产设备，是锦纶面料生产龙头企业，具有较高知名度。

2. 淄博岜山织造有限公司——涤纶塔夫绸面料

淄博岜山织造有限公司为岜山集团有限公司纺织产业的骨干企业，拥有日本进口津田驹喷水织机 2000 台，专业生产涤纶塔夫绸面料，万杰牌塔夫绸系列品牌在国内一直享有盛誉，也是公认的全国知名品牌。

3. 江苏聚杰微纤科技集团股份有限公司——超细纤维面料

江苏聚杰微纤科技集团股份有限公司是专业研发、生产、销售超细纤维系列面料及相关制成品的全产业链配套的小型集团企业，拥有超细纤维专业的面料织造、染整、服装、洁净布、进出口贸易于一体的完整产业链，是超细纤维系列面料生产龙头企业，享有非常高的知名度。

4. 苏州楚星时尚纺织集团股份有限公司——化纤时尚女装面料

苏州楚星时尚纺织集团股份有限公司（简称楚星集团）是一家集流行趋势发布、产品研发、加工生产、销售服务于一体的高端里布及化纤面料专业供应商，旗下拥有"楚星里布"和"鼎帛面料"两大产品品牌。"鼎帛面料"是化纤时尚女装品牌，在国内具有很大的影响力。

5. 吴江市汉塔纺织整理有限公司——功能性整理面料

吴江市汉塔纺织整理有限公司是一家以高端户外功能性面料后整理的设计、研发、生产为主的高科技型企业，拥有先进涂层机、空洗机、发泡机和烫金机及多套色印花机设备，可为各类纺织服装面料提供一站式面料后整理服务。

6. 江苏聚润纺织科技有限公司——高档仿真丝面料

江苏聚润纺织科技有限公司主要生产化纤长丝高档仿真丝面料，拥有喷水织机 1200 台、倍捻机 850 台、整浆并设备 3 台套、年产各类高档仿真丝面料 1 亿米，是仿真丝龙头企业，也是中国长丝织造协会仿真丝专业委员会主任单位，在高档仿真丝面料生产领域享有较高知名度。

7. 嘉兴市鸣业纺织有限公司——化纤长丝仿真丝面料

嘉兴市鸣业纺织有限公司是一家专业生产化纤仿真丝类面料的企业，拥有喷水织机 1200 台、倍捻机 600 余台，公司专注于假捻类和缎面类仿真丝面料生产，年生产各类仿真丝面料 1 亿米左右，仿真丝面料的产量和品质位居行业前列，自主研发的多款新型仿真丝面料在国内比赛中获得赞赏与认可，享有很高的知名度。

8. 吴江汉通纺织有限公司——环保时装面料

吴江汉通纺织有限公司是一家专业生产各类高档时装类环保面料，拥有日本津田驹整浆并前道设备及进口喷水喷气织机，公司主导产品有：经向 20D/30D 单孔锦纶/涤纶丝与天丝/亚麻/苎麻/莫代尔/竹纤维/全棉/人棉等各种环保原料交织面料系列，以先进的生产设备、完善的检测系统和严格的内控标准来保证产品的质量，"汉通"品牌在国内外都享有较高影响力。

9. 如意屋家居有限公司——阻燃功能性窗帘面料

如意屋家居有限公司是一家集织造、染整、印花、缝制、进出口贸易于一体的纺织综合型企业，致力于阻燃及功能性窗帘面料的开发与应用，拥有先进的喷水织机及各类提花机 200 余台，年生产各类高档窗帘面料 4000 余万米，公司以独有的创新开发优势为基石，在生产阻燃功能性窗帘面料领域享有较高知名度。

10. 江苏奥立比亚纺织有限公司——涤纶长丝家纺面料

江苏奥立比亚纺织有限公司是四海伟业集团下辖公司，四海伟业集团是一家集研发、设计、织造、染色、印花、整理于一体的大型家纺面料企业，5 条特宽幅印花生产线，年产各类家纺面料 1.2 亿米，与国内知名品牌建立了良好的战略合作伙伴关系，在涤纶长丝家纺面料领域享有较高的知名度。

11. 吴江市春业织造有限公司——涤锦灯芯绒面料

吴江市春业织造有限公司是一家专业的涤锦灯芯绒面料生产企业，形成了完整的涤锦灯芯绒产品研发、加弹、织造、割绒等加工产业链，年产各类涤锦灯芯绒面料 1500 万米，自主研发能力强，产品远销欧、美、中东等国家和地区，生产的涤锦灯芯绒面料品质名列前茅，在国内外享有很高的知名度。

12. 江苏力帛纺织有限公司——CEY 功能面料

江苏力帛纺织有限公司是一家专业的 CEY 功能面料生产企业，拥有国际先进的整套织造设备，喷水织机 700 台、倍捻机 600 台，假捻机 300 台，重点开发珠地纹、假捻丝单面麻、仿棉平布和消光高弹佳丽纱等 CEY 系列功能面料，产品在纺织行业享有较高知名度，在国内时装面料市场具有引领作用。

13. 苏州布禄纺织科技有限公司——化纤长丝大提花面料

苏州布禄纺织科技有限公司是一家拥有自营进出口权的实体织造企业。公司旗下拥有多个生产加工基地，产量约 6000 万米。公司已成为全国规模最大的大提花面料生产基地之一，是大提花面料行业的领头羊。

14. 嘉兴市前荣织造有限公司——化纤箱包面料

嘉兴市前荣织造有限公司是一家集开发、生产和销售于一体的箱包面料生产企业，拥有国际先进的整套织造设备，年产各类箱包面料 3600 多万米，开发了 1680 双股牛津、古池布牛津、仿麻牛津、舞龙牛津和空变牛津等系列产品，在生产化纤箱包面料领域享有很高知名度。

15. 江苏斯尔克集团股份有限公司——差别化涤纶时装面料

江苏斯尔克集团股份有限公司是一家集聚合、纺丝、加弹、织造、印染、销售贸易、实业投资于一体的集团化企业，拥有国际先进的整套设备，喷水织机 1106 台、倍捻机 1078 台，全流程 ERP 管理系统，专业生产各类差别化异收缩涤纶复合丝面料，年产 1.2 亿米，生产差别化涤纶时装面料在国内外享有很高知名度。

16. 吴江市兰天织造有限公司——细纤双层弹力化纤面料

吴江市兰天织造有限公司拥有国际先进喷水织机 1760 台，进口整浆并设备 9 套，已形成专业生产各类高档化纤细旦细纤长丝功能面料的完整生产链，公司年产各类高档化纤面料 5600 万米，生产的超细超薄防绒面料、高密超柔双层防绒面料等系列双层弹力面料，在国内外都享有很高的知名度。

17. 江苏腾盛纺工集团——室内空气净化面料

江苏腾盛纺工集团是一家专业从事家纺新材料研发、设计、生产、销售、服务一体化的现代化集团公司，配有大提花龙头喷气织机 416 台，进口整浆并设备 5 台套，年产量各类面料 2000 万米，主要从事窗帘及墙布等室内空气净化面料的生产，在室内净化面料领域具有很高的知名度。

18. 恒天（江苏）化纤家纺科技有限公司——化纤功能性家纺面料

恒天（江苏）化纤家纺科技有限公司是由央企恒天集团、苏美达集团、江苏海欣纤维有限公司共同投资新建的专业从事涤纶低弹丝、化纤家纺面料、印染（色布）的生产与销售的新型现代化企业，拥有宽幅喷水织机 1600 余台，研发了具有抑菌、负氧离子释放、异味吸附等功能的家纺面料，在生产化纤功能性家纺面料领域具有很高的美誉。

19. 苏州泰宝纺织厂（有限合伙）——化纤长丝防静电面料

苏州泰宝纺织厂（有限合伙）是一家专业生产化纤长丝防静电面料的企业，

技术装备先进，年生产防静电面料 1800 万米，特别是制作的防静电工装得到了 SGS、ESD、OEKO-TEX 等国际检测机构的认可，生产的防静电面料享有很高的知名度。

20. 长兴诺新纺织科技有限公司——化纤大提花服饰面料

长兴诺新纺织科技有限公司是一家专业生产提花色丁、提花乱麻、涤纶仿真丝、涤/黏交织、再生涤纶等系列大提花面料的企业，突出色纺丝、染色丝与织造产业链的前后配合，年产各类高档大提花服饰用 800 万米，产品主销太平鸟、步森、宜家、CK 等国内外知名品牌，深受客户好评。

21. 浙江鑫涛科技股份有限公司——化纤功能性装饰面料

浙江鑫涛科技股份有限公司为国家级高新技术企业，主要从事仿麻工程面料、沙发面料、家居装饰面料等双喷系列装饰家纺用面料等产品的生产，年生产能力已突破 5000 万米，生产的化纤功能性装饰面料在国内享有很高的知名度。

22. 山东恒利纺织科技有限公司——化纤功能性面料

山东恒利纺织科技有限公司是一家具有织造到印染后整理完整产业链的生产企业，主要生产绿色环保、户外运动、特种防护等高档服用和装备用功能性面料，年产高档面料 1.5 亿米，产品远销美国、法国、日本、俄罗斯和东南亚等国家和地区。

23. 淄博佳润纺织有限公司——化纤独花色织面料

淄博佳润纺织有限公司是一家集产品开发、生产加工、外贸出口于一体的外向型民营企业，技术装备先进，开发了再生纤维靠垫、抗菌地垫、流苏提花装饰毯等系列独花面料，年产提花布 100 万米、家用纺织品 120 万件，主营产品有装饰工艺品、靠垫、地毯、窗帘及桌用纺织品等，产品远销欧、美、日等国家及地区。

24. 江苏三丰特种材料科技有限公司——运动舒适科技面料

江苏三丰特种材料科技有限公司是一家专业从事功能性面料研发、生产、销售的企业，公司开发了 K9 复合丝弹力系列、三丰"蚕"膜纳米复合防水透气系列、无氟绿色耐磨系列等功能性面料，年产各类功能性面料 2000 万米，是 Reima、Halti 等国际知名运动品牌的主要面料供应商。

25. 绍兴纤谷纺织品有限公司——涤棉交织休闲时尚面料

绍兴纤谷纺织品有限公司是以"快时尚"为特色，集研发、生产、销售于一体的纺织面料研发型贸易企业，主要产品采用超细涤纶丝与纤维素类纤维精梳高支纱交织，专业生产各类羽绒服、风衣、派克服、女裙、衬衣、裤料等休闲时尚面料，开发的涤纶长丝交织面料具有引领国内纺织品市场上休闲时尚女装面料的作用。

26. 吴江市天缘纺织有限公司——化纤尼龙弹力面料

吴江市天缘纺织有限公司是一家尼龙弹力面料生产企业，产品主要用于高端服装，如夹克、风衣、羽绒服、棉服、西裤等，年产 15000 万米，开发的"锦柔弹"尼龙弹力面料受到国内外高端客户的好评，满足了高端大气、高品质的国内外市场要求。

27. 浙江盛发纺织印染有限公司——多功能帐篷面料

浙江盛发纺织印染有限公司是一家专门从事织造、印染、家纺等于一体的国家高新技术企业，主要从事各类纺织面料织造、染色、涂料分散印花及高档阻燃、防水防霉、抗静电等功能性产品的生产加工和销售，年产各类多功能帐篷面料 5512 万米，产品远销美国、法国、日本、韩国、欧洲、南非、中东等 20 多个国家和地区。

第三章 生产技术

一、织造技术

化纤长丝织造产业省略了复杂且冗长的纺纱工艺，具有工艺流程短的特征，同时由于其原料是通过化学加工方法获取，且在加工过程中可以通过不同的物理和化学方法改变其理化性能，因此化纤长丝织物具有量大面广、品种多样的特点。虽然化纤长丝织物的种类很多，但是生产工艺基本相同，所有产品的生产工艺归纳起来可以大致用图3-1表示。

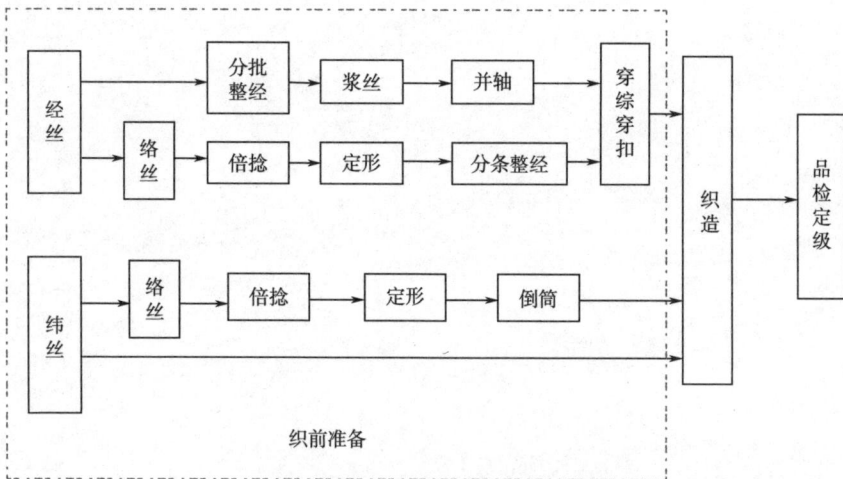

图 3-1　化纤长丝织物生产工艺

化纤长丝织造生产包括织前准备和织造两大部分，其中织前准备分为经丝准备和纬丝准备两方面，经过前准备加工后，可提高经纬丝的可织性，使得织轴符合织机加工和织物成品规格的要求。根据织物品种的不同，织造工艺随之改变，按最终成品，生产工艺的不同要求，其生产工艺可主要分为仿真丝类织物生产工艺、户外运动类织物生产工艺和家纺类织物生产工艺三大类。

（一）仿真丝类织物生产工艺

真丝面料虽然光泽柔和、手感柔软，具有良好的透气性和吸湿性，穿着柔软舒适，极限高贵，但是由于其生产成本高、产品价格昂贵、织物易褪色、老化发黄等缺点，难以成为普通大众的消费品。这使得物美价廉的仿真丝织物倍受人们关注，尤其在夏季成为市场上的畅销产品。织造仿真丝类织物时，织前准备过程采用络丝→倍捻→定形→分条整经的工艺，工艺流程可以用图 3-2 表示。

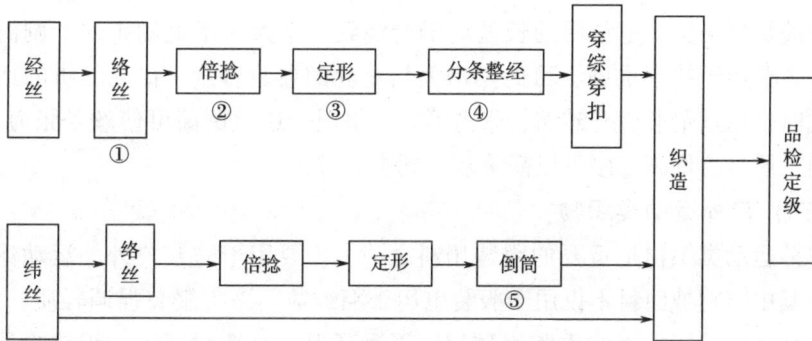

图 3-2 仿真丝类织物生产工艺流程

1. 络丝

络丝是将单根丝从一种卷装退出，缠绕到另一种卷装上，只改变其卷装形状，而不改变丝本身的结构与形态的加工过程。络丝工序的目的是把原丝筒子加工成退解顺畅、成形优良、不损伤丝线性能的下道工序需要长度和直径的络丝筒子。目前凡倍捻的产品，都需要先络丝，把经丝或纬丝改变成可以进行后道倍捻工艺的卷装形式，以便于进行倍捻加工。简单通俗来讲，络丝就是将化纤长丝大饼装丝卷绕成小筒子丝，便于倍捻机加工，简称从大到小的过程。

2. 倍捻

倍捻是根据织物品种需要，将经丝或纬丝加上一定数量的捻回数（捻度），并卷绕成满足后道工序使用的筒子。倍捻工序的目的是将经丝或纬丝通过加上规定的捻向和捻度，以提高经纬丝的强力，改善物理机械性能，减少丝线断头，赋予织物表面柔和光泽和绉效应。倍捻筒子应成形良好、软硬程度适中，在下道工序中退解顺畅。

3. 定形

定形又称蒸丝、定捻，定形是通过热处理，消除加捻丝的内应力，使其状态和结构获得一定的稳定性。由于丝条加中强捻后，内部产生一种回复扭力，使丝条扭转、纠缠，不利于后道加工，因此需要进行定形加工。

4. 分条整经

分条整经又称带式整经，是把织物总经根数分成若干条，按整经长度、密度与幅宽等工艺规定，将筒装或饼装丝以一定的张力均匀地逐条卷绕到大圆辊上，然后再退卷到织轴上。分条整经方式主要用于生产色织织物、免上浆织物和加强捻或重网络点的化纤长丝类织物的整经。

5. 倒筒

倒筒是将倍捻、定形后的长丝筒子卷绕到一个大筒子上的工序。倒筒工序的目的主要用于纬丝准备，目的是增大倍捻丝的卷装容量，提高织机的运转效率；同时倍捻丝定形后有皱缩、张力不匀等情况，通过倒筒可使丝条张力均匀，改善筒子质量。倒筒工序可以简称从小到大的过程。

（二）户外运动类织物

户外运动类织物是重要的服装用料之一，主要用于防寒户外、运动休闲类服装，其中防羽绒面料不仅用于服装也用于羽绒被。该类服装强调轻质、柔软、耐磨等特性，性能方面注重防水透湿、舒适环保、易洗耐穿等。织造户外运动类织物时，前准备过程采用分批整经→浆丝→并轴的工艺，工艺流程可以用图3-3表示。

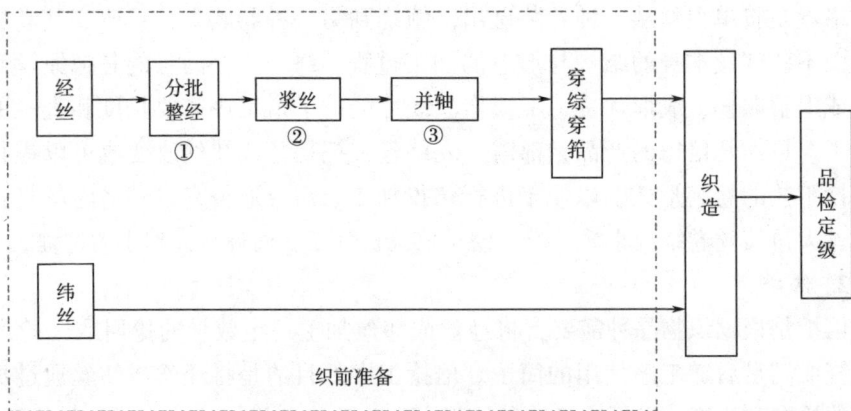

图3-3　户外运动类织物工艺流程

1. 分批整经

分批整经又称轴经整经，将一定根数的筒丝按工艺规定的长度和幅宽，以适宜、均匀的张力平行卷绕在经轴上的过程。分批整经速度快，生产效率高，适用于宜上浆的织物。该类整经方式适用于原色或单色织物的大批量生产。

2. 浆丝

浆丝是将浆液浸透进经丝内部，在经丝表面形成浆膜，增强经丝复丝的抱合力、表面光滑度、耐磨性和增加经丝强力的工序。浆丝工序可以改善经丝的可织性，提高织造效率，一般对无捻、低捻或低网络点化纤长丝作经丝需要进行上浆。

3. 并轴

并轴是按织造幅宽、总经根数和硬度、平整度等工艺要求，将多个浆轴（经轴）合并成织轴的工序，以使其满足织物总经根数等织造工艺的要求。

（三）家纺类织物

家纺类织物种类繁多，大致分床上用品、透光窗帘、遮光窗帘、沙发布、装饰布、墙布等，加工工艺区分较大。

网络丝、无捻丝和有捻丝在生产家纺类产品中都有使用，针对经纬丝的有网无网、有捻无捻，准备工序的加工方法也分两种类型，即重网重捻采用分条整经，轻网轻捻或无网无捻采取分批整经、上浆、并轴制备织轴，工艺流程参照仿真丝类织物和户外运动类织物，不再赘述。

织造家纺类产品，多采用 280～360cm 的宽幅重磅织机。由于经常采用提花组织，因而多臂和大提花开口机构所占比例较多。做遮光类产品由于织物厚重经丝头份多，多采用双织轴。

生产床品面料时，织物下机后通常需要进行磨毛处理。

二、染整技术

（一）化纤长丝织物的染整概况

化纤长丝织物的染整是指借助各种染整机械设备，通过物理的、化学的或物理化学相结合的方法，对化纤长丝织物进行处理，从而赋予化纤长丝织物所需要的外观及服用性能或其他特殊功能的加工过程。

其生产流程主要包括前处理、染色、印花和整理（又称后整理）四大工序。这四大工序既可以单独设厂也可以相互结合设厂，具体视各企业的特点而定，目前，本行业既有单独的练漂厂、染色厂、印花厂和整理厂，也有相互结合的漂染厂（练漂+染色）、染整厂（练漂+染色+整理）和印染厂（练漂+染色+印花+整理）等。

无论是单独的专一厂还是综合性的印染厂，其生产过程大致可以概括如下：

（1）对进厂的织物（工厂通常称其为布匹或坯布）根据其规格以及客户要求进行分类、打卡、存放。

（2）根据打卡上指定位置找到布匹进行配桶，拉出布头，在距离布头 30cm 处标明布匹主要信息。

（3）将坯布进行退卷、打卷、缝头，以方便后续工序生产。

（4）布匹的前处理要经过蒸缸、平幅、洗练、退浆、冷堆、练布、水洗、预定形等，然后将不同的布放在不同的推布车里或 A 字架上，并要在打卡上标明车号与卡号便于染色人员找到。

（5）染色之前要清楚布匹是否还要再进行前处理，如复练退浆等，上色之后要对样，根据对样结果要求加色、漂白、牢度测试、出水等，染好的布要装进塑料袋以免被污染。

（6）根据客户要求对布匹进行后处理，如防水、阻燃、抗静电、防紫外等，对布匹定形分装之后给客户取样。

（二）化纤长丝织物染整工艺及技术要点

染整工艺流程：

前处理→染色（印花）→后整理→成品检验→成品入库

1. 前处理

（1）前处理的目的。从织机上下机的织物通常称为坯布。坯布中常含有相当数量的杂质。化纤长丝坯布上的杂质主要包括化纤长丝在纺丝过程中添加的油剂、在织造过程中经丝上的浆料以及沾上的污物等。这些杂质如不去除，不但影响织物的色泽和手感，还会影响织物的吸湿和渗透性能，使织物在染色过程中着色不均匀、色泽不鲜艳，甚至会影响染色的坚牢度。因此，无论是漂白、染色或印花的产品，一般都需要进行退浆、漂白、碱减量等前处理工艺。

前处理的目的主要是去除织物上的各种杂质，改善织物的性能，为后续工序提供合格的半成品。

（2）化纤织物练漂工艺流程。练漂加工通常又称为印染前处理，化纤织物练漂工艺基本流程如下：

白坯→配桶→退卷、打卷→白坯缝头（部分品种）→依据不同品种采用（退浆、精练、碱减量、漂白、热定形等）一种工艺或者几种工艺组合练漂

（3）化纤织物前处理工艺技术要求。化纤织物因不含有天然杂质，只有浆料、油剂和沾上的污物，练漂工艺较为简单，但化纤丝与棉毛麻丝等天然纤维的混纺或交织物在练漂时就要尽量满足各自纤维练漂加工的要求。

①黏胶纤维织物的练漂。黏胶纤维的物理结构较天然纤维素纤维松弛，因此化学敏感性较大，稳定性较差，湿强力低，容易变形，所以染整加工的工艺条件应尽可能温和，尽量采用松式设备，以免织物受到损伤和发生与形变。

黏胶纤维的练漂工序与棉织物基本相同，一般工艺流程为：

烧毛→退浆→煮练→漂白→水洗

②纯合成纤维织物的练漂。纯合纤织物的练漂主要是为了去除纤维在制造及纺纱过程中所施加的油剂、织造时黏附的油污及化学浆料（聚丙烯酸酯等合成浆料），使织物更加洁净。其工艺流程为：

退浆→煮练→漂白→水洗

涤纶织物可在平幅练漂机上进行，锦纶织物可在普通卷染机上进行。

③混纺或交织物的练漂。对于混纺或交织织物的练漂，要充分考虑各组成纤维的性能及比例，互相兼顾，以达到良好的练漂效果。涤/棉织物的练漂工艺与纯棉织物基本相同，但要注意的是烧毛要采用高温快速的方法。由于使用了化学浆料，要使用热碱退浆或氧化退浆。煮练时要考虑到涤纶上有油剂和低聚物，同时烧碱对涤纶有一定的损伤，故要控制烧碱用量，使用乳化分散能力强的表面活性剂。漂白时漂白剂用量相对少一些，并可考虑利用二步法或一步法工艺。若需丝光，碱溶液浓度和去碱箱温度可低一些，涤/棉织物需要热定形处理，温度一般为 $180 \sim 200℃$。

黏/棉织物的练漂工艺随两者的比例不同而不同，若棉成分高，则练漂工艺与棉织物相似，否则练漂条件应缓和一些。对于维/棉织物的练漂，染色布一般以染后烧毛为宜，以防在布面形成黑点，漂白坯布、黑色及黑灰色坯布和部分印花坯布可采用坯布烧毛，退浆时要避免高温浓碱长时间处理，否则布面会泛黄。

（4）蒸缸工艺。蒸缸工艺主要用于涤纶仿真丝、雪纺、桃皮绒、水洗绒、花瑶等强捻织物的起绉。通过蒸缸作用，进行退捻，使织物表面起绉。

其主要设备为精练机，工艺流程为：

准备→圈码→吊攀→装缸→蒸缸→出缸

（5）冷堆工艺。冷堆工艺主要用于塔丝绒、涤塔夫等品种，通过给坯布上液碱，改变布的性能，使其变得柔软。其主要设备为浸轧机，工艺流程为：

进布→浸轧工作液（室温）→A字架打卷→移至堆置房

（6）碱减量工艺。碱量工艺主要用于涤纶仿真丝、春亚纺等品种，通过给坯布退浆及在强碱液中进行碱减量处理，改善织物的手感和光泽，一般碱量率为 $5\% \sim 10\%$。对于加了强捻的涤纶仿真丝绉类织物，通常减量率要达到约20%才能获得良好的绉效应。

（7）平幅退浆工艺。平幅退浆工艺主要用于四面弹、醋丝棉、仿记忆面料等品种，通过给坯布上碱退浆，然后再用清水洗净，能保持一定坯布的张力。

一般前两个槽是上碱，后几个槽子是水洗。主要设备为平幅退浆水洗机。

2. 染色

纺织品的染色是指对纺织品进行着色的过程，也就是将染料（或颜料）固着在纤维上的过程。利用染料（或颜料）与纤维发生化学或物理化学的结合，在纤维上生成颜色而赋予纺织品一定色牢度的颜色。

根据染色加工对象的不同，染色方法可分为成衣染色、织物染色、纱线染色和散纤维染色四种。其中织物染色应用极为广泛，纱线染色多用于色织物与针织物，散纤维染色主要用于色纺织物。

（1）染料的选择。染料可用于棉、毛、麻、丝及化学纤维的染色，但不同的纤维所用的染料也有所不同。用于纺织品的染料主要有直接染料、活性染料、还原染料、可溶性还原染料、硫化染料、酸性染料、酸性媒染染料、酸性含媒染料、阳离子染料、分散染料等。

对于纺织品的染色，应根据各类纤维理化性能的不同选择与之相适应的染料进行染色。纤维素纤维可用直接染料、活性染料、还原染料、可溶性还原染料、硫化染料等染色；蛋白质纤维（羊毛、蚕丝）和锦纶可用酸性染料、酸性媒染料、酸性含媒染料等染色；腈纶可用阳离子染料染色；涤纶、锦纶主要用分散染料染色。但一种染料除了主要用于一类纤维的染色外，有时也可用于其他纤维的染色，如直接染料也可用于蚕丝的染色，活性染料也可用于羊毛、蚕丝和锦纶的染色，分散染料也可用于锦纶、腈纶的染色。在实际应用时可根据客户对色泽和色牢度的要求进行适当搭配使用。

（2）染色方法和染色设备。

①染色方法。染色方法按纺织品的形态不同而有多种不同的染色方法，如散纤维染色、纱线染色、织物染色、原液着色、成衣染色等。

散纤维染色多用于混纺织物、交织物和厚密织物所用的纤维。

纱线染色主要用于纱线制品和色织物或针织物所用纱线的染色。

织物染色应用极为广泛，被染物可以是机织物或针织物，可以是纯纺织物或混纺织物。

原液着色是在纺丝液中加入颜料，制成有色原液，然后进行纺丝，从而得到有色纤维的加工方法。原液着色产品色牢度好，对环境污染少，是值得推广的生态绿色加工方法，目前主要应用于涤纶、锦纶、丙纶等合成纤维的着色。

成衣染色是指将纺织品制成衣服后再染色。成衣染色最初多用于衣服的复染及改色，目前在这方面的应用已很少，而白坯成衣的染色因其能适应市场快速变化的特点而发展较快。成衣染色的主要优点是可小批量生产，交货时间短，能适应市场的变化，而且成衣染色的产品具有柔软、蓬松、手感好、不缩水的特点。

根据染料施加于被染织物及其固着在纤维中的方式不同，染色方法可分为浸染（或称竭染）和轧染两种。

浸染是将纺织品浸渍在染液中，经过一定的时间使染料上染纤维并固着在纤维中的染色方法。浸染适用于散纤维、纱线、针织物、机织物等不能经受较大张力或压轧的染物的染色。浸染一般是间歇式生产，适合小批量、多品种产品的加工。浸染时被染织物重量和染液体积之比称为浴比。浴比的大小对染料的利用率、能量消耗和废水量等都有影响，浴比大对匀染有利，但会降低染料的利用率和增加废水量。

轧染是将纺织品在染液中浸渍后，用轧辊轧压，将染液挤入纺织品的组织空隙中，同时将织物上多余的染液挤除，使染液均匀地分布在织物上，再经过汽蒸或焙烘等后处理使染料上染纤维的过程。轧染是连续染色加工，生产效率高，但被染织物所受张力较大。通常用于棉或涤棉类机织物的染色，但不能经受较大张力或压轧的织物不宜采用轧染。轧染适合于大批量织物的染色，小批量多品种的织物不宜采用此法。

目前，化纤长丝织物大多数都是采用浸染的方式。

②染色设备。染色设备的种类很多，按照设备运转的性质可分为间歇式染色机和连续式染色机；按照染色方法可分为浸染机（绳状染色机、卷染机）、轧染机和轧卷机；按被染物的形态可分为散纤维染色机、纱线染色机、织物染色机和成衣染色机；按织物在染色时的状态可分为平幅染色机（卷染机、轧染机、轧卷机）和绳状染色机（溢流染色机、气流染色机、简易机械传动绳状染色机）；按照染色时的温度又可分为常温常压染色机、常压高温汽蒸染色机和高温高压染色机。

针对涤纶长丝织物染色的有高温高压喷射溢流染色机和高温高压卷染机；锦纶长丝织物通常用普通卷染机和经轴染色机；黏胶长丝等再生纤维素纤维织物通常采用普通绳状染色机和普通卷染机。

气流染色机是目前比较先进的染色设备，包括高温高压和常温常压两种。染色时，高压风机产生的气流在通过喷嘴后形成高速气流，这种高速气流带动被染织物在染色机内运行，并同时使染液以雾状喷向织物，从而使织物均匀染色。其喷嘴是设备的关键部位，决定高速气流的产生及染化料雾化效果的优劣。其喷嘴可分为圆形和方形两种类型，圆形喷嘴的优点是织物运行顺畅，运行速度快，不易产生有规律的折痕；方形喷嘴的优点是织物在染色过程中不易产生扭转，适合比较厚重织物的染色。气流染色机具有许多优点，如染色浴比小（1∶3~1∶4），染化料、蒸汽及水的消耗少，染色废水排放量小；染色效果好，染色织物的匀染性及手感好，在染色过程中不存在传统液流染色机的堵布和织物打结现象；染色适应性强，可用于多种织物的染色，对染色织物的损伤小；可进行高温排液，使高温染色后的降温时间大幅缩短，染色周期短，生产效率高。气流染色机对于比表面积大、上染速率快的织物具有良好的匀染效果。目前气流染色机主要用于超细纤维织物、Lyocell纤维织物、化纤仿真织物（如仿桃皮绒和仿麂皮织物）等的染色。

卷染机是织物平幅浸染设备，有两个卷布辊筒支撑布卷来回往返进入染槽进行染色。染色时，先将被染织物导入其中一个卷布辊筒上，再将布尾头通过染槽中的小辊筒导入另一个卷布辊筒，直到织物快要卷完，称为第一道染色，然后，两只卷布辊反向旋转，织物返回染槽进行第二道染色，在布卷卷绕过程中，由于布层间的相互挤压，染料逐渐渗入织物内，并向纤维内部扩散，经过如此多次的浸染挤压，使织物得色均匀和染透，染色道数由被染织物色泽浓、淡决定。两只卷布辊中，退卷的一只为被动辊，卷布的一只为主动辊。卷染机运行的调头和停车都可以自动控制的染色机称为自动卷染机。自动卷染机染色时，两只卷布辊均为主动辊，织物所受张力较小，适宜于湿强力较低的织物，如黏胶织物的染色，类似的染色过程用于涤纶织物的称为高温高压卷染机。卷染机适宜于多品种、小批量织物的染色。

（3）化纤长丝织物的染色。

①涤纶长丝织物的染色。涤纶是强疏水性纤维，吸湿性很差，用于天然纤维染色的水溶性染料不能上染涤纶，因此涤纶的染色应采用疏水性强的分散染料。涤纶无定形区的结构紧密，大分子链取向度较高，在纤维表面有结构紧密的表皮层，因此应采用结构简单、相对分子质量较低的分散染染色。

分散染料对涤纶具有亲和力，染液中的染料分子可被纤维吸附，但由于涤纶大分子间排列紧密，在常温下染料分子难以进入纤维内部。涤纶是热塑性纤维，当纤维加热到玻璃化温度以上时，纤维大分子链段运动加剧，分子间的空隙加大，染料分子就可进入纤维内部而达到染色的目的，因此，涤纶的染色温度应高于其玻璃化温度。涤纶的染色方法有在干热情况下的热熔染色法，染色温度高达200℃左右。但大多数情况下都是采用以水为溶剂的高温高压染色法，染液温度约为130℃，这样的高温必须采用密闭的高压设备，目前常用的有高温高压喷射溢流染色机和高温高压卷染机。若在染液中加入能降低涤纶玻璃化温度的助剂（载体），则涤纶可在相对较低的温度下进行染色，这种方法称为载体染色法。

高温高压染色法具有得色鲜艳、匀透，染色织物手感柔软，适用的染料品种较广，染料的利用率较高等优势，虽然属间歇性生产，存在生产效率较低的缺陷，但在实际生产中，由于涤纶长丝织物大多数情况下都是小批量、多品种，因此，对于涤纶长丝织物的染色大多数情况下都是采用高温高压染色方法。针对织物组织的不同分别采用高温高压喷射溢流染色机或高温高压卷染机进行染色。

载体染色法可降低染色温度，对涤毛、涤腈混纺产品的染色有实用价值，因为羊毛不耐高温，当温度高于110℃时容易损伤纤维，造成强力下降。在染液中加入载体后，可按羊毛染色的常规工艺（染色温度约95℃）进行。但载体染色过程复杂，且载体有一定的毒性，对环境有污染，其废水必须经过处理才可排放，不挥发的载体残留在涤纶上，对偶氮类分散染料的耐日晒色牢度有影响。因此，载体法染色在实际生产过程中应用较少。

热熔染色法是轧染加工，通过浸轧的方式使染料附着在纤维表面，烘干后在干热条件下对织物进行热熔处理，热熔时间较短，温度较高，通常为170～220℃（温度过高会损伤纤维，过低则达不到分散染料的升华点）。其染色工艺流程为：

浸轧→预烘→热熔→后处理

热熔染色时，在近200℃的高温条件下，涤纶分子链段运动加剧，分子间的瞬间空隙增大，有利于染料分子进入纤维内部。同时，在这种高温下，附着在织物表面上的分散染料颗粒升华为气态的染料分子，从而被纤维吸附并快速扩散到纤维内部。当温度降低至玻璃化温度以下，纤维分子间空隙减少，染料通过范德华力、氢键及机械作用固着在纤维内部而达到染色的目的。由于在热熔时，有部分升华的染料没有被涤纶吸附而散失在热熔焙烘箱中，染料的利用率没有高温高压染色法高，且被染织物的色泽鲜艳度和手感都不如高温高压染色法好。其好处是连续化加工，生产效率高，适合大批量生产。对色泽和手感要求不高且又批量较大的订单可采用此法。

用于涤纶染色还有一种类似于热熔染色流程的方法叫常压高温汽蒸染色法，采用浸轧的方式，将分散染料施加在涤纶织物上，然后烘干，再在常压条件下，采用180℃以上的高温过热蒸汽对织物进行汽蒸，使分散染料扩散到纤维内部，从而使纤维染色。常压高温染色法来源于分散染料印花的常压高温汽蒸固色法，这种染色方法与热熔法相比，染色温度较低，染料选择范围较广（没有对染料有升华要求的限制），织物手感好，得色鲜艳（在汽蒸作用下能改善手感，便于着色），与高温高压染色法相比，生产管理和控制比较方便。此法属连续化加工，生产效率高，适合大批量生产。

②涤纶超细纤维的染色。涤纶超细纤维和常规涤纶在分子结构上相同，因此，涤纶超细纤维也采用分散染料染色，其染色方法主要为高温高压染色法。但与常规涤纶相比，涤纶超细纤维的纤维直径小，比表面积大，使分散染料在两种纤维上的染色性能相差很大。分散染料对涤纶超细纤维织物染色时，染料上染速率快，容易出现染色不匀的现象，染色重现性差，且染色牢度较低，对染色工艺控制要求较高。涤纶超细纤维的染色性能及染色加工受纤维形态结构影响很大，不同细度、不同截面的超细纤维染色性能不同。

涤纶超细纤维织物在高温高压染色时，染色方法与常规涤纶相似，染色一般在弱酸条件下进行。但为获得良好的染色效果，需在染液中添加具有匀染作用、分散作用和减少纤维表面低聚物等功能的染色助剂，同时应严格控制染色温度。染色时，涤纶超细纤维的起染温度较低，一般为 40~50℃；染液升温速度应慢，在纤维玻璃化温度以上，可采用阶段升温的方法；染色的最高温度一般比常规涤纶低 5~10℃，可控制在 120~125℃。染色后染液的降温速度不能太快，以免影响染色产品的手感和布面平整性。为提高染色产品的染色牢度，染色后应对被染物进行充分净洗，必要时可进行还原清洗。

涤纶超细纤维也可采用分散染料的弱碱性浴染色。所用分散染料应具有良好的耐碱稳定性，染料分子中酯基、酰胺基和氰基等容易发生碱性水解的基团数目少。为保证染色过程中染浴 pH 的稳定，应在染液中加入碱性染色助剂。

涤纶超细纤维织物采用分散染料碱性浴染色，可进一步去除织物上残余的浆料，并且可使纤维上析出的低聚物发生碱性水解，成为溶解度较高的水解产物，容易从纤维表面去除，从而可避免由于退浆不净和低聚物析出所造成的染色疵病。此外，碱性染色助剂具有 pH 稳定作用，即使染色前织物上残存碱性物质，它们对染色的影响也较小，从而使染色的重现性得到提高，但采用碱性浴染色时，分散染料的选择范围受到限制。

③锦纶织物的染色。锦纶也属于疏水性纤维，也可用分散染料进行染色，但其疏水性较涤纶弱，应挑选极性较强的分散染料进行染色，且仍然存在分散染料在锦纶织物上不易染得浓色，皂洗牢度较差，只适合染浅色等不足；锦纶的吸湿性远好于涤纶，在水中溶胀程度比涤纶好，玻璃化温度较低，因此染色温度较低，不需要高温高压设备即可实施染色，染色时，在 30℃起染，逐渐升温至 95~100℃，续染 30~45min。分散染料对锦纶的染色方法简单，匀染性较好，对纤维品质差异有覆盖能力，能避免纤维在纺丝时因拉伸程度不同而造成

的染色不匀，染色重现性好。

锦纶中含有氨基和羧基，锦纶 66 中氨基含量为 0.03~0.05mol/kg 纤维，锦纶 6 中氨基含量为 0.098mol/kg 纤维。锦纶的等电点为 5~6。因此，锦纶织物也适合用酸性染料染色。酸性染料是锦纶织物的常用染料，得色鲜艳，上染百分率和染色牢度均较高，但匀染性、遮盖性较差，常用于染深色。因此，在染锦纶织物时通常利用分散染料和酸性染料的互补性搭配进行同浴染色，以调整色光，增进匀染度，扩大色谱。

强酸性染料的染色 pH 过低，在较高染色温度下，纤维会发生酸性水解，对锦纶织物有一定的损伤，不宜采用。弱酸性染料对锦纶染色时，染色饱和值一般高于按氨基含量计算所得的数值，湿处理牢度较高，是锦纶染色的常用染料。

用于锦纶染色的染料还有酸性含媒染料，它是从酸性媒介染料发展而来的，由于酸性媒介染料的染色需要经过染色和媒染两个步骤，工艺复杂，为应用方便，在染料生产时，把某些金属离子以配位键的形式引入酸性染料的母体，制成酸性含媒染料，也称金属络合染料。根据染料分子和金属离子的比例关系可分为 1:1 型和 1:2 型两种，前者在强酸性条件下染色，称为酸性络合染料，后者在弱酸性或近中性条件下染色，称为中性络合染料，简称中性染料。酸性络合染料用于锦纶染色时，染液酸性较强，对纤维损伤大，如果在中性浴中染色，则得色浅，匀染性差，因此酸性络合染料在锦纶染色中应用较少。

锦纶采用中性染料染色时，染料与纤维可通过离子键、氢键和范德瓦尔斯力的形式结合，染料对纤维的亲和力大，上染百分率高，染色饱和值高，得色量高，拼色性能好，而且染色产品的耐湿处理色牢度、耐日晒色牢度等均较高。但由于中性染料分子中含有金属离子，染料色泽鲜艳度较差，因此中性染料对锦纶的染色一般用于深蓝色、咖啡色及黑色等深色产品。染色时，染液中染料的用量根据染色深度决定，染液 pH 可用硫酸铵、醋酸、磷酸钠等进行调节。始染温度为 40℃，在 45~60min 内将染液缓慢升温至沸，沸染 30~60min，然后降温、水洗。

锦纶分子中含有末端氨基等反应性基团，也可用活性染料进行染色。染料主要是与纤维中的末端氨基反应，以共价键与纤维结合。此外，活性染料也可通过离子键与纤维中离子化的氨基结合。可采用酸性浴、中性浴染色或酸性浴上染，碱性浴固色等方法。采用中性浴时，在 60℃ 开始染色，逐渐升温至沸，沸染 60min 后水洗，此法仅适用于染浅色。染深色时可采用酸性浴染色，染料与纤维主要以离子键结合，得色量较高，但湿处理牢度较差。此外，为提高染色牢度和得色量，可采用酸性上染，碱性固色的方法。

用于锦纶长丝机织物染色的设备主要为普通卷染机，也有少量经轴染色机作为补充。

④聚乳酸（PLA）纤维染色。聚乳酸纤维一般采用分散染料进行染色。聚乳酸纤维的结构、性能与聚酯纤维有很大差异，分散染料对这两种纤维染色时，染料的染色性能、染色条件明显不同，适合于聚酯纤维染色的分散染料，不一定适合聚乳酸纤维的染色，有些分散染料对聚乳酸纤维的上染性能差，染色牢度较低，染色产品的耐日晒色牢度较差。此外，分散染料在聚乳酸纤维和聚酯纤维上的色相明显不同，在进行染料配色时，应根据其染色性能选择适宜的染料。

聚乳酸纤维的熔点在175℃左右，玻璃化温度为57℃，耐热性比涤纶差，在100~130℃的温度范围内，随着染色温度的升高，纤维强度和延伸性明显降低，因此，采用分散染料染色时，其染色温度应低于涤纶的染色温度，不应超过130℃，最高染色温度一般控制在100~110℃，同时高温染色时间不宜过长。另外，聚乳酸纤维的耐碱性较差，在碱性液中容易发生水解，在采用分散染料染色时，染液的pH应控制在弱酸性。

由于聚乳酸纤维的玻璃化温度低，染料容易扩散进行入纤维内部，染色时分散染料在70~110℃的温度范围内，随着染液温度的升高，染料的上染速率增加较快，为获得均匀的染色效果，应控制升温速率。另外，染色后处理条件对染色产品的色光影响很大，为获得良好的染色重现性，在染色后处理时，应对处理温度和处理液的碱性进行控制，处理液的碱性不要太强，后处理温度一般控制在60~65℃，处理时间宜短。

其染色步骤为：用醋酸调节染液pH至5~6，从40℃开始染色，染液以2~3℃/min的升温速率升温至70℃，再以1~2℃/min的升温速率升温至100~110℃，保温染色20~30min。染色后以2℃/min的降温速率降温至50℃，然后排放染液，进行还原清洗、水洗。还原清洗时，保险粉用量为2g/L，碱剂（碳酸钠或碳酸氢钠）1~2g/L，还原清洗温度60~65℃，时间15min。

⑤纤维素纤维与再生纤维素纤维的染色。纤维素纤维包括棉、麻等天然纤维，再生纤维素纤维包括黏胶纤维、醋酸纤维、铜胺纤维、天丝、莫代尔等化学纤维。这些纤维均可用直接染料进行染色，直接染料分子中的氨基、羟基、偶氮基、酰胺基等可与纤维素纤维中的羟基形成氢键，直接染料在溶液中溶解成阴离子而上染纤维素，纤维素纤维在水中也带负电荷，染料和纤维之间存在电荷斥力，这种现象对再生纤维素的黏胶纤维染色时更为明显。在染液中加盐，可降低电荷斥力，提高上染速率和上染百分率。盐的促染作用对不同的染料是

不相同的，对于染料分子中含磺酸基较多的盐效应染料，盐的促染作用显著；对于温度效应染料，盐的作用不明显。棉纤维的染色温度通常控制在 95℃ 左右，染色时间控制在 60min 左右。直接染料不耐硬水，与钙、镁离子结合生成不溶性沉淀，既降低染料的利用率，还会造成色斑等疵病，因此必须用软水溶解染料。采用的染色方法有浸染、卷染、轧染、冷轧堆染色等。但由于黏胶等再生纤维素纤维具有皮芯结构特性，其染色与棉有些不同，黏胶纤维的湿强力较低，在水中的膨化较大，宜在松式绳状染色机或卷染机上进行染色，一般不宜采用轧染。黏胶纤维的结晶度低于棉纤维，且芯层结构疏松，因此黏胶纤维吸收染料的速度和数量比棉快而多。但是，黏胶纤维的皮层比棉的外层结构更为紧密，阻碍了染料向黏胶纤维内部的扩散，因此，为将被染物染透，黏胶纤维的染色温度稍高于棉，并适当延长染色时间。

除了直接染料外，常用的染料还有活性染料。活性染料分子中含有一个或一个以上的反应性基团（又称活性基团），在适当条件下，能与纤维素纤维中的羟基发生反应形成共价键结合，活性染料也称反应性染料。活性染料价格较低，色牢度好，尤其是湿处理牢度好，色泽鲜艳，色谱齐全，一般无须与其他染料配伍使用。但染料在与纤维反应的同时也能与水发生水解反应，其水解产物一般不能再和纤维发生反应，染料的利用率较低，难以染得深色；有些活性染料品种的耐日晒、耐气候色牢度较差；大多数活性染料的耐氯漂牢度较差。其染色一般包括吸附、扩散、固色三个阶段，染料通过吸附和扩散上染纤维，在固色阶段，染料与纤维发生键合反应而固着在纤维上。

⑥混纺和交织织物的染色。在混纺织物和交织织物的染色中，可能要求不同纤维染得同一色泽（称单色产品）；也可能要求不同纤维染得不同色泽，以获得双色或多色效应；有时也可能只染一种纤维而另一种纤维避免染色，得到留白效应。因此，通过对纤维进行混纺或交织得到的纺织品，不但可提高产品的服用性能，而且可增加花色品种。

有色混纺织物和交织织物的生产一般有两种方法，一种方法是在纺前先将不同的纤维分别进行散纤维（或纤维条）染色，然后将有色纤维进行混纺或交织。这种方法无须考虑染料和染色条件相互影响，在选用染料和制订工艺条件时有较大的灵活性，对染色的均匀性也要求较低，还可以利用有色纤维的拼混达到调节色光的目的。另一种方法是将混纺纱或织造后的混纺织物或交织织物进行染色。对两种或两种以上纤维组成的纱或织物进行染色时，因为纤维的染色性能不同，染色所用的染料、助剂类别和性能也不同，因此，其染色工艺要比单一纤维织物的染色复杂得多。

混纺或交织织物染色时，若两种纤维的染色性能和化学性质相似（如羊毛与锦纶、棉与黏胶等），可选用一种类型的染料染两种纤维，此时要求染料在两种纤维上的色光基本相同。若两种纤维的染色性能和化学性质相差较大（如涤纶与羊毛、涤纶与黏胶或棉等），可选用两种类型的染料分别上染两种纤维，此时一般要求一种纤维所用的染料在另一种纤维上的沾色要轻。这是因为沾色染料的染色牢度较低，色光萎暗，影响染色产品的牢度和鲜艳度，尤其是染双色或闪色产品时，相互沾色会影响产品的风格，所以要特别加强后处理，洗除沾色的染料。混纺或交织物染色所用的染料，在相应纤维上的染色牢度应基本相同，以免在使用过程中产品色光发生变化。对于相容性较好的染料，可采用一浴法染色；对于相容性较差的染料，可采用二浴法染色。

活性分散染料是含有活性基的难溶性染料，可对纤维素纤维、锦纶、涤纶等纤维进行染色，特别适合于合成纤维与纤维素纤维混纺及交织物的一浴法染色。

为适应涤棉、涤黏等混纺及交织物的染色，在20世纪80年代开发出了新型直接染料，称为直接坚牢素染料和直接混纺染料，这类染料在130℃以上的高温条件下稳定，不降解，具有较高的直接性和上染率，其湿处理牢度明显高于以往的直接染料，与分散染料的相溶性好，能与各种分散染料同浴染色。采用这类染料与分散染料一浴一步法对涤棉、涤黏类混纺及交织物进行染色，可缩短生产流程，提高生产效率，节省能源。

⑦涂料染色。涂料染色是通过黏合剂的黏着作用将不溶性的颜料固着在织物上而获得颜色的一种染色工艺。对纤维无选择性，适合于各种纤维织物及其混纺织物的染色，具有色谱齐全，拼色方便，对色光比较容易控制，耐日晒色牢度优良等特点，染色后无须水洗，工艺流程短，节能节水，成本低，对被染织物上疵点的遮盖能力强，染色重现性好。但涂料染色一般只限于染中浅色，染深色时耐刷洗牢度和摩擦牢度较差，手感较硬。此外，在涂料染色过程中还存在黏辊的问题。这些问题是限制其应用的主要原因。为了克服这些问题，通过对涂料粒度、黏合剂、交联剂、柔软剂、防泳移剂、防黏辊剂等的不断改进，目前涂料染色的手感、色牢度、匀染及黏辊问题已有很大改善，甚至可以用涂料染较浓的颜色。

根据生产方式的不同涂料染色可分为轧染和浸染两种方法。

a. 涂料轧染。涂料轧染时可采用热熔染色机或树脂整理机等。轧染时，轧染率不能太低，以免表面干燥结膜。在染色过程中，为避免黏辊和泳移，应严格控制烘干条件，可先进行红外线预烘，再进行热风烘干。

工艺流程为：

轧染（二浸二轧）→红外线预烘→热风烘干（70~100℃）→焙烘（150~160℃，2~3min）

对于水洗褪色布，浸轧后不需要烘干，水洗后再经交联剂处理，以提高染色牢度。采用涂料轧染时，通过选择具有良好相容性的黏合剂和整理剂，可将染色与防皱、抗静电、阻燃等功能性整理同浴加工。

b. 涂料浸染。涂料浸染主要用于色织物纱线、成衣及小批量织物的染色。由于涂料对纤维无亲和力，在进行涂料浸染时，应先对涂料分散体采用特殊助剂进行处理，使其带有负电荷，并对被染物进行阳离子化处理，使其带有正电荷，以增加颜料对被染物的亲和力，被染物的阳离子化处理采用含有反应性基团的阳离子改性剂，如季铵盐。涂料吸附到被染物上后，再通过黏合剂将涂料固着在纤维上。

工艺流程：

被染物改性（60~70℃，20~30min）→水洗→浸染（80~90℃，30~80min）→水洗→烘干

3. 印花

印花是指使染料或颜料在织物上印制成花纹图案的加工过程。印花过程包括图案设计、花筒雕刻或制版（网）、色浆调制、花纹印制、后处理（蒸化和水洗）等几个工序。

印花过程与染色一样，也是染料上染纤维并具有一定牢度的过程。但印花一般为多颜色的花型图案，是局部着色。染色加工一般以水为介质，而印花为了保证花纹的轮廓清晰，必须加入能控制染料不随意扩散的原糊，这使印花在助剂的选用、工艺过程的制订等方面与染色加工有很大的不同。

纺织品印花主要是织物印花，也有成衣、纱线、毛条印花。印花方法可根据印花工艺和印花设备来分类。

（1）直接印花。直接印花是所有印花方法中最简单且使用最普遍的一种。它是在白色或浅色织物上将各种颜色的印花色浆直接印制在织物上（色浆不与地色染料反应），从而获得花纹图案的印花方法。其特点是工艺简单、成本低廉，适用于各种染料。一般来说，只要能满足花型的原样要求，尽量采用这种印花工艺。目前织物印花中有80%~90%采用此法。

（2）拔染印花。拔染印花是在织物上进行先染色后印花的加工方法。印花色浆中含有能破坏地色染料发色的化学物质（称拔染剂），经后处理，印花之处的地色染料被破坏，再经洗涤去除浆料和破坏了的染料，印花处呈白色，称为

拔白印花；在含有拔染剂的印花色浆中，加入不被拔染剂破坏的染料，印花时在破坏地色染料的同时使色浆中的染料上染，称为色拔印花。拔染印花能获得地色丰满、花纹细致精密、轮廓清晰，色彩鲜艳的效果。但地色染料需进行选择，印花工艺流程长且工艺复杂，设备占地多，成本高，多用于高档印花织物。

（3）防染印花。防染印花是先印花后染色的加工方法。印花色浆中含有能破坏或阻止地色染料上染的化学物质（称为防染剂）。防染剂在花型部位阻止地色染料的上染，织物经洗涤，印花处呈白色的工艺称防白印花；若印花色浆中含有不能被防染剂破坏的染料，在地色染料上染的同时，色浆中的染料上染印花之处，使印花处着色的称为色防印花。防染印花所得的花纹一般不及拔染印花精细，但适用的地色染料品种较前者多，印花工艺流程也较拔染印花为短。

选择印花工艺应根据织物类型、染料性质、印花效果、生产成本、产品质量要求等多方面进行综合考虑。

（4）转移印花。转移印花是先将染料印在转移印花纸上，而后在一定温度和压力条件下使转印纸上的染料转移到织物上的印花方法。利用热量使染料从转印纸上升华而转移到织物上去方法称为气相转移法，又称升华转移法；利用一定温度、压力和溶剂的作用，使染料从转印纸上剥离下来而转移到织物上的方法称为湿转移法，湿转移法由于要消耗大量的有机溶剂，实际中很少使用。目前常用的转移印花法是利用分散染料升华性质的气相转移印花法，主要用于涤纶织物的印花。

转移印花的图案丰富多彩，花型逼真，花纹细致，加工过程简单，操作容易，适合于各种厚薄织物的印花。无须水洗、蒸化、烘干等工序，因此是一种节能、无污染的印花方法。

转移印花的设备有平板热压机、连续转移印花机和真空连续转移印花机等。

4. 织物整理

织物整理从广义上讲，是从纺织品离开织机到印染成品前所经历的全部加工过程。

（1）织物整理的目的。可归纳为以下几个方面。

①使织物的幅宽整齐划一，尺寸和形态稳定。如定（拉）幅、机械或化学防缩、防皱和热定形等。

②改善织物的手感。采用化学、物理机械方法或两者共同处理，使织物获得或加强如柔软、丰满、滑爽、硬挺、轻薄等综合性触摸感觉，如柔软、硬挺整理等。

③改善织物外观。提高织物的白度和光泽，增强或减弱织物表面的绒毛。

如轧光、轧纹、电光、起毛、剪毛和缩呢等。

④提高织物的耐用性能。主要采用化学的方法，防止日光、大气或微生物对纤维的损伤和侵蚀，延长织物的使用寿命。如防霉、防蛀等整理。

⑤赋予织物特殊服用功能。主要采用一定的化学方法，使织物具有诸如阻燃、防毒、防污、拒水、抗菌、抗静电和防紫外线等功能。

⑥改变织物的表面性能。主要采用涂层整理方法，在织物表面均匀涂一层薄层或多层高聚物等物质，使织物涂层面具有不同的性能。如抗紫外线窗帘布和太阳伞面料等。

（2）织物整理的种类。

①按织物最终获得的功能不同，整理可分为以下几类：

a. 柔软整理。棉及其他天然纤维都含有脂蜡状物质，化学纤维上施加有一定量的油剂，因此都具有一定的柔软性。但织物在练漂、染色及印花加工过程中纤维上的脂蜡质、油剂已去除，使织物失去了柔软的手感，或因工艺控制不当，使染料等物质印染在织物上，使手感粗糙发硬，故往往需对织物进行柔软整理。

织物柔软整理方法有机械整理法和化学整理法两种。机械整理通常是使用三辊橡胶预缩机，适当降低操作温度、压力，加快车速，可获得较柔软的手感；也可通过轧光机进行柔软整理，但这种方法不理想；化学整理主要利用柔软剂来减小织物内纤维、纱线之间的摩擦力和织物与人手之间的摩擦力，提高织物的柔软性。石蜡、油脂、硬脂酸、反应性柔软剂、有机硅均可作为织物柔软整理的助剂。目前多数采用柔软剂进行整理。

b. 硬挺整理。硬挺整理是将具有一定黏度的高分子物质制成浆液浸轧在织物上，使其在织物上形成薄膜，从而赋予织物平衡、厚实、丰满、硬挺的感觉。硬挺整理又称上浆整理。

硬挺整理剂有天然浆料和合成浆料两大类。天然浆料有淀粉或淀粉衍生物，如可溶性淀粉、糊精等。采用淀粉上浆的织物，手感光滑、厚实、丰满。可溶性淀粉或糊精易渗透织物内部，对色布上浆不会产生光泽萎暗现象。但采用天然浆料作硬挺剂的效果不耐洗涤。采用合成浆料硬挺整理，可以获得较耐洗的硬挺效果。如用醇解度较高、聚合度为 1700 左右的聚乙烯醇作为棉织物的硬挺剂，手感滑爽、硬挺，并有较好的洗涤性。对合成纤维，选用醇解度和聚合度较低的聚乙烯醇为宜。

c. 拉幅整理。织物在印染加工过程中，经向受到的张力较大、较持久，而纬向受到的张力较小，这样迫使织物的经向伸长，纬向收缩，产生如幅宽不匀、布边不齐、纬斜等问题。为了使织物具有整齐、均一、稳定的幅宽，并纠正上述缺点，织物出厂前都需要进行拉幅整理。

拉幅整理是根据棉纤维在潮湿状态下，具有一定可塑性的性质，缓缓调整经纬纱在织物中的状态，将织物幅宽拉至规定尺寸，达到均匀一致、形态稳定的效果。拉幅只能在一定尺寸范围内进行，过分拉幅将导致织物破损，而且勉强拉幅后缩水率也达不到标准。除棉纤维外，毛、麻、丝等天然纤维以及吸湿性较强的化学纤维在潮湿状态下都有不同程度的可塑性，也能通过类似的作用达到拉幅目的。

d. 机械预缩整理。织物缩水导致服装变形走样，影响服用性能，给消费者带来损失。因此，需要对织物进行必要的防缩整理。织物防缩整理的方法包括机械预缩整理和化学防缩整理两种。机械预缩整理就是利用物理机械方法调整织物的收缩，以消除或减少织物的潜在收缩，达到防缩的目的。化学防缩整理是采用某些化学物质对织物进行处理，降低纤维的亲水性，使纤维在润湿时不能产生较大的溶胀，从而使织物不会产生严重的缩水现象。常使用树脂整理剂或交联剂处理织物，以降低纤维亲水性。

织物机械预缩多在压缩式预缩机上完成。主要设备有橡胶毯压缩式预缩机整理机和毛毯压缩式预缩整理机。

e. 轧光、电光和轧纹整理。轧光、电光和轧纹整理均属于改善和美化织物外观的整理。轧光整理一般可分为普通轧光、叠层轧光和摩擦轧光。

叠层轧光是利用多层织物通过同一轧点相互压轧，从而获得柔和的光泽和柔软的手感，并且使织物纹路更加清晰。故叠层轧光也可用于机械柔软整理。

摩擦轧光是利用摩擦辊的传动线速度大于织物通过轧点的线速度这一特点，使加工织物获得磨光效果，以获得强烈的光泽。摩擦轧光机由三只辊筒组成，上下两只辊筒为硬辊筒，上面的辊筒可以加热，称为摩擦辊筒。中间一只为软辊筒。上面的摩擦辊一般比下面的两根辊筒超速 30%～300%。加工时，摩擦辊筒通过过桥齿轮驱动，使转速随变化齿轮的齿数而变化，给予织物很强的极光，布面极光滑，手感挺爽，通常也称为油光整理。

电光整理的原理及加工过程与轧光整理基本相似。主要区别是电光整理不仅将织物轧平，而且能在织物表面轧出平行整齐的斜纹线。因而对光线产生规则的反射，获得如丝绸般的高光泽表面。电光整理机的构造及工作原理与轧光机相类似，由一硬一软两只辊筒组成，硬辊筒中空、可加热，辊筒表面刻有平行的斜纹线，斜纹的密度和角度应根据加工织物的品种要求而不同。斜向应与织物的主要纱线的捻向一致，否则会影响织物的光泽和强力。

f. 磨毛整理。磨毛整理是指用砂磨辊（或带）将织物表面磨出一层短而密的绒毛的工艺过程，又称磨绒整理。磨毛织物具有厚实、柔软及温暖等特性，可改善织物的服用性能。变形丝或高收缩的涤纶机（或针）织物经磨毛后，能制成一种仿麂皮绒织物。以超细合成纤维为原料的基布，经过浸轧聚氨酯乳液和磨毛，可获得具有仿真效果的人造麂皮。磨毛（或磨绒）整理的作用与起毛（或拉绒）原理类似，都是使织物表面产生绒毛。不同的是，起毛整理一般用金属针布（毛纺还有用刺果的），主要是织物的纬纱起毛，且绒毛疏而长。磨绒整理能使经纬纱向同时产生绒毛，且绒毛短而密。磨绒整理要控制织物强力的下降幅度，其质量以绒毛的短密和均匀程度为主要指标。

g. 防水和拒水整理。防水整理是指在织物表面涂上一层阻挡水的连续性薄膜。这种织物虽不透水，但也不透气，不宜用于一般服用织物，但适用于工业上的防雨篷布、遮盖布等。

拒水整理能改变纤维表面性能，使纤维表面由亲水性转变为疏水性，而织物中纤维间和纱线间仍保留大量孔隙，使织物既能保持透气性，又不易被水润湿。适于制作风、雨衣及其他衣用面料等。

h. 阻燃整理。某些特殊用途的织物，如冶金及消防工作服、军用纺织品、舞台幕布、地毯及儿童服装等，要求具有一定的阻燃功能。因此需要对织物进行阻燃整理。所谓"阻燃"，并非指经处理后的织物具有接触火源时不燃烧的性能，而是指织物不易燃烧，或离开火焰后即能自行熄灭，不发生阴燃。

涤纶属于热塑性纤维，在加热过程中，先是软化、随后熔融变成黏稠橡胶状，燃烧时熔融物容易滴落，高温熔融物会黏着皮肤造成深度灼伤，锦纶织物也存在这一缺陷。涤纶在高温裂解时的产物至少有 30 种以上，如二氧化碳、一氧化碳、乙醛、苯、苯甲酸、对苯二甲酸等。涤纶燃烧时会产生大量的烟雾，这主要是由于苯、苯甲酸和对苯二甲酸等芳香族化合物不完全燃烧引起的。另外，与纤维素纤维的裂解产物相比，其裂解产物的自燃温度也高，这就是涤纶的燃烧温度比纤维素纤维高的原因，前者为 400℃，后者为 550~570℃。

i. 抗静电整理。合成纤维具有疏水性，因此纯合纤及合纤组分高的混纺织物因吸湿性差，往往因摩擦而易产生静电，从而产生吸附尘埃、易污、易起毛起球等现象。在一些易爆场所还会因静电火花导致爆炸事故。

整理的工艺流程为：

浸轧整理剂→烘干→高温处理（180~190℃，30min）

j. 其他整理。

·防紫外线整理。可以通过增强织物对紫外线的吸收能力或反射能力来减少紫外线的透过量，从而减少紫外线对皮肤的伤害。因此，选用紫外线吸收剂和反光整理剂进行整理都是可行的，若将两者结合起来效果会更好。根据国家标准，当纺织品的 UPF>40，且 T（UVA）<5%时，可被称为"防紫外纺织品"。

·涤纶及涤/棉的仿真丝整理。经碱减量处理后的涤纶织物及经硫酸作用后的涤/棉织物，透气性和纤维的相对滑移性增加，重量减轻，悬垂性改善，柔软、滑爽，呈现出类似真丝织物的风格。

·涂层整理。即在织物表面涂布一层或多层可形成薄膜的化学物质，改变织物的外观、性能及风格，增加织物的功能。

·高吸水性整理。高吸水性纺织材料虽然可以直接选用高吸水性纤维来制得，但通常使用的方法是用高吸水性树脂整理来实现。一般来说，高吸水性树脂通常是网状结构的高分子电解质，应同时具备两个功能，一是吸水功能；二是保水功能。为了材料能吸水，必须具备三个条件，即被水润湿、毛细管吸水和较大的渗透压。

②按整理效果的耐久性不同，织物整理可分为以下三种。

a. 暂时性整理。纺织品仅能在较短时间内保持整理效果，经水洗或在使用过程中，整理效果很快降低甚至消失。如上浆、暂时性轧光或轧花整理等。

b. 半耐久性整理。纺织品能够在一定时间内保持整理效果，即整理效果能耐较温和及较少次数的洗涤，一般耐 15 次温和洗涤。当洗涤条件不适当或洗涤次数过多时，整理效果便会消失。这种保持织物整理效果时间居中等水平的整理称半耐久性整理。如含磷阻燃剂及锑—钛络合物对织物进行的阻燃整理。

c. 耐久性整理。纺织品能够较长时间保持整理效果，即整理效果能耐多次洗涤或较长时间使用而不易消失。如棉织物的防皱整理、反应性柔软剂的柔软整理、树脂和轧光或轧纹联合的耐久性轧光、轧纹整理等，都属于耐久性整理。

纺织品整理除按照上述方法分类外，还有按照被加工织物的纤维种类分类，如棉织物整理、毛织物整理、合成纤维及混纺织物整理等；按照整理要求或用途分类，如一般整理、防皱整理、仿真整理、功能整理等。但是，不管哪种分类方法，都不能把纺织品的整理划分得十分清楚。有时一种整理方法可以获得多种整理效果，如纤维素纤维织物经防皱整理后，除了提高织物的弹性、防皱性能外，还提高了织物的尺寸稳定性。有时织物整理还与染色、印花等工艺结合进行。

（三）常用纺织品的染整技术

印染后整理技术是仿真丝、仿麻、仿棉等仿真纺织品生产中的关键，不但对提高仿真度至关重要，也是实现其使用价值必不可少的环节。

1. 仿真丝纺织品的染整技术

仿真丝纺织品的染整工艺流程：

配翻→（预缩）→预分布→预脱水→预开幅→预拷边→预定形→碱减量→成品染色（印花）→成品分布→成品脱水→成品开幅→成品拷边→成品定形→成品检验→成品入库

主要生产工序如下：

（1）碱减量。减量率高，织物手感柔软，但强力损失增大；减量率低，不利于改善织物手感，却能保持织物的强力。一般轻薄仿绸类织物减量率控制在10%～15%，缎类织物为4%～6%。具体工艺如下：

烧碱用量	10～20g/L
精练剂	1～2g/L
抗皱剂	1g/L
温度	100～110℃
保温时间	20～30min

（2）染色。涤纶长丝织物主要用分散染料进行染色。染色工艺曲线如下：

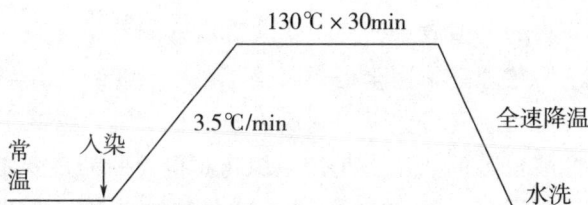

（3）定形。

车速	50m/min
温度	205℃
超喂	5%

（4）成品检验。主要检测的指标有尺码、幅宽、克重、经密、纬密、色差、色牢度等。

2. 仿麻织物的染整技术

仿麻纺织品的化纤成分较多，有些在加工性能上有很大差别，因此，要视具体的纤维类别、织造的技术规格和最终产品的风格要求，制定合理的加工工艺。

仿麻织物的一般染整加工流程：

坯检→翻缝→煮练（高温预缩）→脱水、开幅、烘干→预定形→碱减量→染色→出缸、脱水、开幅→柔软整理→拉幅定形→成品检验→成品入库

3. 仿毛织物的染整技术

染整加工是仿毛织物获得仿毛效果的关键，通过适当的染整加工可突出织物外观风格，改善织物内在性能。仿毛织物染整加工通常经过碱减量、染色、热定形、风格整理及蒸呢等工艺处理。

根据所用纤维、纱线性能和结构的不同以及织物用途和风格的不同，涤纶长丝仿毛织物染整加工工艺有所不同，举例如下：

变形涤纶仿毛织物的染整工艺流程：

坯布检验→松弛→洗涤→脱水→烘燥→热定形→染色→脱水→烘燥→后整理（磨毛等）→蒸呢（必要时）

或采用：

坯布检验→松弛→洗涤→染色→脱水→烘燥→热定形→后整理（磨毛等）→蒸呢（必要时）

多异多重复合变形丝仿毛织物染整工艺流程：

坯布检验→配布→碱减量→染色→脱水、开幅→烘干→浸轧整理剂→烘干→热定形→蒸呢→成品检验→包装

为提高仿毛织物的毛型效果，使织物获得良好的蓬松性和弹性，仿毛织物的前处理、染色、后整理宜采用全松式染整工艺，以使织物在高温染整中完全处于松弛状态，纤维得到充分收缩，提高卷曲的稳定性。松式退浆煮练、高温高压喷射染色及超喂松弛的热定形是仿毛织物获得卷曲的重要工作。在从坯布到成品的染整加工过程中，经向缩率一般控制在13%~15%，纬向缩率一般控制在9%~11%。

4. 仿棉织物的染整技术

仿棉纺织品的染整工艺流程：

坯布检验→配缸→煮练→染色→烘干→定形→柔软整理→呢毯→成品

煮练和染色使用设备均为溢流绳状染色机。

柔软、拉幅定形整理的目的是使织物获得柔软的手感和平整的表面，并有一定的回缩，以加强织物的仿棉感。

呢毯整理后织物手感更加丰满、柔软，进一步提升了仿棉的仿真度和服用性能。整理设备为呢毯预缩机。给湿率控制在10%~12%，车速控制在20~30m/min。

第四章　技术创新

　　科技创新是驱动现代经济社会发展的主要动力。党的十三届全国人大四次会议通过的《中华人民共和国国民经济和社会发展第十四个五年规划和 2035 年远景目标纲要》中提出"坚持创新在我国现代化建设全局中的核心地位，把科技自立自强作为国家发展的战略支撑"。这是我国国民经济和社会发展五年规划的历史上第一次把科技创新摆在各项规划任务的首位。

　　"十三五"以来，长丝织造企业对产品档次和质量、生产效率和企业效益都有了更高的追求，越来越多的企业认识到科技创新的重要性，这一内生动力使得长丝织造产业的创新成果竞相涌现，行业技术创新特别是技术改造和设备更新实现了小步快跑，从"星星之火"到"遍地开花"，从点的突破向系统提升迈进，行业创新体系逐步完善，创新能力稳步提升。

一、技术创新成绩显著

　　目前，我国研发经费年投入已超过 2 万亿元（仅次于美国），占国内生产总值的 2.23%，超过欧盟平均水平；企业已成为研发活动主体（企业研发投入占全社会的 77%），涌现出一批国际知名创新型企业；论文产出和发明专利授权量位位居全球前列。

　　"十三五"以来，长丝织造产业规模以上企业的研发经费占主营业务收入的比例从不到 1%，增长到 1% 以上，部分重点骨干企业的研发投入超过 3%；"十三五"期间，行业推广了 82 项科技创新项目，表彰了 52 篇技术创新论文，大量科技创新成果获得行业认可，喷水织造智能化技术的研发与应用、偏心空心打纬机构的关键技术及产业化、双层织物凸轮开口装置的关键技术及产业化、智能型分条整经机等一批前沿科技项目成功通过验收，并已在部分企业推广应用，创造了较高的附加值。超仿棉聚酯纤维及其纺织品产业化技术开发等 2 个项目获得了"纺织之光"中国纺织工业联合会科技进步奖一等奖，喷水织造异经异纬涤纶织物生产关键技术研发及其产业化等 7 个项目获得了二等奖，涤纶新型休闲服用面料的研发及产业化等 6 个项目获得了三等奖，较"十二五"期间（8个项目获得三等奖）取得明显进步。

技术创新成为行业高质量发展的主要驱动力。

二、智能织造水平显著提升

随着生产水平的不断提高和技术不断进步，依托大数据、物联网等数字化技术，行业内一批自动化、智能化技术装备得到推广应用，行业智能织造水平显著提升，可实现从超细旦丝到粗旦丝，从窄幅到宽幅，从一般织物到多层织物等各式各样特殊规格织物的织造，生产效率显著提升。

（一）喷水织机高速化、自动化水平稳步提升

目前，长丝织造行业采用的织造设备全部是喷水、喷气、剑杆和片梭等无梭织机，其中喷水织机占90%以上。近年来，以浙江引春机械有限公司、青岛华尊机械股份有限公司等企业为代表的国产新型喷水织机，在织造高速化、稳定性、可靠性和自动化程度等方面都显著提高，正在行业中逐步推广和普及。近年来国产喷水织机的实际生产转速已提高到750r/min，采用电子送经、电子卷取、共轭凸轮开口、电子多臂开口、电子大提花开口、永磁直驱电动机、高速电子储纬器等具有国际先进水平的织机比例达到40%。喷水织机的数据监控水平得到了进一步提升，有效提高了生产效率和产品质量。

"十三五"以来，以浙江引春机械有限公司、青岛华尊机械股份有限公司等企业为代表生产的国产新型喷水织机，在高速化、稳定性、可靠性、节能性和自动化、数字化等方面都有显著提高，正在行业中快速推广和普及。

1. 产品适应性更强

新型喷水织机突破了老式喷水织机对品种和原料的局限，发展为不仅可以织常规丝，还可以织粗旦丝、超细旦丝，各种变形丝、复丝、金属丝等多种原料；不仅可以生产单层织物，还可以生产各种多层织物及特殊规格的纺织品，产量、质量和效率显著提升，产品的适应性更加宽泛。

2. 开口技术日益成熟

"十三五"以来，全行业喷水织机开始从简单的连杆开口机构快速向凸轮、多臂、大提花等多种开口技术拓展，落后的开口装置正在被逐步淘汰。随着以江苏牛牌纺织机械有限公司为代表的国产积极式共轭凸轮、电子多臂、电子大提花开口技术的不断发展成熟，喷水织机生产品种的复杂性、翻改品种的快速化以及运转的高速度、稳定性显著提高。大幅节省了品种更换时间和人力，减少了消耗，提高了生产效率，更好地满足了纺织品多品种、小批量和个性化的需求。

3. 织机速度大幅提升

随着共轭凸轮开口、高速电子储纬器及偏心打纬等先进技术在喷水织机上推广应用，水泵、喷嘴、综框和机架材质不断优化改进，以及电子数控技术的配置应用，使织机的运行更加平稳高效，目前，国产喷水织机的实际生产转速已提高到 750r/min。

4. 自动化、数字化水平显著提升

随着永磁直驱电动机技术的推广，喷水织机的精细控制和机电一体化程度显著提升。越来越多的织机设备安装信息采集装置和数据传输接口，把织机从纯机械手动控制变为数控面板控制，借助 ERP 等管理系统实时采集数据传输到监控室或手机端，解决数据孤岛，实现"云检测"，大幅提升了织机的自动化、数字化水平，有效提高了生产效率和产品质量，为企业精细化管理打下基础。

（二）自动穿经机的应用逐渐深入

当前，针对长丝高强、细旦特性专门研制的化纤长丝自动穿经机已得到企业认可，并逐渐在企业中批量使用，应用也更加灵活和深入。

自动穿经速度达 20 万~30 万根/（台·天），可相当于 15~20 名熟练工人，在提升生产效率和产品质量的同时，也为开发生产复杂组织织物提供了技术保障，有效降低了对熟练工人的依赖，显著节约了劳动力成本。

2020 年疫情期间，为解决自动穿经机对穿引导电丝不能有效识别的问题，山东恒利纺织有限公司结合实际生产，改良了穿经工艺，灵活使用自动穿经机，成功解决了穿经困难，穿经效率提升了 80%，高质量、高速度地完成了生产订单。

（三）整经系统的自动化程度显著提升

目前，机器人自动挂纱系统已开始在部分企业试运行，大幅提高了整经架的上落纱效率。

随着变频技术、数字化控制等先进技术在整经系统的应用，整经机实现了运行恒线速、恒张力、高速度，定位准确，操作便捷。高精度控制的整经机在织造超细纤维织物，特别是锦纶长丝织物中获得广泛应用，降低了物料消耗、提高了产品质量和品种适应性，为生产高端纺织面料提供了硬件保障。

（四）浆丝机自动化程度及国产化率明显提升

"十三五"期间，具有自动控制功能的新型浆丝机普及率已达到 20%，浆丝机自动化程度及国产化率也大幅提升。

另外，随着科技的不断发展，长丝织造并浆联合技术得到突破，并实现了产业化应用。并浆联合机不仅解决了张力不均的问题，而且还大幅度提高了生产效率和产品质量。

（五）智能立体仓储和物流配送系统广泛应用

目前，一些有条件的大型企业均已建立智能织轴存储系统、坯布存储管理系统等智能化立体仓储系统。该系统为每匹布办理"身份证"和通行证，可完成上千批次坯布的随时存放和调取管理，并可实现单匹布的数字追踪，及时了解生产、运输进度，为进一步实现企业供、产、存、销的一体化数字管理做好准备。

（六）智能化软件和在线控制系统广泛应用

伴随苏州伟创电气科技股份有限公司、苏州汇川技术有限公司、厦门市软通科技有限公司、环思智慧科技股份有限公司等一批科技公司的成长和发展，长丝织造行业的在线监测与监控等数据采集与控制系统已日趋成熟，并在整个行业规模企业中大面积使用，生产效率和生产质量明显提升，管理水平明显提高，取得了较好的效果。

通过信息管理系统实时收集和统计织机的运行数据，并与计算机、手机和现场屏幕联网，实现远程随时随地地掌握每台织机的运行状况。这些大数据可以实时反映每台织机、每个员工的生产情况，有助于企业及时发现并解决存在的潜在问题，在企业完善员工考核、改善产品品质、提高生产效率、实现精准追溯、实时防错、生产透明、增强国际竞争力等方面发挥了重要作用。

（七）各工序信息化、数字化基础持续向好

随着长丝织造产业规模的进一步扩大，长丝织造企业对产业自动化、智能化的呼声越来越高，同时大数据技术发展也渐渐走向成熟，伴随苏州伟创电气科技股份有限公司、苏州汇川技术有限公司、厦门软通科技有限公司等一批科技公司的成长和发展，越来越多的纺机设备企业及信息技术企业主动选择与织造企业合作，共同投入长丝织造全流程的信息化、数字化改造中来，并取得了一定的成果，为未来实现智能制造迈出了坚实的步伐。

目前进行的尝试有对络丝机加装自动定长装置，对倍捻机加装单锭信息采集与控制装置和永磁同步电动机，对织机电动机加装变频调速，对老式织布机、倍捻机等设备进行数字化改造，实现设备生产运行数据的自动采集；通过二维码、条形码对产品批号、批次、机台号等进行生产过程追溯等一系列智能改造，实现车间生产设备和大数据云端服务器的互联互通。

目前，智能化软件和在线控制系统已逐步走向成熟并在整个行业规模企业中大面积使用，提高了企业数字化管理水平，明显提升了生产效率和生产质量，

取得了较好的效果。以江苏博雅达纺织有限公司、江苏德顺纺织有限公司、吴江市兰天织造有限公司等为代表的化纤长丝织造企业都已初步建成了数字化车间并投入使用。

德顺纺织的"喷水织造智能生产线",被中国纺织工业联合会评为了"2019年纺织行业智能制造试点示范企业"。2020年6月,兰天织造入选江苏省工业互联网标杆企业,10月,被苏州市评为"智能化工厂"示范企业。这些优秀企业都是行业智能化改造和数字化转型的先行军,是标杆,值得我们学习,这次技术交流环节我们专门邀请到恒力集团为大家分享他们的成功案例,希望大家都能有所收获。

三、技术创新的重点及方向

(一)行业技术创新存在的问题

技术创新是实现行业高质量发展的根本保证,智能制造是纺织行业进行转型升级的必经之路。受行业配套供应商技术水平的限制,行业自动化、智能化发展中仍存在一些问题和瓶颈,也是未来技术创新需要重点攻克的难题。

1. 全工序智能化技术有待突破

目前,长丝织造行业主要集中在单台设备的智能化和自动化上,上下工序尚未实现互联互通,各工序之间数据资源的快速整合配置还有待进一步完善。

另外,织机的自动上轴、自动落布、自动验布等工序的智能化技术还不成熟,有待进一步研究。

2. 智能化生产软件仍需完善

化纤长丝织造企业生产车间的倍捻机、织机虽加装了数据采集器,实现了数据的实时采集,并自动上传到大数据服务平台,但缺少对数据进行分析、整理和处理的技术和软件,很难将数字化系统的优势完全发挥出来,仍需进一步完善。

3. 国产高端织造设备仍需提升

近几年,国产织机在速度、自动化等方面正在缩小国际先进水平的差距,但在张力控制的精准性、电子及机械配件的加工精度和稳定耐用性等方面仍存在差距,国产织机的综合性能有待进一步提升。

4. 创新人才不足

技术创新,人才为先。人才的力量对于科学技术的发展和更新换代具有至关重要的作用,当前行业从事生产技术管理或产品开发的工作人员中,受过高等纺织专业教育的工程技术人员还是相对较少,难以满足纺织技术快速发展的需求。长丝织造行业存在高层次、高技能人才短缺问题，也是行业技术创新面临的最大困难。

（二）技术创新的重点及方向

1. 自主创新，突破关键技术

通过长丝织造企业与高校、设备生产企业、软件开发企业的合作，积极推进行业内各生产环节的自动化智能化建设。发展高效、低能耗、自动化、数字化、智能化纺织装备，重点研发自动穿经机、高速喷水织机、特种纤维织造装备等机织设备，研发节水型喷水织机喷嘴、断经自停机构等关键装置。对自动上轴装置进行技术攻关，对自动落布装置、自动验布装置做好中试攻关和产业化，对成品半成品自动仓储技术、生产线智能运输系统、ERP 管理系统和在线监控与管理系统等关键技术智能化进行完善和升级。

2. 积极主动采用新技术，夯实产业数字化基础

未来，"技术—经济范式"将加速从工业化向数字化演进，数字经济与实体经济必将深度融合。党和国家领导人明确要求要"抢抓数字经济发展机遇"。对于长丝织造行业来讲，一定要加速推进产业数字化进程，这就要求企业加快全行业落后设备的淘汰改造步伐，积极采用新技术，夯实产业数字化基础。

积极采用电子送经、电子卷取、共轭凸轮开口、电子多臂开口、电子大提花开口、永磁直驱电动机、高速电子储纬器等装备以及全自动穿经、整经自动上纱等一些运行成本低、加工质量好、品种适应能力强的先进技术。

发展高效、低能耗、自动化、数字化、智能化纺织装备，重点研发高速喷水织机、特种纤维织造装备等机织设备，研发节水型喷水织机引纬系统、断经自停机构等关键装置，积极进行喷水织机自动加油、浆并联合技术等新型工艺的探索，在技术成熟后逐步在全行业推广。

逐步提高高速稳定、自动化程度高、节能降耗水平高的先进喷水织机的应用水平，淘汰低档次的简易喷水织机，推动长丝织造行业向智能化、高效率、高质量制造技术方向发展。争取到 2025 年，行业使用具有国际先进水平的织机比重达到 50%，全自动穿经设备的应用量达到 1200 台，具有自动控制功能的新型浆丝机、整经机的普及率提高到 60% 以上。

3. 完善创新体系，推进数字化进程

首先要完善科技创新体系。针对影响产业进步的技术瓶颈，要加强科技创新和技术攻关，实现关键环节、关键领域、关键产品的突破。进一步完善以企业为主体、市场为导向、产学研用深度融合的科技创新体系。

通过长丝织造企业与高等院校、设备生产企业及信息技术企业等产业链上下游的合作，突破关键技术，在生产设备自动化、数字化水平进一步完善的基础上，开发数字化生产管理系统，形成长丝织造领域智能制造系统化解决方案，实现长丝织造企业数字化、信息化、智能化转型，为行业高质量发展赋予新动能。

其次要完善管理创新体系。第一要重视生产管理，包括供应链管理、精细化管理等；第二要重视运营管理，加强现代企业制度建设，推行股份制改造，通过引进职业经理人等提升运营管理水平；第三要重视数字管理，利用好数字化平台，通过 ERP、MES 管理软件，实现从业务接单、核价、原料采购、物流调配、研发测试、计划调度、在制品流转、质量检验、入库、销售出库等无缝对接，实现在人流、物流、资金流最优匹配下的产、供、销一体化、高效化管理。

4. 注重人才培养，增强竞争软实力

创新驱动实质是人才驱动，数字经济时代的到来使企业对人才的要求达到了新高度。从一线工人到技术人员再到管理层面，无一不需要适应性强、学习能力好、综合素质高的新型人才。这就要求企业做好建立健全人才引进机制和培训制度的工作，完善岗位晋升体系和职工保障体系，培养人才、引进人才、留住人才。

必要时可以通过校企合作的方式，利用高校教育资源，进行员工培训，提升员工综合素质，增加企业竞争软实力。

第五章　绿色发展

《中华人民共和国国民经济和社会发展第十四个五年计划和 2035 年远景目标纲要》提出，坚持生态优先、绿色发展，推进资源总量管理、科学配置、全面节约、循环利用，协同推进经济高质量发展和生态环境高水平保护。推动落实联合国气候变化框架公约及巴黎协定，2030 年前实现碳排放达峰和争取 2060年前实现碳中和。

节约能源和减少污染物排放有利于提高经济效益、社会效益和生态效益，对实现循环经济和可持续发展具有十分重要的意义，也是当今社会发展的主题。

节能减排绿色生产是纺织工业转型升级的必由之路，也是产业必须承担的社会责任。随着纺织行业的快速发展和市场竞争的日益激烈，节能降耗也成为降低企业生产经营成本的重要方式，企业对节能减排工作日益重视。

近年来，我国长丝织造行业通过技术进步与创新、规范管理、节能减排和中水回用等方式使得行业的资源消耗明显降低，三废排放大幅减少，绿色生产水平稳步提升，取得了良好的经济效益和社会效益。

一、节能情况

"十三五"期间，长丝织造行业依据国家相关政策，通过"纺织之光"长丝织造清洁生产推广会等系列活动，大力宣传推广永磁直驱电动机技术、车间LED 节能日光灯照明系统、太阳能集热技术、智能信息化管理系统等节能生产新技术，及时淘汰落后的生产技术和设备，持续推进清洁生产模式，在原料选择、工艺优化、节能环保、企业管理等方面都有了较大的改进，有效促进了长丝织造产业绿色化生产水平的提升，为 2030 年实现前碳达峰做出了积极贡献。

目前，90% 以上的长丝织造企业都是采用喷水织造，能耗主要是电。据了解，由于生产设备自动化水平的稳步提升，目前企业用电成本已接近劳动力成本。降低、控制能耗不仅是企业必须履行的社会责任，也是控制成本、提高经济效益的重要方面。

近年来，随着新技术在行业中的推广与应用，全行业生产节能效果显著，节能水平显著提升。

长丝织造企业一方面通过织造设备的改造，实现能耗下降；另一方面通过淘汰能耗高的落后设备，直接购买先进的设备进行节能。如喷水织机的普通电动机更改为永磁直驱电动机，省去了织机刹车盘、皮带轮等机件，减少成本的同时，进一步降低了传动消耗，可节能 15% ~ 30%。据调查，2020 年国内生产的喷水织机，约有 30% 采用永磁直驱电动机。此外，通过改善空调系统，加强保温措施实现节能是企业普遍采用的措施。将车间内的照明系统从普通节能灯更换为 LED 灯，不仅可节约 85% 的电量，还延长了照明设备的使用寿命。

喷水织机的用电量取决于品种、幅宽、织机转数及运转效率。以筘幅 190cm 的织机为例，喷水织机的综合电功率约为 3kW/台，远低于喷气织机约 9kW/台的综合电功率。当前，全行业喷水织机的综合用电量已达到约 20000kW·h/(年·台)。

在生产效率改善方面，企业普遍采用高速织机（织造生产转速 750rpm），安装 ERP 等智能化信息管理系统，以达到优化生产流程，提高生产效率，降低单位产品生产能耗的目标。

二、节水情况

"十四五"期间，国家将全面实行排污许可制，实现所有固定污染源排污许可证核发，推动工业污染源限期达标排放，推进排污权、用能权、用水权、碳排放权市场化交易。完善水污染防治流域协同机制，加强重点流域、重点湖泊、城市水体和近岸海域综合治理，推进美丽河湖保护与建设，化学需氧量和氨氮排放总量分别下降 8%，基本消除劣 V 类国控断面和城市黑臭水体。

喷水织机作为中国当前纺织行业中应用最广泛的织造设备之一，具有产量高、质量好、织造费用低的优点，节水和减排是喷水织造的重点工作。

（一）用水概况

喷水织机的用水量取决于品种、幅宽、织机转数及运转效率。以泵直径、泵动程、织机转数及运转效率的最大值（1 台/24h，运转效率 100%，动程 11mm）计算，一台喷水织机的需水量为 3~5t/d，其中不到 70% 的生产废水处理后回用，其他废水处理后达标排放，是纺织工业中仅次于印染行业的第二大用水产业。

喷水织机是以水作介质进行引纬，对水质有一定要求。水质的不同，织机的运转效率和耐久性都将受到明显的影响。使用不清洁的水进行织造，会导致引纬系统的性能低下，部件损伤、锈蚀和滋生细菌，以至于不能维持稳定的生产运转，织机的水质标准见表 5-1。

表 5-1　喷水织机水质标准

项目	最佳水质标准	容许水质标准	主要成分	对织造、织机的影响
浊度	<1.5mg/kg	<2.0mg/kg 以下	有机物（动植物的破片、腐烂土、微生物等） 无机物（黏土、岩石、土壤微粒铁、锰等氧化物）	发生附着水锈、生锈、腐蚀、网眼堵塞、布的污点等现象
pH（25℃）	6.8~7.2	6.7~7.5		酸性或碱性很强的水会造成生锈或腐蚀。根据浆液的不同，碱性水有可能会使浆脱落
总硬度	<25mg/kg	<30mg/kg	Ca^{2+}、Mg^{2+}	由于喷嘴附着水锈，会发生引纬不良。降低探纬头的绝缘
铁锰	<0.15mg/kg	<0.20mg/kg	离子氧化物，如 Fe^{2+}、Mn^{2+}	腐蚀、着色
游离氯	<0.10mg/kg	<0.30mg/kg	进行氯处理的水	腐蚀性大、容易氧化
氯离子	<12mg/kg	<20mg/kg	Cl^-	是腐蚀的最大原因
M-碱性度	<50mg/kg	<60mg/kg	碳酸氢离子（在软化处理时产生）	不直接影响布的质量
高锰酸盐的消耗量（COD）	<2mg/kg	<3mg/kg	含有机物（细菌、霉等）	腐蚀、布污染、浆脱落、降低浆膜强度
蒸发残留物	<100mg/kg	<150mg/kg	水中杂质的总量	引发各种障碍
导电性	100~150μS/cm	80~200μS/cm	取决于水中溶解的电解质	如果过低，会发生导电探纬器的功能障碍；如果过高，表示水中的杂质多
水温	16~20℃	14~20℃		如果温度高，浆脱落会增加而且细菌容易繁殖；如果温度低，会降低浆和蜡等的强度；温度过高或过低，均会降低引纬功能

喷水织机的生产废水属于轻度污染水，经过简单的处理即可回用。盛泽镇、王江泾镇和长兴县等地区企业比较集中，且规模大小不一，多采用集群统一建立生产废水处理站集中处理并回用的方式。新兴产业集群地区多采用企业内自建污水处理站进行处理并回用的方式。

当前，喷水织造废水的处理技术是成熟的，只要落实了污水处理措施，中水可以多次回用，更新排放废水可不超过废水量的10%。

（二）织造废水情况

由于部分长丝织造产品的经丝需要上浆，且化纤纺丝的过程中需要使用一定量的油剂，喷水织机在引纬过程中，高压引纬水会将丝线上的浆料及油剂冲洗下来，进而产生织造废水。此外，在织造用浆料调制、综框清洗及车间地面清洗等生产过程中也会产生一定量的生产废水。

一般情况下，去除自然蒸发和织物带走等损耗的水量，生产废水量约为织造用水量的85%~90%。上浆产品的织造废水COD为400~500mg/L，不上浆产品的织造废水COD为140~200mg/L。喷水织机污水的主要污染物由浆料（聚丙烯酸酯类）、油脂、细小纤维及其他杂物构成，织机废水一般经过"絮凝气浮+杂物过滤"等物理化学手段处理后，重新回到了车间供喷水织机使用。

目前，全行业的喷水织造生产废水已全部处理，并达标排放。

（三）中水回用情况

"十三五"期间，长丝织造行业通过技术进步与创新、规范管理、节能减排和中水回用等方式使得行业的"三废"排放大幅减少，实现全行业生产废水的100%处理，中水回用率由40%提高到近70%，取得了良好的经济效益和社会效益。

"十三五"期间，行业内大多数骨干企业根据自身条件建立了各具特色的生产废水处理与中水回用系统，新兴产业集群也普遍建立了园区污水处理系统，实现了生产废水的零排放。如安徽省金寨县就根据产业分布，建立了中祥、嘉盛、久盛、美自然、恒丰纺织等多个小微纺织产业园，在园区内对织造废水进行统一处理和统一回用，实现了生产废水的"零排放"。

党的十八大以来，长丝织造企业管理层的环境保护和社会责任观念显著增强，积极落实国家环保标准，提高水的综合利用率，积极推进绿色采购、绿色生产、绿色消费的绿色产业链构建。比如浙江台华新材料股份有限公司、恒力集团有限公司、厦门东纶集团有限公司、淄博岜山织造有限公司、福建省向兴纺织科技有限公司、嘉兴市鸣业纺织有限公司和浙江捷凯实业有限公司等都是绿色生产的优秀企业。

当前，企业自建污水处理与园区集中处理的技术都是成熟的，处理成本也在合理区间。除了采取有效的废水处理措施，有些长丝织造企业还通过采用节水型喷头，收集下机坯布上的水分，建立雨水收集池补充织造用水等方式进行节水。

（四）中水回用存在的问题

从各产业集群的调研中了解到，行业水处理仍存在一些影响行业健康发展的问题。

1. 集中处理回用的水质不稳定

据江苏省苏州市吴江区和浙江省长兴县织造企业反映，政府要求所有织造企业的生产废水全面纳管排放到镇污水处理厂，统一进行处理，中水统一进行回用，但回用的水质存在不稳定问题，影响企业设备的正常运行和维护。从政府了解到，不同企业对水质的要求不同，出于成本等因素的综合考虑，中水回用的水质能满足一般企业的生产需求，但对要求特别高的一些产品和织机还不能完全满足。

2. 水处理成本需要进一步降低

目前，喷水织机废水处理成本在 1.5~2 元/t，已经远低于自来水的价格，但仍然比一些地区的河水或地下水贵。另外，在调研中也发现了一些比较先进的废水处理技术和方法，这些处理方法水回用率可达到 90%~100%，而处理运行成本并不高，这种喷水织机废水的低成本处理和高效回用技术只有部分企业在使用，值得在全行业推广普及。

3. 盐分需要有效技术去除

在生产过程中，随着水分的蒸发，回用水里的盐分会逐步富集，达到一定程度，会影响设备使用寿命和生产的正常运行。我国《纺织染整工业水污染物排放标准》（GB4287—2012）中对 pH、COD、色度、SS、硫化物（0.5mg/L）等指标做出了详细规定，并规定受到特别保护的地区硫化物不得检出，但对全盐量未作出规定。部分国内外相关标准中仅对氯化物作出了规定。如《污水排入城镇地下水道水质标准》（GB/T 31962—2015）规定，氯化物限值 500~800mg/L，硫酸盐限值 400~600mg/L；在地方标准上，北京市氯化物限值为 400mg/L，江苏省硫化物限值为 1.0mg/L，山东省全盐量限值为 1000mg/L。

目前，行业内对污水中的盐分普遍采用添加药剂使其沉淀的方法进行处理，但这种方法无法去除氯化钠等可溶性盐。对于污水中的可溶性盐分，大多采用多效蒸发浓缩结晶技术进行处理，但是利用这种方法处理污水中的盐分也存在设备昂贵、运营成本高、能耗大的缺点。

三、绿色生产新技术

（一）能源替代技术

资料显示，现有的能源系统中，煤、石油是主要力量。为达到碳中和，有关部门预测到 2060 年，清洁电力将成为能源系统的配置中枢，供给侧将以光伏和风电为主，辅以核电、水电、生物质发电等。

长丝织造行业中平铺式厂房居多，适宜铺设太阳能板。织造企业可通过太阳能板集热系统吸收太阳发出的热能，产生热水，供工业生产或生活用，从而减少蒸汽的用量，达到降低产品碳含量的目的。

（二）节能提效技术

一方面，采用 LED 照明灯、永磁直驱电动机等具有高效、节能、环保等优势的设备和产品来降低能耗；另一方面，采用余热回收技术，提高能源的综合利用率。

LED 属于冷光源，优点众多，除了寿命长、耗能低、体积小、质量轻外，还具有发热少、温度低、防火，适用于各种恶劣环境条件等特点。LED 同等照明要求下比传统灯具节能 60% 以上，节能是 LED 日光灯照明最大的特点。不仅如此，LED 拥有令人难以置信的长寿命，其使用寿命在 5 万～10 万小时之间，照明节能带来的益处，直接表现为能耗的降低，与之相伴的就是二氧化碳气体排放的减少。

永磁直驱电动机直接驱动布机主轴，省去了织机刹车盘、皮带轮等机件，减少成本的同时进一步降低了传动消耗，节能率 15%～30%，一年即可收回与普通电动机的差价成本。另外，永磁直驱电动机可实现自由变换车速，具备慢点动、超启动功能。喷水织机电控系统的升级换代有助于提升织机机电一体化程度，完成精准控制，达到更加节能、智能的目的，提高织机效率。国内代表生产商有汇川公司和新辽公司等。

以信息化带动工业化、以工业化促进信息化的"两化融合"是信息化和工业化高层次的深度结合，通过"两化融合"促进节能降耗是国家"十四五"重点推进的工作。智能信息化管控系统可对现有生产过程的关键点、工艺参数实现在线检测，自动控制和数字化管理，通过对单机台工艺参数的量化控制，可对生产过程的水、电、气等能耗、产量、成品率进行有效的管理，克服人为因素而造成的误差，并通过记忆和存储工艺菜单实现重现性，提高一次成功率，节能降耗效果显著。

（三）能源系统优化

加强能源管理，通过开展能源系统优化工程，对所有用能设备及工艺参数进行测试和分析，采用有效的技术和装备，可达到节能降耗的目的。能源系统优化工程包括：电力系统、设备系统、空调系统、动力系统及照明系统的优化改造。

（四）喷水织机污水处理新技术

国内外企业对喷水织造废水的治理主要采用物理化学法进行处理，如较为常见的生物曝气生物活性污泥技术、臭氧溶气气浮技术等。新的处理方法有纳米曝气、催化氧化絮凝、陶瓷膜过滤、微米膜过滤、生物好氧—厌氧等方法。

目前推荐采用曝气机对喷水织机污水进行处理，需更新排放的污水，也需经预处理后达到排入园区污水管网的标准要求后，再排入污水管网进入园区污水处理站。

好氧—厌氧结合的处理方法采用厌氧微生物可以对难降解的有机物进行断链处理，将复杂的有机物转化为结构简单的小分子，提高污水的可生化性。该方法经济高效，剩余污泥少，且无二次污染，中水回用率可达90%以上，值得在行业内普及和推广。

第六章 标准建设

一、标准的概念及分类

(一) 标准的概念

标准是对重复性事物和概念所做的统一规定，它以科学技术和实践经验的结合成果为基础，经有关方面协商一致，由主管机构批准，以特定形式发布作为共同遵守的准则和依据。标准是推动行业技术改造与进步、产品品质提升及行业转型发展的重要抓手，也是规范市场秩序、指导企业生产的技术纲领。我国化纤长丝织物标准化工作由中国长丝织造协会负责总体指导，全国丝绸标准化技术委员会负责归口管理和产品类标准。目前，全国化纤长丝织物分标准化委员会正在筹建中。

(二) 标准的分类

1. 国际标准

国际标准是指国际标准化组织 (ISO)、国际电工委员会 (IEC) 和国际电信联盟 (ITU) 制定的标准，以及国际标准化组织确认并公布的其他国际组织制定的标准。国际标准由国际标准化组织 (ISO) 理事会审查，ISO 理事会接纳国际标准并由中央秘书处颁布；国际标准在世界范围内统一使用。

2. 国家标准

国家标准在中国由国务院标准化行政主管部门制定，国家标准分为强制性国家标准和推荐性国家标准，标准代号分为 GB 和 GB/T。强制性国家标准是指对保障人身健康和生命财产安全、国家安全、生态环境安全以及满足经济社会管理基本需要的技术要求而制定的标准。推荐性国家标准是指为了满足基础通用、与强制性国家标准配套、对各有关行业起引领作用等需要的技术要求而制定的标准。

3. 行业标准

行业标准是对没有国家标准而又需要在全国某个行业范围内统一的技术要求所制定的标准。行业标准不得与有关国家标准相抵触。有关行业标准之间应保持协调、统一，不得重复。行业标准在相应的国家标准实施后，即行废止。行业标准由国务院有关行政主管部门制定，由行业标准归口部门统一管理。行业标准也分为强制性行业标准和推荐性行业标准，纺织行业的标准代号分别为 FZ 和 FZ/T。

78 | 2020/2021 中国长丝织造产业发展研究

4. 地方标准

地方标准是由地方（省、自治区、直辖市）标准化主管机构或专业主管部门批准，发布，在某一地区范围内统一的标准。如地域性强的农艺操作规程，一部分具有地方特色的产品标准（如工艺品、食品、名酒标准）等。制定地方标准一般有利于发挥地区优势，有利于提高地方产品的质量和竞争能力，同时也使标准更符合地方实际，有利于标准的贯彻执行。

5. 企业标准

企业标准是在企业范围内需要协调、统一的技术要求、管理要求和工作要求所制定的标准，是企业组织生产、经营活动的依据。国家鼓励企业自行制定严于国家标准或者行业标准的企业标准。企业标准由企业制定，由企业法人代表或法人代表授权的主管领导批准、发布。企业标准代号为"Q"。

6. 团体标准

由团体按照团体确立的标准制定程序自主制定发布，由社会自愿采用的标准。团体（association）是指具有法人资格，且具备相应专业技术能力、标准化工作能力和组织管理能力的学会、协会、商会、联合会和产业技术联盟等社会团体。

二、长丝织造行业标准体系

化纤长丝织物以化学纤维（合成纤维、再生纤维等）为主要原料，划分为合成纤维丝织物、再生纤维丝织物两大类别。化纤长丝织造行业技术标准体系主要涵盖基础通用、合成纤维丝织物、再生纤维丝织物及其他，以此为基础的技术标准体系框架如图6-1所示。

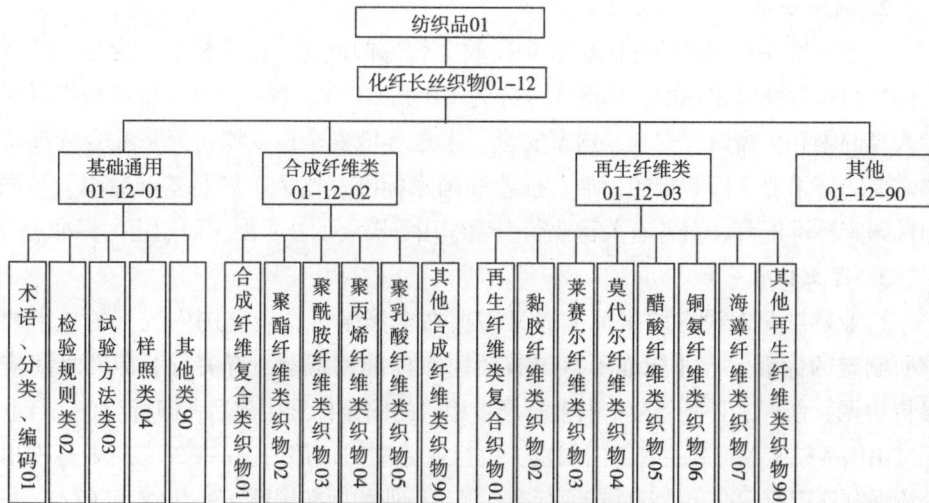

图 6-1　标准体系框架

三、行业已发布标准介绍

截至 2020 年底，长丝织造行业现有标准 32 项，多数为产品标准，其中国家标准 9 项，行业标准 23 项。详见表 6-1。

表 6-1 现行化纤长丝织造行业国家（行业）标准汇总表

序号	标准代号	标准级别	标准名称	标准简介	起草单位
1	GB/T 37832—2019	国家标准	节水型企业化纤长丝织造行业	本标准规定了化纤长丝织造行业节水型企业评价的相关术语和定义，评价指标体系及要求。其中取水有关的考核指标包括喷水织造和非喷水织造产品的单位用水量、重复利用率、直接冷却水循环率、蒸汽冷凝水回用率、废水回用率和水综合漏失率。适用于化纤长丝织造企业的节水评价工作	浙江台华新材料股份有限公司、巴山集团有限公司、厦门东纶股份有限公司、吴江市晨龙新开纺织品有限公司、福建龙峰纺织实业有限公司、吴江市三天织造有限公司、嘉兴市鸣业纺织有限公司、中国水利水电科学研究院、中国纺织经济研究中心、中国长丝织造协会
2	GB/T 18916.20—2016	国家标准	取水定额 第 20 部分：化纤长丝织造产品	本标准规定了化纤长丝织造产品取水定额的相关术语和定义，计算方法及单位产品的取水限额。对现有企业、新建及改扩建企业的涤纶长丝织物、锦纶长丝织物和人造丝织物的取水定额指标都做出了规定。适用于现有、新建和改扩建化纤长丝织造企业取水量的管理	巴山集团有限公司、江苏奥立比亚纺织有限公司、浙江台华新材料股份有限公司、福建龙峰纺织科技实业有限公司、福建省向兴纺织科技有限公司、浙江三志纺织有限公司、嘉兴市鸣业纺织有限公司、中国长丝织造协会、中国纺织经济研究中心、中国标准化协会、水利部水资源管理中心
3	GB/T 17253—2018	国家标准	合成纤维丝织物	本标准规定了合成纤维丝织物的术语和定义，技术要求、试验方法、检验规则、包装和标志。其中，技术要求包括基本安全性能、内在质量、外观质量，基本安全性能的考核项目为甲醛含量、pH、色牢度、异味、可分解致癌芳香胺染料等，内在质量考核项目为密度偏差率、质量偏差率、纤维含量偏差、断裂强力、撕破强力、纰裂程度、水洗尺寸变化率、起毛起球、悬垂系数、弯曲系数，色牢度（与标样对比）、幅宽偏差率，外观疵点。适用于以合成纤维长丝为主要原料纯织或交织的各类织物	浙江丝绸科技有限公司、浙江锦杰纺织有限公司、厦门东纶股份有限公司、绍兴文理学院、巴山集团有限公司、酒博大染坊丝绸有限公司、浙江巴贝领带有限公司、浙江华新材料股份有限公司、国家纺织产品质量监督检验中心、浙江卡拉扬服装有限公司、浙江格来美服装有限公司、海盐嘉源色彩科技有限公司、浙江万方宣经织有限公司、浙江皮意纺织有限公司、绍兴蓝海纤维科技有限公司、海盐天恩经编有限公司

续表

序号	标准代号	标准级别	标准名称	标准简介	起草单位
4	GB/T 16605—2008	国家标准	再生纤维素丝织物	本标准规定了再生纤维素丝织物的技术要求、试验方法、检验规则、包装和标志。其中，技术要求包括基本安全性能、内在质量、外观质量。基本安全性能的考核项目为甲醛含量、pH、色牢度、异味、可分解致癌芳香胺染料等，内在质量考核项目为密度偏差率、质量偏差率、纤维含量偏差、断裂强力、纰裂程度、水洗尺寸变化率、色牢度、外观质量考核项目为色差（与标样对比）、幅宽偏差率、外观疵点。适用于评定各类服用的练白、染色（色织）、印花再生纤维素丝织物品质。不适用于再生纤维素里料	浙江丝绸科技有限公司（浙江丝绸科学研究院）、江苏新民纺织科技股份有限公司、国家丝绸质量监督检验中心、浙江舒美特纺纺织有限公司
5	GB/T 14014—2008	国家标准	合成纤维筛网	本标准规定了合成纤维筛网型号、规格的表示方法、技术要求、检验规则、包装和贮存。其中，技术要求包括幅宽、密度、外观疵点、断裂强力、断裂伸长率。适用于评定各类合成纤维筛网的品质	上海新铁链筛网制造有限公司、上海丝绸（集团）有限公司
6	GB/T 26381—2011	国家标准	合成纤维丝织坯绸	本标准规定了合成纤维丝绸的术语和定义、技术要求、试验方法、检验规则、包装和标志。其中，技术要求包括含量偏差率、纤维含量、断裂强力、撕裂强力等内在质量和幅宽偏差率、外观疵点等外观质量。适用于评定各类合成纤维丝织坯绸品质	浙江丝绸科技有限公司、浙江新中天控股集团有限公司、浙江东方华强纺织印染有限公司、国家丝绸及服装产品质量监督检验中心

续表

序号	标准代号	标准级别	标准名称	标准简介	起草单位
7	GB/T 22862—2009	国家标准	海岛丝织物	本标准规定了海岛丝织物的术语和定义、分类、技术要求、试验方法、检验规则、包装和标志。其中，技术要求包括基本安全性能、内在质量、外观质量。基本安全性能的考核项目为甲醛含量、pH、色牢度、异味，可分解致癌芳香胺染料等，内在质量考核项目为密度偏差率、质量偏差率、纤维含量偏差率、批裂程度、水洗尺寸变化率、色牢度、断裂强力、外观质量考核项目为色差（与标样对比）、幅宽偏差率、外观疵点。适用于评定各类家纺、服用的练白、染色（色织）、印花的经向（或纬向）采用海岛丝或海岛丝复合丝与其他纤维交织的海岛丝织物面料的品质	国家丝绸质量监督检验中心、浙江丝绸科技有限公司、吴江德伊时装面料有限公司、吴江祥盛纺织品公司、江苏盛虹集团、杭州金富春丝绸化纤有限公司、达利丝绸（浙江）有限公司
8	GB/T 22842—2017	国家标准	里子绸	本标准规定了里子绸的术语和定义、技术要求、试验方法、检验规则、包装和标志。其中，技术要求包括基本安全性能、内在质量、外观质量。基本安全性能的考核项目为甲醛含量、pH、色牢度、异味，可分解致癌芳香胺染料等，内在质量考核项目为密度偏差率、质量偏差率、纤维含量偏差率、批裂程度、尺寸变化率、断裂强力、撕破强力、外观质量考核项目为色差（与标样对比）、色牢度、幅宽偏差率、纬斜和弓纬、外观疵点。适用于评定各类纯丝织或由长丝以上长丝交织而成的各类服用里子绸的品质、醋酯、黏胶、铜氨纤维长丝织的品质差率、纬斜和弓纬、黏胶、醋酯	苏州江枫丝绸有限公司、广东四海伟业纺织科技有限公司、苏州市职业大学、宁波首阳宾霸纺织品有限公司、江丝绸科技有限公司、巴山集团有限公司、江苏奥立亚纺织有限公司、浙江中天纺检测有限公司、浙江教欣联合实业股份有限公司、安正时尚集团股份有限公司、浙江省中纺丝编科技研究院、上海工程技术大学

续表

序号	标准代号	标准级别	标准名称	标准简介	起草单位
9	GB/T 28845—2012	国家标准	色织领带丝绸织物	本标准规定了色织领带丝织物的技术要求、试验方法、检验规则、包装和标志。其中，技术要求包括基本安全性能、内在质量、外观质量、基本安全性能的考核项目为甲醛含量、pH、色牢度、异味、可分解致癌芳香胺染料等，内在质量考核项目为密度偏差率、质量偏差率、断裂强力、纤维含量允差、色牢度、纯裂程度、水洗尺寸变化率、干洗尺寸变化率、色牢度、幅宽偏差率，外观质量考核项目为色差（与标样对比）、色牢度、外观疵点。适用于评定由桑蚕丝、再生纤维素长丝纯织或交织的色织领带丝绸织物的品质	浙江丝绸科技有限公司、浙江巴贝领带有限公司、达利丝绸（浙江）有限公司、麦地郎集团有限公司
10	FZ/T 43036—2016	行业标准	合成纤维装饰织物	本标准规定了合成纤维装饰织物的术语和定义、技术要求、试验方法、检验规则、包装和标志。其中，技术要求包括基本安全性能、内在质量、外观质量、pH、色牢度、异味、可分解致癌芳香胺染料等，内在质量考核项目为质量偏差率、起球程度、耐缝性、断裂强力、纯裂程度、防钻绒性、色牢度、干洗熨烫尺寸变化率、干洗尺寸变化率、水洗尺寸变化率，外观质量考核项目为幅宽偏差率、色差、纬斜、花斜、格斜、外观疵点、座倚类的偏差率。适用于评定床具用品类、悬挂类、覆盖类、座倚类含成纤维机织物（合成纤维的含量在20%及以上）的纤维装饰机织物的品质	江苏悦达家纺有限公司、浙江丝绸科技有限公司、巴山集团有限公司、北京市毛麻丝织品质量监督检验站、浙江万方江森织科技有限公司、浙江金绫装饰面料有限公司、海宁市玉龙布艺有限公司、海宁金永利家纺织造有限公司、海宁市天屹织造有限公司、海宁市新时新织造有限公司

续表

序号	标准代号	标准级别	标准名称	标准简介	起草单位
11	FZ/T 43037—2016	行业标准	合成纤维弹力丝织物	本标准规定了合成纤维弹力丝织物的术语和定义、技术要求、试验方法、检验规则、包装和标志。其中，技术要求包括基本安全性能、内在质量、外观质量，基本安全性能的考核项目为甲醛含量、pH、色牢度、异味，可分解致癌芳香胺染料等。内在质量考核项目为密度偏差率、质量偏差率、纤维含量允差、断裂强力、撕破强度、色牢度、水洗尺寸变化率、拉伸弹性、色差（与标样对比）、幅宽偏差率、外观质量考核项目为外观疵点。适用于评定各类服用合成纤维弹力丝织物成品的品质	浙江锦杰纺织有限公司、巨诚科技集团有限公司、巴山集团有限公司、浙江元丰纺织股份有限公司、绍兴蓝海纤维科技有限公司、浙江方圆检测集团股份有限公司、浙江丝绸科技有限公司、海宁金水和家纺织造有限公司、海宁市新时新织造有限公司、浙江中天纺检测有限公司
12	FZ/T 43026—2013	行业标准	高密超细旦涤纶丝织物	本标准规定了高密超细旦涤纶丝织物的术语和定义、技术要求、试验方法、检验规则、包装和标志。其中，技术要求包括基本安全性能、内在质量、外观质量，基本安全性能的考核项目为甲醛含量、pH、色牢度、异味，可分解致癌芳香胺染料等。内在质量考核项目为密度偏差率、质量偏差率、断裂强力、撕破强力、纸湿程度、水洗尺寸变化率、抗渗水性、抗湿性、透湿性、防勾丝性、色牢度、外观质量考核项目为色差（与标样对比）、幅宽偏差率、外观疵点。适用于评定高密超细旦涤纶长丝纯织、涤纶长丝与其他纤维交织或印花丝织物的品质	苏州志向纺织科研研有限公司、浙江志向纺织有限公司、苏州龙英染织有限公司、巴山集团有限公司、浙江丝绸科技有限公司、浙江盛隆控股集团有限公司

续表

序号	标准代号	标准级别	标准名称	标准简介	起草单位
13	FZ/T 43031—2014	行业标准	涤纶长丝塔夫绸	本标准规定了涤纶长丝塔夫绸的术语和定义、技术要求、试验方法、检验规则、包装和标志。其中，基本安全性能包括基本安全性能，内在质量、外观质量，技术要求安全性能的考核项目为甲醛含量等，色牢度、异味、可分解致癌芳香胺染料等，内在质量考核项目为密度偏差率、质量偏差率、断裂强力、撕破强力、纰裂程度、色牢度、水洗尺寸变化率、撕破强力，外观质量考核项目为幅宽偏差率、色差（与标样对比），外观疵点。适用于评定各类服用的染色（色织）、印花涤纶长丝塔夫绸的品质	巴山集团有限公司、浙江丝绸科技有限公司、浙江三志纺织有限公司、新江盛发纺织印染有限公司、江苏出入境检验检疫局纺织工业产品检测中心
14	FZ/T 40007—2014	行业标准	丝织物包装和标志	本标准规定了丝织物的包装要求和标志。适用于蚕丝织物、再生纤维丝织物、合成纤维丝织物以及交织丝织物	浙江丝绸科技有限公司、浙江华正丝绸检验有限公司、巴山集团有限公司、万事利集团有限公司、达利（中国）有限公司、金富春集团有限公司、浙江三志纺织有限公司
15	FZ/T 43012—2013	行业标准	锦纶丝织物	本标准规定了锦纶丝织物的技术要求、试验方法、检验规则、包装和标志。其中，技术要求安全性能的基本安全性能，内在质量、外观质量，pH、色牢度、异味、可分解致癌芳香胺染料等，内在质量考核项目为纤维含量、纤维含量偏差率、质量偏差率、水洗尺寸变化率、断裂强力、撕破强力、纰裂程度、抗钻绒性、抗渗水性、抗湿性、色牢度、外观质量考核项目为色差（与标样对比）、幅宽偏差率、外观疵点。适用于评定各类服用锦纶丝纯织、锦交织物的染色、印花丝织物的品质	苏州志向纺织科研股份有限公司、浙江华新材料科研股份有限公司、苏州龙英织染有限公司、巴山集团股份有限公司、浙江舒美纺织有限公司、浙江丝绸科技有限公司

续表

序号	标准代号	标准级别	标准名称	标准简介	起草单位
16	FZ/T 43039—2016	行业标准	高密细旦锦纶丝织物	本标准规定了高密细旦锦纶丝织物的技术要求、试验方法、检验规则、包装和标志。其中，技术要求包括基本安全性能、内在质量、外观质量、基本安全性能的考核项目为甲醛含量、pH、色牢度、异味、可分解致癌芳香胺染料等，内在质量考核项目为密度偏差率、质量偏差率、纤维含量允差、断裂强力、撕破强力、纯度、水洗尺寸变化率、抗渗水性、抗钻绒性、色牢度、外观质量考核项目为色差（与标样对比）、幅宽偏差率、外观疵点。适用于评定采用高密细旦锦纶长丝纯织、交织的染色、印花丝织物的品质	福建龙峰纺织科技实业有限公司、浙江丝绸科技有限公司、巴山集团有限公司、福建省向兴纺织科技有限公司、浙江中天纺检测有限公司、上海工程技术大学、浙江省中纺经编科技研究院、中国长丝丝织造协会
17	FZ/T 43028—2013	行业标准	涤纶、锦纶窗纱丝织物	本标准规定了涤纶、锦纶窗纱丝织物的术语和定义，技术要求，试验方法，检验规则，包装和标志。其中，技术要求包括基本安全性能、内在质量、外观质量，基本安全性能的考核项目为甲醛含量、pH、色牢度、异味、可分解致癌芳香胺染料等，内在质量考核项目为密度偏差率、质量偏差率、纤维含量允差、断裂强力、撕破强度、纯度、水洗质量偏差率、尺寸变化率、干洗尺寸变化率、色牢度、外观质量考核项目为色差（与标样对比）、幅宽偏差率、外观疵点。适用于评定以涤纶、锦纶长丝作经纱纯织、交织，漂白、染色加工的窗纱丝织物的品质	浙江金蝉布艺股份有限公司、浙江三志纺织有限公司、浙江闰翔家纺服饰有限公司、巴山集团有限公司、浙江丝绸科技有限公司、浙江盛隆控股集团有限公司

续表

序号	标准代号	标准级别	标准名称	标准简介	起草单位
18	FZ/T 43038—2016	行业标准	超细涤锦纤维双面绒丝织物	本标准规定了超细涤锦纤维双面绒丝织物的术语和定义、技术要求、试验方法、检验规则、包装和标志。其中，技术要求包括基本安全性能、内在质量、外观质量、pH、色牢度、异味、可分解致癌芳香胺染料含量，内在质量考核项目为甲醛含量、纤维含量允许差、质量偏差率、纤维含量允许差、断裂强力、撕破强度程度、批差、外观质量考核项目为色差（与标样对比）、幅宽偏差率、水洗尺寸变化率、色牢度、起毛起球、吸水性、外观疵点等。适用于评定采用超细涤锦纤维复合丝与其他纤维交织的染色、印花、色织双面绒织物成品的品质	江苏聚杰微纤纺织科技集团有限公司、巴山集团有限公司、向兴（中国）集团有限公司、浙江丝绸科技有限公司、中国长丝织造协会、浙江中天纺检测有限公司、上海工程技术大学、海宁顺达经编有限公司、海宁科源经编有限公司、海宁市创益针织有限责任公司、浙江省中纺经编科技研究院
19	FZ/T 43023—2013	行业标准	牛津丝织物	本标准规定了牛津丝织物的术语和定义、技术要求、试验方法、检验规则、包装和标志。其中，技术要求包括基本安全性能、内在质量、外观质量、pH、色牢度、异味、可分解致癌芳香胺染料等、内在质量考核项目为甲醛含量、质量偏差率、纤维含量允许差、断裂强力、撕破强力、批差、外观质量考核项目为色差（与标准样对比）、幅宽偏差率、外观疵点。适用于评定采用涤纶长丝、抗渗水性、锦纶长丝丝纯织或与其他纤维交织的各类牛津丝织物的品质	国家丝绸及服装产品质量监督检验中心、吴江市文教牛津布厂、巴山集团有限公司、浙江丝绸科技有限公司、浙江舒美特纺织有限公司、吴江市桃源海润印染有限公司、江苏新民纺织科技股份有限公司

续表

序号	标准代号	标准级别	标准名称	标准简介	起草单位
20	FZ/T 43024—2013	行业标准	伞用织物	本标准规定了伞用织物的术语和定义、技术要求、试验方法、检验规则、包装和标志。其中，技术要求包括内在质量、外观质量、密度偏离率、纤维含量允差、撕破强力、质量偏差率、断裂强力、撕裂强力、纰裂程度、水洗尺寸变化率、色牢度、抗湿水性、抗渗水性、紫外线防护系数、透射比、紫外线防护项目考核项目为色牢度、外观质量考核项目为色差（与标样对比）、幅宽偏差率、外观疵点。适用于通过织入黑色长丝达到遮光效果的化纤长丝织物。适用于评定各类伞用的遮光效果的化纤长丝织物（色织）、印花织物的品质染色（色织）、印花织物	国家丝绸及服装产品质量监督检验中心、江苏新民纺织科技股份有限公司、吴江市品信纺织科技有限公司、巴山集团有限公司、浙江丝绸科技有限公司、绍兴兴惠纺织有限公司、吴江德伊时装面料有限公司
21	FZ/T 43032—2014	行业标准	化纤长丝织造遮光织物	本标准规定了化纤长丝织造遮光织物的术语和定义、技术要求、试验方法、检验规则、包装和标志。其中，技术要求包括基本安全性能的考核项目为甲醛含量、外观质量、色牢度、异味、可分解致癌芳香胺染料等，内在质量考核项目为密度偏差率、质量偏差率、纤维含量允差、撕破强力、断裂强力、水洗尺寸变化率、悬垂系数、遮光率、色牢度、外观质量考核项目为色差（与标样对比）、幅宽偏差率、外观疵点。适用于通过织入黑色长丝达到遮光效果的化纤长丝机织物。不适用于通过植绒、涂层、复合、印染等后加工达到遮光效果的织物	浙江三志纺织有限公司、巴山集团有限公司、浙江丝绸科技有限公司、海宁市玉龙布艺有限公司、海宁市金利纺织有限公司、海宁永和家纺织造有限公司、浙江中天纺织科技有限公司、浙江盛发纺织印染有限检测有限公司、浙江盛发纺织印染有限公司

续表

序号	标准代号	标准级别	标准名称	标准简介	起草单位
22	FZ/T 43040—2017	行业标准	涤纶长丝床上用品丝织物	本标准规定了涤纶长丝床上用品丝织物的技术要求、试验方法、检验规则、包装和标志。其中，技术要求包括基本安全性能、内在质量、外观质量，基本安全性能的考核项目为甲醛含量、pH、色牢度、异味、可分解致癌芳香胺染料等，内在质量考核项目为密度偏差率、质量偏差率、纤维含量允差、断裂强力、水洗尺寸变化率、色牢度、起球、防钻绒性、透气性、外观疵点、花纹、纬斜、格斜。适用于评定涤纶长丝床上用品机织物的品质。不适用于涂料印染加工产品	广东四海伟业纺织科技有限公司、江苏奥立比亚纺织有限公司、中国长丝织造协会、浙江丝绸科技有限公司、浙江省中纺经编科技研究院、海宁顺达经编有限公司、海宁市天骄织造有限公司
23	FZ/T 43041—2017	行业标准	化纤长丝箱包丝织物	本标准规定了化纤长丝箱包丝织物的术语和定义、技术要求、试验方法、检验规则、包装和标志。其中，技术要求包括内在质量、外观质量，内在质量考核项目为密度偏差率、质量偏差率、纤维含量允差、断裂强力、撕破强力、纰裂程度、耐磨性能、色牢度、抗渗水性、有害物质限量，外观质量考核项目为色差（与标样对比）、幅宽偏差率、外观疵点。适用于评定采用涤纶或锦纶为主纱线交织的纯丝织或以丝为主与其他纱线交织的箱包用机织物面料的品质	浙江丝绸科技有限公司、浙江卡拉扬集团有限公司、广东四海伟业纺织科技有限公司、巴山集团有限公司、吴江市文教牛津布厂、江苏奥立比亚纺织有限公司、海宁市创益针织有限责任公司、浙江省中纺经编科技研究院、上海工程技术大学

续表

序号	标准代号	标准级别	标准名称	标准简介	起草单位
24	FZ/T 43045—2017	行业标准	涤纶长丝仿真丝织物	本标准规定了涤纶长丝仿真丝织物的术语和定义、技术要求、试验方法、检验规则、包装和标志。其中，技术要求包括基本安全性能、内在质量、外观质量，基本安全性能的考核项目为甲醛含量、pH、色牢度、异味、可分解致癌芳香胺染料等，内在质量考核项目为密度偏差率、质量偏差率、断裂强力、撕破强力、纤维含量、纰裂程度、水洗尺寸变化率、色牢度、悬垂系数、外观偏差率、幅宽偏差率（与标样对比）、染色、印花、色织各类练白，外观疵点。适用于评定各类练白、色织涤纶长丝仿真丝织物的品质	江苏德华纺织有限公司（恒力集团），嘉兴市鸣业纺织有限公司，苏州市尚时尚纺织集团股份有限公司，嘉兴市荣祥喷织有限公司，浙江兆荣新织造有限公司，江苏聚润新织科技有限公司，嘉兴市宏亮纺织有限公司，巴山集造协会，中国长丝织造协会，浙江中天纺江万方江森纺织科技有限公司，浙检测有限公司
25	FZ/T 43046—2017	行业标准	锦纶弹力丝织物	本标准规定了锦纶弹力丝织物的术语与定义、技术要求、试验方法、检验规则、包装和标志。其中，技术要求包括基本安全性能、内在质量、外观质量，基本安全性能的考核项目为甲醛含量、pH、色牢度、异味、可分解致癌芳香胺染料等，内在质量考核项目为密度偏差率、质量偏差率、纤维含量允差、断裂强力、撕破强度、色牢度、外观质量考核项目纰裂程度、拉伸弹性、耐磨性、色差（与标样对比）、外观疵点。水洗尺寸变化率、幅宽偏差率为幅宽偏差率。适用于各类服用锦纶弹力丝织物	浙江台华新材料股份有限公司，福建省向兴纺织科技有限公司，福建龙峰纺织科技实业有限公司，厦门东纶股份有限公司，杭州市质量技术监督检测院，长兴永鑫纺织印染有限公司，浙江丝绸科技有限公司，中国长丝织造协会

续表

序号	标准代号	标准级别	标准名称	标准简介	起草单位
26	FZ/T 43048—2017	行业标准	化纤长丝免缝防钻绒织物	本标准规定了化纤长丝免缝防钻绒织物的术语与定义、技术要求、试验方法、检验规则、包装和标志。其中，技术要求包括基本安全性能、内在质量、外观质量。基本安全性能的考核项目为甲醛含量、pH、色牢度、异味、可分解致癌芳香胺染料等，内在质量考核项目为密度偏差率、质量偏差率、纤维含量允差、断裂强力、撕破强力、防钻绒性、水洗尺寸变化率、色牢度、防钻绒性、透气性，外观质量考核项目为幅宽偏差率、外观疵点。适用于各类化纤长丝免缝防钻绒织物	吴江富华织造有限公司，浙江丝绸科技有限公司，福建龙峰纺织科技有限公司，中国长丝织造协会，浙江雪豹服饰有限公司，上海工程技术大学，浙江格莱美服装有限公司，浙江上格时装有限公司，浙江省中纺经编科技研究院，杭州市质量技术监督检测院
27	FZ/T 43049—2017	行业标准	铜氨丝织物	本标准规定了铜氨丝织物的术语与定义、技术要求、试验方法、检验规则、包装和标志。其中，技术要求包括基本安全性能、内在质量、外观质量。基本安全性能考核项目为甲醛含量、pH、色牢度、异味、可分解致癌芳香胺染料等，内在质量考核项目为密度偏差率、质量偏差率、纤维含量允差、断裂强力、撕破强力、纯度起球、水洗尺寸变化率、干洗尺寸变化率、色牢度、外观质量考核项目为幅宽偏差率（与标样相比）、幅宽偏差、外观疵点。本标准适用于各类服用的练白、染色、印花、色织的纯铜氨丝织物或铜氨丝与其他纱线交织而成的丝织物	国家丝绸及服装产品质量监督检验中心，吴江德伊时装面料有限公司，福建龙纺纤科技有限公司，吴江新民高纤有限公司，浙江丝绸科技有限公司，达利（中国）有限公司，旭化成国际贸易（上海）有限公司，浙江中天纺检测有限公司，海盐嘉源印染有限公司，浙江德姿纺织科技有限公司上海工程技术大学，中国长丝织造协会

续表

序号	标准代号	标准级别	标准名称	标准简介	起草单位
28	FZ/T 43052—2018	行业标准	标签织物	本标准规定了标签织物的术语与定义、规格、技术要求、试验方法、检验规则、包装和标志、贮存等。其中,技术要求包括基本安全性能、内在质量、外观质量,基本安全性能考核项目为甲醛含量、pH、色牢度、异味,可分解致癌芳香胺染料含量。内在质量考核项目为质量偏差、厚度偏差、纤维含量、允差、防脱散(水洗)为色差、色牢度、外观、质量考核项目为色差、规格偏差、洁净程度、切边光滑程度。本标准适用于评定以化学纤维为主要原料,用于印制标签的机织物品质	湖州新利商标织带有限公司、厦门东纶绉股份有限公司、吴江福华织造有限公司、嘉兴学院、浙江丝绸科技有限公司、杭州市质量技术监督检测院、浙江理工大学、浙江格莱美服饰有限公司
29	FZ/T 43052—2018	行业标准	涤纶长丝窗帘用机织物	本标准规定了涤纶长丝窗帘用机织物的术语和定义、分类、技术要求、试验方法、检验规则、包装和标志。其中,技术要求包括基本安全性能、内在质量、外观质量,基本安全性能的考核项目为甲醛含量、pH、色牢度、异味,可分解致癌芳香胺染料等,内在质量考核项目为密度偏差率、质量偏差率、纤维含量允差、断裂强力、纰裂程度、水洗尺寸变化率、干洗尺寸变化率、色牢度、外观质量考核项目为疵点、幅宽偏差率、外观疵点、印花、染色、印花、色织的漂白(与标样对比)。本标准适用于各类窗帘用纯织、或涤纶长丝色织物品质机织物品质	江苏德顺纺织有限公司(恒力集团)、厦门东纶股份有限公司、如意家居有限公司、浙江涛科技股份有限公司、潘博大染坊丝绸集团有限公司、中国长丝绸织造协会、巴山集团有限公司、鑫缘茧丝绸集团股份有限公司、浙江丝绸集团有限公司、海宁市金佰利纺织有限公司、浙江胜宇布艺有限公司、嘉兴学院

续表

序号	标准代号	标准级别	标准名称	标准简介	起草单位
30	FZ/T 43053—2019	行业标准	聚酯纤维形态记忆织物	本标准规定了聚酯纤维形态记忆织物的术语和定义、分类、技术要求、试验方法、检验规则、包装和标志。其中，技术要求包括基本安全性能、内在质量、外观质量，pH、色牢度、异味、可分解致癌芳香胺染料含量等，内在质量考核项目为甲醛含量、纤维含量允差、水洗尺寸变化率、色牢度、断裂强力、撕破强力、纸破强力、形态记忆系数、形态回复系数，外观质量考核项目为色差、幅宽偏差率、外观疵点。本标准适用于聚酯（PPT）长丝形态记忆织物	安徽省冠盛纺织科技有限公司、厦门东纶股份有限公司、巴山集团有限公司、福建龙峰纺织科技实业有限公司、浙江丝绸科技有限公司、鑫缘茧丝绸集团股份有限公司、浙江丝绸科技有限公司、杭州市质量技术监督检测院、中国长丝织造协会、浙江万方安道拓织科技有限公司、浙江天祥新材料有限公司、海宁科源经编有限公司、海盐欧宝经编有限公司、嘉兴华纬纺织有限公司、浙江格莱美服装有限公司
31	FZ/T 43054—2019	行业标准	装备用涤纶长丝涂层织物	本标准规定了装备用涤纶长丝涂层织物的技术要求、试验方法、检验规则以及包装、标志、运输和贮存。其中，技术要求包括基本安全性能、内在质量、外观质量，pH、色牢度、异味、可分解致癌芳香胺染料、防水性能、断裂强力、撕破强力、剥离强力、抗粘连性、耐低温性、色牢度、燃烧性能、外观质量考核项目为以幅宽偏差率、色差，外观疵点。本标准适用于丙烯酸酯树脂为涂覆层，主要用作帐篷、装具类（如手提包、头盔、水壶袋等）装备面料的纯涤长丝机织涂层织物	浙江盛发纺织印染有限公司、巴山集团有限责任公司、安庆华茂精纺有限公司、浙江中天纺检测有限公司、浙江丝绸科技有限公司、浙江汇锋新材料股份有限公司、海盐天恩经编有限公司、浙江省中纺经编科技研究院

续表

序号	标准代号	标准级别	标准名称	标准简介	起草单位
32	FZ/T 43055—2019	行业标准	锦纶长丝皮肤衣织物	本标准规定了锦纶长丝皮肤衣织物的术语与定义、技术要求、试验方法、检验规则、包装和标志。其中,技术要求包括基本安全性能、内在质量、外观质量,基本安全性能考核项目为甲醛含量、pH、色牢度、异味、可分解致癌芳香胺染料,内在质量考核项目为密度偏差率、质量偏差率、纤维含量允差、断裂强力、撕破强力、纰裂程度、色牢度、水洗尺寸变化率、透湿率、防紫外线性能、外观质量考核项目为幅宽偏差率、色差(与标样对比)、外观疵点。本标准适用于各类皮肤衣机织物	吴江市汉塔纺织整理有限公司、厦门东纶股份有限公司、福建龙峰纺织科技实业有限公司、浙江丝绸科技有限公司、浙江盛发纺织印染有限公司、杭州市质量技术监督检测院、浙江电商检测有限公司、中国长丝织造协会、浙江中天纺检测有限公司、浙江格来美服饰有限公司、海盐天恩经编有限公司、浙江省中纺经编科技研究院

四、计划研制的标准（表 6-2）

表 6-2　化纤长丝织造协会正在研制的标准项目（截至 2021 年 2 月）

序号	项目名称	计划编号	内容简介	所处阶段
1	涤纶长丝仿麻家居用织物	2018-1320T-FZ	本标准规定了涤纶长丝仿麻家居用织物的术语和定义、要求、试验方法、检验规则、包装和标志。本标准适用于座椅类、悬挂类家居用品所采用的涤纶长丝仿麻机织物	报批
2	聚乳酸丝织物	2018-1322T-FZ	本标准规定了聚乳酸丝织物的术语和定义、要求、试验方法、检验规则、标志、包装、运输和贮存。本标准适用于聚乳酸纤维含量为 30% 及以上的聚乳酸丝织物	报批
3	涤纶假捻丝织物	2018-1321T-FZ	本标准规定了涤纶假捻丝织物的术语和定义、要求、试验方法、检验规则、包装和标志。本标准适用于以涤纶假捻变形丝为原料进行织造加工成的机织物	送审
4	莱赛尔长丝织物	2018-1323T-FZ	本标准规定了莱赛尔长丝织物的要求、试验方法、检验规则、包装和标志。本标准适用于各类服用的莱赛尔长丝织物	送审
5	黏胶长丝弹力织物	2018-1327T-FZ	本标准规定了黏胶长丝弹力织物的要求、试验方法、检验规则、包装和标志。本标准适用于各类服用的黏胶长丝弹力织物	送审
6	伞用织物	2019-0949T-FZ	本标准规定了伞用织物的术语和定义、要求、试验方法、检验规则、包装和标志。本标准适用于评定各类伞用的染色（色织）、印花织物的品质	送审
7	醋酯纤维丝织物	2019-0951T-FZ	本文件规定了醋酯纤维丝织物的要求、试验方法、检验规则、包装和标志。本标准适用于以醋酯长丝纯织或与其他纱线交织而成（醋酯纤维含量 30% 及以上）的丝织物	送审
8	高密超细旦涤纶丝织物	2019-0950T-FZ	本标准规定了高密超细旦涤纶丝织物的术语和定义、要求、试验方法、检验规则、包装和标志。本标准适用于超细旦涤纶长丝纯织或与其他纤维交织的机织物	送审

续表

序号	项目名称	计划编号	内容简介	所处阶段
9	海岛丝织物	20200702-T-608	本标准规定了海岛丝织物的术语和定义、分类、要求、试验方法、检验规则、包装和标志。本标准适用于评定各类家纺、服用的练白、染色（色织）、印花的经向（或纬向）采用海岛丝或海岛复合丝与其他纤维交织的海岛丝织物面料的品质	征求意见
10	化纤长丝无尘清洁织物	2017-0876T-FZ	本标准规定了化纤长丝无尘洁净擦拭布的术语和定义、要求、分类、试验方法、检验规则、包装和标志。本标准适用于无尘车间或环境下清洁用擦拭织物	征求意见
11	绿色设计产品评价技术规范 化纤长丝织造产品	201801-CNTAC032	本标准给出了化纤长丝织造产品绿色设计评价的术语和定义、评价要求、绿色设计产品自评价报告编写要求、产品生命周期评价报告编写要求、绿色设计产品判定依据。本标准适用于化纤长丝织造产品绿色设计评价，包括涤纶长丝织物、锦纶长丝织物和人造丝织物	起草阶段
12	化纤长丝喷水织造智能工厂 第1部分 通用要求	202001-CNTAC025	本标准规定了化纤长丝喷水织造智能工厂的总则，智能设计、生产、物流、管理以及系统集成等内容。本标准适用于实现化纤长丝喷水织造智能工厂的运营及管理	正在起草
13	化纤长丝喷水织造智能工厂 第二部分 第2部分：数字化单元信息模型	202001-CNTAC026	本标准规定了化纤长丝喷水织造智能工厂数字化设备单元的统一信息模型，包括系统配置、组件集、静态属性和过程属性。本标准适用于化纤长丝喷水织造智能工厂建设中数字化设备单元标准化信息建模	正在起草
14	化纤长丝喷水织造智能工厂 第3部分：设备互联互通及互操作规范	202001-CNTAC027	本标准规定了化纤长丝喷水织造智能工厂设备互联互通及互操作规范，包括网络互联、信息互通、网关等。本标准适用于化纤长丝喷水织造智能工厂建设中设备互联互通及互操作建设	正在起草

五、制定标准的流程

(一) 行业标准

我国化纤长丝织物标准化工作由中国长丝织造协会负责总体指导。目前申报行业标准的申报流程如图 6-2 所示。

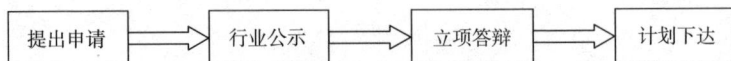

提出申请 ➡ 行业公示 ➡ 立项答辩 ➡ 计划下达

图 6-2　行业标准的申报流程

企业根据征集通知，填写行业标准项目建议书（表 6-3），提交到中国长丝织造协会，协会修改整理完善后统一上报，通过初步征求意见后上报中纺联科技部，统一在行业内征集意见，无异议后，上报工信部。工信部一般会在年中时组织统一的立项答辩会议，答辩会议通过后，等待工信部再次公示，无异议则发布立项文件，立项成功后，开始起草标准。

行业标准立项成功后，编写标准的流程如图 6-3 所示。

表 6-3　行业标准项目建议书

建议项目名称 （中文）				建议项目名称 （英文）		
制定或修订	□制定		□修订	被修订标准号		
采用程度	□ IDT	□MOD	□NEQ	采标号		
国际标准名称 （中文）				国际标准名称 （英文）		
采用快速程序	□ FTP			快速程序代码	□B	□C
ICS 分类号				中国标准分类号		
牵头单位	第一单位，与盖章单位一致			体系编号		
参与单位	不包括牵头单位			计划起止时间	写到年即可，如 2020-2022	
目的、意义 或必要性	指出标准项目涉及的方面，期望解决的问题（产品标准要将产品特点、用途、生产企业数量、产业规模等产业发展情况说清楚）。 对于修订项目，应有多项明确需要修订的具体技术内容。 重点项目还应明确其所属三性（急迫性、创新型、国际性）的依据。					

续表

建议项目名称 （中文）			建议项目名称 （英文）		
范围和主要 技术内容	标准适用范围 标准技术内容（关键技术内容详细阐述）				
国内外情况 简要说明	1. 国内外对该技术研究情况简要说明：国内外对该技术研究情况、进程及未来的发展；该技术是否相对稳定（技术成熟度），如果不是的话，预计一下技术未来稳定的时间，提出的标准项目是否可作为未来技术发展的基础； 2. 项目与国际标准或国外先进标准采用程度的考虑：该标准项目是否有对应的国际标准或国外先进标准，标准制定过程中如何考虑采用的问题（国外类似标准的水平比较）； 3. 与国内相关标准间的关系：该标准项目是否有相关的国家或行业标准，该标准项目与这些标准是什么关系（如方法或产品的差异），该标准项目在标准体系中的位置； 4. 指出是否发现有知识产权的问题。				
牵头单位	（签字、盖公章） 月日	标准化技术组织	（签字、盖公章） 月日	部委托机构	（签字、盖公章） 月日

注 1. 填写制定或修订项目中，若选择修订必须填写被修订标准号；

2. 选择采用国际标准，必须填写采标号及采用程度；

3. 选择采用快速程序，必须填写快速程序代码；

4. 体系编号是指各行业（领域）技术标准体系建设方案中的体系编号。

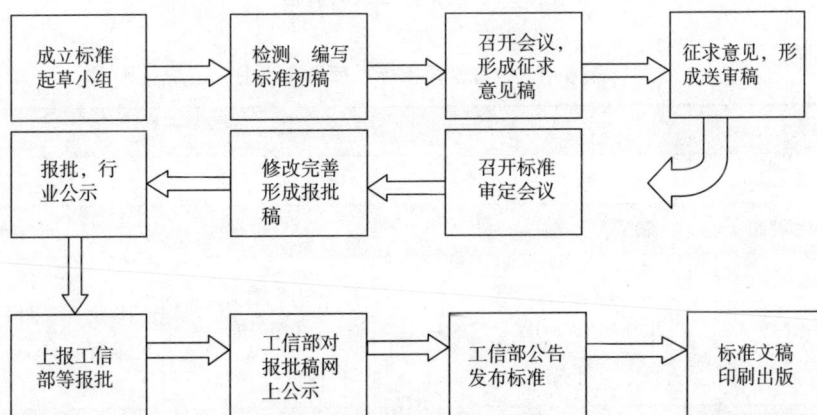

图 6-3 编写行业标准流程

(二）国家标准

国家标准计划的流程同行业标准类似，如图6-2所示。企业根据征集通知，填写国家标准项目建议书（表6-4），提交到中国长丝织造协会，产品类国家标准统一上报标委会，再到中纺联科技部；综合类标准如节能节水绿色环保类、海关单耗、厂房设计等国家标准直接统一上报到中纺联产业部；由中纺联产业部根据不同标准类型上报相应管理部门或相应的标委会并在行业内征求意见且无异议后，上报国家标准化管理委员会。国家标准化管理委员会一般会按季度组织统一的立项答辩会议，答辩会议通过后，等待国家标准化管理委员会再次公示，无异议则发布立项文件，立项成功后，就可以开始起草标准了。

国家标准立项成功后，编写标准的流程如图6-4所示。

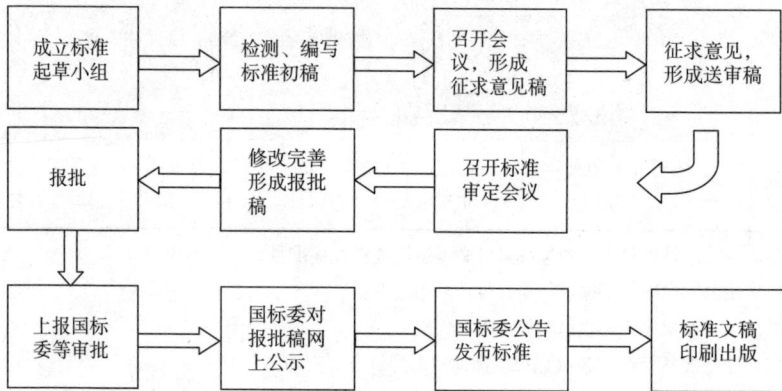

图6-4　国家标准编写流程

表6-4　推荐性国家标准项目建议书

中文名称			
英文名称			
制定/修订	□制定　□修订	被修订标准号	
采用国际标准	□无　□ISO　□IEC　□ITU　□ISO/IEC　□ISO 确认的标准	采用程度	□修改　□等同　□非等效
采标号		采标名称	
标准类别	□安全　□卫生　□环保　□基础　□方法　□管理　□产品　□其他		
ICS			

续表

中文名称	
上报单位	
技术归口单位 （或技术委员会）	
主管部门	
起草单位	
项目周期	□12 个月　　□18 个月　　□24 个月

是否采用快速程序	□是　□否	快速程序代码	□B1　□B2　□B3 □B4　□C3

经费预算说明	
目的、意义	
范围和主要技术内容	
国内外情况简要说明	
有关法律法规和 强制性标准的关系	
标准涉及的产品清单	

是否有国家级 科研项目支撑	□是　□否	科研项目编号及名称	
是否涉及专利	□是　□否	专利号及名称	
是否由行标 或地标转化	□是　□否	行地标标准号及名称	

备注	

（三）团体标准

团体标准是由社会团体自主制定并自愿实施的市场标准。当前，我国化纤长丝织物团体标准化工作机构主要为中国纺织工业联合会团体标准化技术委员会化纤长丝织物标准化工作组（以下简称"化纤长丝织物标准化工作组"）。目前，申报中国纺织工业联合会化纤长丝织物团体标准的流程如图6-5所示。

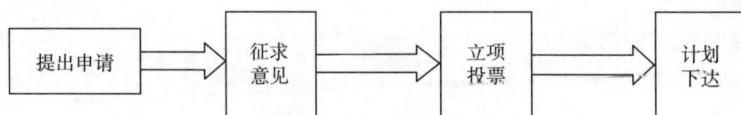

图6-5　团体标准申报流程

企业根据征集通知，填写团体标准项目建议书（表6-5），提交到化纤长丝织物标准化工作组，由其内部征集意见通过后上报中国纺织工业联合会团体标准化技术委员会秘书处，秘书处在委员会内部进行立项投票，通过后下达立项计划。立项成功后，就可以开始起草标准了。

表6-5　团体标准项目建议书

建议项目名称（中文）				建议项目名称（英文）	
制定或修订	□制定		□修订	被修订标准号	
采用程度	□ IDT	□ MOD	□ NEQ	采标号	
国际标准名称（中文）				国际标准名称（英文）	
国标标准ICS分类号	59.080.30			中国标准CCS分类号	W40
标准主要起草单位	浙江丝绸科技有限公司			计划完成年限	2018年
目的、意义或必要性	把标准对象界定清楚，说明标准制定的目的、意义或必要性，重点说明该标准涉及的产业、技术以及标准化工作国内外情况				
主要技术内容和范围	标准的主要技术内容与标准的适用范围				

续表

建议项目名称 （中文）			建议项目名称 （英文）	
国内外情况 简要说明	1. 与国外或国外相关标准的关系：该项目是否有对应的国际标准或国外先进标准，如有，是否采标或参考？ 2. 与国内相关标准的关系：该项目是否有相关的国家、行业或团体标准，本项目与这些标准之间有什么关系？ 3. 与相关联知识产权的关系：国内外是否存在相关联知识产权，本项目是否涉及这些知识产权？			
牵头起草 单位意见	（签字、盖公章） 　　　　年　月　日		CNTAC 技术委员会 意见	（签字、盖公章） 　　　年　月　日

填表人：　　　　　　电话（手机）：　　　　　　E-mail：

团体标准立项成功后，编写标准的流程如图6-6所示。

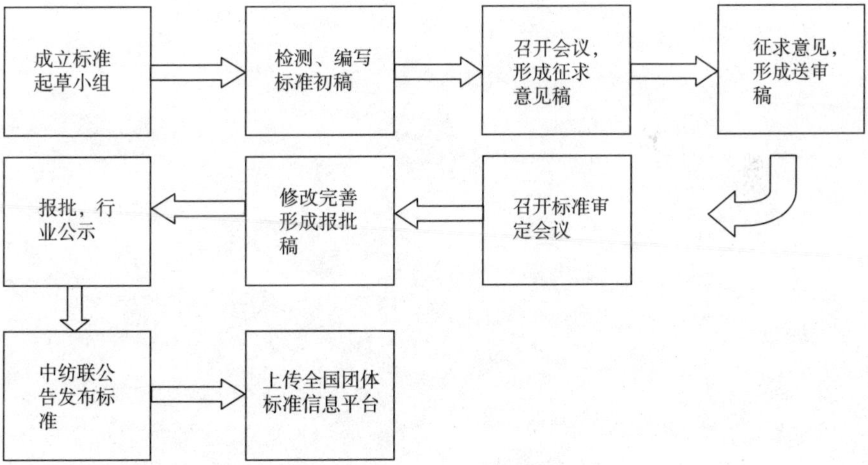

图6-6　编写行业标准流程

集群发展篇

第七章 产业集群

一、长丝织造产业集群概况

（一）集群分布

截至 2020 年 12 月，我国长丝织造产业集群拥有 1 个名城、2 个基地县、6 个名镇和 3 个产业基地。它们分别是江苏省苏州市吴江区盛泽镇、七都镇和平望镇以及江苏省宿迁市泗阳县经济开发区，浙江省长兴县、长兴县夹浦镇、嘉兴市秀洲区王江泾镇，福建省晋江市龙湖镇，河南省周口市太康县、太康县产业集聚区和信阳市淮滨县，湖北省黄冈市黄梅县经济开发区等，见表 7-1。目前，江苏省盐城市大丰区小海镇、安徽省宣城市郎溪县、湖北省黄冈市罗田县、江西省九江市德安县的化纤长丝织造行业也已呈相对集中态势。

表 7-1 我国主要长丝织造产业集群

序号	单位	集群称号
1	江苏省苏州市吴江区盛泽镇	中国纺织名镇
2	江苏省苏州市吴江区平望镇	中国纺织织造名镇
3	江苏省苏州市吴江区七都镇	中国家纺面料名镇
4	江苏省泗阳经济开发区	中国化纤功能新型面料生产研发基地
5	江苏省大丰区小海镇	中国长丝织造产业基地
6	浙江省湖州市长兴县	中国长丝织造名城
7	浙江省湖州市长兴县夹浦镇	中国长丝织造名镇、中国长丝织造产业基地
8	浙江省嘉兴市秀洲区王江泾镇	中国织造名镇
9	福建省晋江市龙湖镇	中国织造名镇
10	河南省周口市太康县	中国新兴纺织产业基地县
11	河南省周口市太康县产业集聚区	中国长丝织造产业基地
12	河南省信阳市淮滨县	中国新兴纺织产业基地县
13	湖北省黄梅经济开发区	中国长丝织造产业基地

（二）集群发展变革

自 20 世纪 80 年代起，中国化纤长丝织造产业开始从仿真丝逐步发展起来。江苏省吴江区的盛泽镇是著名的绸都，从明中叶以来，丝绸产业就逐渐集中于盛泽镇及周边几个乡镇。中华人民共和国成立后，尤其是改革开放以来，化纤长丝织造行业逐渐在盛泽发展起来。凭借以往绸市的声誉和影响，盛泽渐渐成为以化纤原料和化纤长丝织物为主、纺织机械与器材为辅的交易中心。如今，盛泽纺织业已经成为一条从化纤纺丝、织造、印染、织物深加工到服装制成品的产业链，集研发、生产、销售、物流、服务于一体的配套体系。2020 年，盛泽纺织产业集群拥有 2500 多家织造企业，7000 多家纺织贸易企业，其中规模以上企业 300 多家，工业总产值超过 900 亿元，从业人员达 15 万人。

盛泽长丝织造产业的从无到有、从小到大的发展历程，折射出整个中国长丝织造产业发展之路。盛泽镇产业集群的形成带动了周边平望镇、王江泾镇等地区长丝织造行业的发展，逐步形成了产业链配套齐全的长丝织造产业集群。浙江省湖州市长兴县、福建省著名的侨乡晋江龙湖镇等其他长丝织造产业集群地，最初都是利用自身的区域优势、传统纺织优势，汲取外部力量，在大力发展市场经济和全面实行改革开放的大环境下，积极发展长丝织造行业，慢慢成为长丝织造行业较早的集群。这些集群在发展的过程中，不断健全、强大自己的产业链和产业能力，并对周边的地区形成带动、示范和促进作用。在集群的影响和辐射下，周边地区的纺织业进一步发展，并与集群共营、共赢，部分区域形成了新的集群。

近几年来，受土地、水、电等生产要素的影响，长丝织造行业开始向苏北以及河南、湖北、安徽和江西等中部地区发展，并初见规模，逐步形成"以沿海发达地区为产品研发和销售基地，以中西部地区为产品生产加工基地的产业分工格局"。

（三）集群产业特色

经过多年的发展，我国长丝织造产业集群已逐步发展壮大，集聚了一大批上下游从事化纤、织造、印染生产的企业，已经形成从化纤纺丝、织造加工、印染整理、服装制造和市场销售等较为完整的纺织产业链。同时也形成原料采购、产品销售、物流配送、信息流通、技术咨询等全流程的供应链体系。一些地区的集群销售收入占本地企业的 80% 以上，产业集群对区域经济的支撑作用日益明显。

在集群发展过程中，各地区结合集群实际，发挥地区优势，逐步形成了各具特色的产业集群，如"日出万匹，衣被天下"的盛泽镇，以家纺窗帘产品为核心的七都镇，以家纺床品而闻名全国的长兴县以及以功能性户外运动面料为特色的龙湖镇等。

目前，盛泽镇拥有集纺丝、织造、印染及后整理加工于一体的完整产业链优势，有十几万台无梭织机，生产加工能力居行业领先水平，约占全国化纤面料产量的 1/5，产品种类丰富。位于盛泽镇的东方丝绸市场和位于柯桥区的中国轻纺城市场是全球化纤长丝纺织品的集散中心，全球超过一半的化纤面料在此进行交易。

平望镇、王江泾镇的产品种类也较为丰富，是我国仿真丝、仿麂皮、户外休闲运动服装面料等纺织品的重要生产基地。

长兴县和七都镇以床品、窗帘等家纺类产品为主，是我国重要的家纺面料生产基地。其中，长兴县拥有 9 万台无梭织机，是全国里子布、床品用磨毛布、窗帘布和产业用衬布的主要生产地区。

龙湖镇拥有 2 万余台无梭织机，生产的锦纶织物畅销海内外，是我国户外运动用面料的主要生产地区。

苏北泗阳县、江西德安县、安徽的金寨县和皖江江南新兴产业集中区等地继承了盛泽镇和嘉兴市的仿真丝和功能性纺织品，河南省太康县继承了福建省功能性纺织品和南通的家用纺织品，苏北沭阳县和安徽省郎溪县继承了长兴县的家纺窗帘和床品。

各产业集群特色鲜明，各有侧重，又自成体系，共同形成中国强大的长丝织造供应链网络，在推动企业专业化分工协作、有效配置生产要素、降低创新创业成本、节约社会资源、促进区域经济社会发展、提升产业国际竞争力等方面发挥重要作用。中国长丝织造产业集群正以完整的产业链，高效的协同创新机制，更好地满足市场需求，稳固我国纺织大国的地位。

二、传统产业集群高质量发展

自 20 世纪 80 年代起，以盛泽镇为代表的中国化纤长丝织造产业集群开始随着市场需求变化而逐步兴起。经过 40 年的发展，已形成盛泽镇、平望镇、王江泾镇、龙湖镇和柯桥区等拥有完整纺织产业链、织造规模大的传统产业集群。

据不完全统计，2020 年，盛泽镇、长兴县、秀洲区、龙湖镇、平望镇、七都镇和柯桥区七地长丝织造传统产业集群地化纤长丝织物产量 288.34 亿米，约占全国总量的 55.45%，传统产业集群以其完整的产业链和雄厚的经济基础，正逐步成为引导行业发展，提高行业国际竞争力的重要组成部分。

2020 年，各传统产业集群产品结构调整成效显著，尤其在差别化、功能化、高仿真类等产品的关键技术上有新的突破；产业结构不断完善，一方面资源向优势企业靠拢，研发力量增强，技术进步与创新有所突破，另一方面各集群产业链不断完善，产品应用领域不断扩展，尤其是产业用领域发展潜力巨大。

在环境保护方面，各产业集群在废水 100% 处理的基础上，加大了中水回用的力度，目前各主要产业集群喷水织机污水处理率均已达 100%，中水回用率大幅提升。当前，中国长丝织造产业集群污染治理能力得到显著提升，纺织企业废气、废水实现有效处理，整个产业实现绿色化、清洁化发展。

在产业协同发展方面，各产业集群在协会的引导下，积极鼓励中小企业引进新装备、新工艺和新产品，大力引进营销、技术、管理人才，走"专特新"之路；落实支持中小企业发展政策，发挥产业基础优势和龙头企业领军作用，推动中小型企业与龙头企业建立稳定的产、供、销关系，培育纺织服装行业全产业链。同时，鼓励企业积极发展产业相配套的商贸、金融、科教等服务业，推动产业由单一功能向综合功能转变。

为响应国家产业集群号召和更好地满足市场需求，各传统产业集群以建设高水平的产业集群为目标，加快集群的转型升级，提升发展能力：强化产业规划引导，促进产业集群科学有序发展；提升龙头骨干企业带动作用，强化专业化协作和配套能力；加强区域品牌建设，推动要素集聚和价值提升；提高产业集群信息化水平，建设智慧集群；提升创新能力，增强集群竞争优势；提升公共服务能力，支撑产业集群转型升级。

（一）江苏省苏州市吴江区盛泽镇

吴江高新区（盛泽镇）位于江苏省的最南端，地处长江三角洲和太湖地区的中心地带，南接浙江杭州、嘉兴，东临上海，西濒太湖。吴江高新区（盛泽镇）总面积 150 平方公里，其中城区建成面积 45.98 平方公里、规划工业产业区 60 平方公里，下辖 8 个社区、30 个行政村，人口 50 万人，其中常住人口 13.7 万人，外来人口 33.3 万人，流动人口 3 万人。吴江高新区（盛泽镇）是吴江区经济社会发展"四大片区"之一，是长三角一体化示范区规划区域。境内苏嘉杭高速公路、524 国道贯穿其中，沪苏湖铁路（江苏段）盛泽站开工建设，交通十分便捷，地理位置优越。

2020 年吴江高新区（盛泽镇）经济运行稳中向好，质效提升，完成地区生产总值 442.96 亿元，同比增长 2.55%；工业总产值 654.63 亿元，完成一般公共预算收入 34.34 亿元，全社会固定资产投资额 73.92 亿元；注册外资 4.07 亿美元；进出口总额 16.20 亿美元。

纺织工业作为盛泽的主导产业和优势产业，打造了"从一滴油到一匹布""从一根丝到一个品牌"的完整纺织产业链，形成千亿级产业、千亿级市场、千亿级企业齐头并进的良好态势，盛泽纺织集群年产纺织品超 230 亿米，拥有纺丝能力 320 万吨，纺纱能力近 20 万吨，已经成为中国重要的丝绸纺织生产基地、出口基地和产品集散地。科技创新成效明显，江苏省国家级先进功能纤维制造业创新中心建设稳步推进，累计获批国家级博士后科研工作分站 18 个。共有纺织企业 2500 多家，拥有南极电商、东方盛虹 2 家上市公司及华佳丝绸、楚星时尚 2 家新三板挂牌企业；拥有恒力、盛虹等国内知名大型纺织企业集团，恒力、盛虹入选世界 500 强企业，分别位居第 107 位、第 455 位；拥有"盛虹""福华织造""桑罗""德尔""恒远" 5 个中国驰名商标，"盛泽织造""绸都染整" 2 个集体商标为江苏省著名商标。

盛泽镇先后被国家科学技术委员会评为"国家级丝绸星火密集区"，被农业部命名为"全国乡镇企业示范区"，被中国纺织工业联合会命名为"中国丝绸名镇""中国纺织名镇"。

吴江高新区（盛泽镇）将以更加率先的姿态融入长三角生态绿色一体化发展，在擦亮"丝绸古镇、纺织名城、时尚之都"三张名片的同时，也让盛泽进一步实现从"织造之都"向"时尚之都"的蝶变，成为从传统产业转型到时尚创新之都的示范。

（二）江苏省苏州市吴江区平望镇

平望镇坐落于苏、浙、皖、沪三省一市中心的苏州市吴江区，318、524 国道、苏嘉杭高速、沪苏浙高速、南北快速干道贯通镇区，京杭大运河、长湖申线、太浦河、老运河在镇郊四河汇聚。

纺织工业是平望的支柱产业，也是重要的民生产业，占全镇经济总量的 80% 以上，被中国纺织工业联合会和中国长丝织造协会授予"中国纺织织造名镇"荣誉称号。这几年，随着国民经济的不断发展，依托临近盛泽镇和中国东方丝绸市场的区位优势，抢抓发展机遇、扩大有效投入，实现了量质并举、快速提升。

目前，平望镇直接从事纺织行业的生产企业达 788 家，全部为民营企业，其中规上企业 93 家，主要集中在平望镇民营经济开发区和梅堰镇工业集中区。全镇拥有无梭织机 6.5 万台。拥有 170 万吨合纤生产能力，其中熔体直纺 150 万吨，化纤产能占吴江的 25%（吴江占全国的 10%）；化纤坯布 50 亿米，占吴江区化纤坯布产量的 25%；化纤成品布 30 亿米，占吴江区化纤成品布产量的 30%；印染布 15 亿米；各类内衣、服装 800 万件/或只，占爱慕品牌的 25%。

2020 年全镇纺织工业实现产值 280 亿元，约占全镇经济的 80%以上，提供就业岗位超过 3 万个，是平望镇的支柱产业。

平望镇鼓励企业在区域总量平衡的前提下，支持企业引进高端先进设备进行技改，目前所有印染企业都进行了定型机尾气回收、余热利用、引进节水型染缸等环保节能改造，喷水织造企业推动中水回用，目前中水回用比例在 70%，平望镇还将加大中水回用比例，争取达到 100%。

"十四五"期间，平望镇纺织业将以优化产业、产品结构，增强创新能力，延伸完善产业链，提升产品附加值和产业竞争力，提高经济效益为总目标，着力发展以天然纤维为主的棉、麻、真丝等绿色环保产品，全力推进平望镇棉纺产业，进一步增强在国内外的市场主导权。通过持续创新、加快转型，努力把平望镇打造成为具有较强国际竞争能力的一流"纺织名镇"。

以五个百亿工程为目标，加快产业结构优化。织造，保持总量，提高质量。化纤，加大投入，加快熔体直纺产能建设，逐步形成全国乃至全球差别化、超细旦纤维产业高地。三大纺织用品结构得到显著优化，到 2020 年末，服装用纺织品、装饰用纺织品和产业用纺织品的比例逐步调整为 60：30：10。

以"机器换人"为方向，实现产业高端发展。智能工业发展，是下一步产业发展的主要方向。要加快纺织行业设备的提档升级，加快先进技术、设备的引进，加大对互联网+的研发和投入，逐步提高生产的自动化、智能化。进一步推进现代企业管理制度进程，在规模企业中推广 ERP、MES、APS 系统等信息技术的应用，进一步推进 ISO9000/14000 系列、OHSAS18000 系列认证。

（三）江苏省苏州市吴江区七都镇

早在 20 世纪 80 年代，苏州市吴江区七都镇的家纺业就在七都庙港日渐兴起，经过 30 多年的发展，逐步实现由小到大、由弱转强、由分散到集聚的转变，已成为七都的主导产业之一。

七都镇现有家纺企业 110 家，其中规模以上企业 84 家，配套企业 18 家，从业人员 2 万多人。主要产品为大提花遮光布、平纹遮光布、特丽纶、阿拉伯头巾等窗帘产品，年生产加工能力 13 亿米，产品主要销往欧美、中东、东南亚等100 多个国家和地区。近年来，七都家纺产业在新品开发、质量提升、设备更新等方面狠下工夫，行业呈现出强劲的发展势头。被中国纺织工业联合会、中国家用纺织品行业协会和中国长丝织造协会授予"中国家纺名镇"称号。

"十四五"期间，七都镇将重点建设特色纺织产业园，发展新型家纺面料产业。七都镇全面贯彻落实科学发展观，坚持走新型工业化道路，借鉴纺织行业及园区发展的经验，融合先进理念和文化，坚持科技进步和自主创新，抓住大连纺织产业结构调整的有利时机，以转变发展方式、调整产业结构为主线，本着"企业集聚发展、产业集中布局、整体集合提升、资源集约利用"的发展思路，成立了大连七都沿海经济区纺织产业园，积极承接国内外家纺面料产业转移，吸引国内外投资和先进技术，在承接中提升，实现七都镇家纺面料产业实现跨越式发展。纺织园积极发展循环经济和低碳经济，注重清洁生产和节能减排，强化环境保护和生态建设，实现经济效益、社会效益、生态效益的和谐统一。

以科技进步提高产业层次，以名牌创建提升产业品位，以产业聚集推动产业发展，以管理创新增强行业素质，全面提升产业综合竞争力，将七都打造成为华东地区乃至全国具有影响力和知名度的家纺名镇。

（四）浙江省嘉兴市秀洲区王江泾镇

自南宋以来，王江泾镇就是江苏、浙江两省交界处的丝绸重镇，方圆数十里，日出万匹，镇上店坊林立，市街繁荣，被美誉为"衣被天下"的丝绸之府。目前，纺织工业已形成了良好的集群态势，形成化纤、织造、印染、服装生产等现代纺织产业集群，被中国纺织工业联合会、中国长丝织造协会联合授予"中国织造名镇"的荣誉称号。全镇纺织工业产值占工业经济总量的60%以上，年产各类坯布近30亿米，印染布25亿米，是浙江绍兴中国轻纺城、江苏盛泽中国东方丝绸市场、辽宁西柳市场的面料重要原产地，是我国薄型面料的生产基地。集群内有纺织企业562家，其中规模以上企业147家，全行业从业人员约2.4万人。

2020年，全镇规模以上纺织企业实现产值超过120亿元，占全镇工业经济总量的一半以上。全镇纺织产业新产品率超过40%，产业用、家居装饰用纺织品占25%以上，产业规模在全国占据一定地位。

"十四五"期间，王江泾镇将重点调整产业结构，提升纺织行业品质。注重纺织行业的上下游配套，着重抓好化纤、纺织产品的发展，着力做好服装品牌招商引资，以自主创新提升纺织行业技术层次，以新产品开发优化纺织行业产品结构，增强纺织行业综合竞争力。以品牌建设为抓手着力培育名特优产品，培养企业的名牌意识，提升纺织行业品质。

（五）浙江省湖州市长兴县

长兴县地处长三角中心腹地，太湖西南岸，北与江苏宜兴、西与安徽广德交界，区域面积1430平方公里，常住人口64万人。县域内河网密集、平原开阔，环境优渥、物产富饶，素有"鱼米之乡""丝绸之府""太湖明珠"的美誉。作为全国家纺面料、服装辅料、窗帘布主要供应地之一，长兴纺织产业已基本形成从原料、织造、印染后整理到终端产品的相对完整的产业链，主要产品有化纤织物、经编织物、涤棉、家纺、针织服装等品种。

作为全县最大的民生产业，长兴纺织现有生产与经营单位近 4000 户，从业人员近 7 万人，规上企业 300 余家，其中织造企业占 2/3，原料生产企业 13 家，非织造布企业 25 家，印染企业 14 家，服装箱包企业 6 家；共有纺织机械近 10 万台，其中喷水织机 9 万台，占全国喷水织机总量的 14%。2020 年，全县规上化纤长丝织造企业共实现产值 340 亿元，约占全县工业产值 1/3，共生产化纤长丝机织布 75 亿米、印染布 27 亿米。长兴县先后荣获"中国长丝织造名城""中国衬布名城"等称号。

2020 年，全县喷水织机污水处理率达 100%，中水回用率达 80% 以上，淘汰"低散乱"企业 300 余户，织机 4000 余台。14 家印染企业全面推进印染全流程数字化改造，深化定型机废气治理，完成污水零直排创建。

"十四五"期间，长兴县将持续深化产业转型升级。全面启动夹浦地区纺织行业转型升级，通过绿色纺织小微园建设、纺织企业集聚区改造等方式，逐步推进工业平台边界外纺织企业减量置换集聚，并在此基础上向全县铺开，逐步实现纺织行业规模化、集聚化发展。

以现有产业链为基础，以建链、延链、强链为重点，加快纺织行业向终端产品方向延伸，通过强强联合、招商引资等方式，逐步做大服用、产业用纺织品领域份额，进一步实现产业终端化发展，加快打造纺织全产业链。

（六）浙江省湖州市长兴县夹浦镇

夹浦镇的纺织工业起源于 20 世纪 80 年代初，是长兴县纺织工业的发源地，纺织产量占据全县纺织产量的 50% 以上，集群内化纤加工业、织造业、印染后整理到家纺生产等领域有着良好的配套。2020 年底，夹浦镇共有纺织类企业 556 家，其中规模以上企业 106 家，规模以下企业 437 家；个体工商户数近 2100 家，拥有喷水织机等无梭织机 4.4 万余台，产品主要为磨毛布、春亚纺、伞面绸、里子布、交织棉、五枚缎、浴帘布、遮光布、箱包布等系列产品 50 多种。夹浦镇是全国家纺面料、服装辅料、窗帘布的主要供应地之一，年产各类织物近 30 亿米，化纤丝近 60 万吨，印染布近 30 亿米。

近年来，夹浦镇以"纺织行业转型升级"为重点，根据 2019 年县政府出台《夹浦地区纺织行业转型升级实施方案》，明确了转型原则、内容、时间和路径。夹浦镇根据实施方案，加快"2+5+N"（即 2 个小微园、5 个集聚区以及工业园区内 N 个喷水织机集聚项目）建设改造进度，通过新增边界内容纳空间，逐步将边界外喷水织机散户集聚到"2+5+N"建设主体内，成为实现纺织行业高质量发展集群区域，2020 年纺织工业总产值完成近 221.9 亿元，占全镇的 93%；销售收入完成 210.8 亿元，占全镇销售收入的 92%；自营进出口完成 29 亿元，占全镇进出口的 100%，从业人员 3.1 万余人，占全镇从业人数的 92% 以上。连续几年被授予"中国长丝织造名镇"荣誉称号。

截至 2020 年 12 月，全镇已有喷水织机散户入园集聚 17079 台、新建织机联网 15897 台，加弹机清理、集聚 150 台，完成 47 家企业 63 个喷水织机公司化重组项目备案。长兴智慧纺织产业创新服务综合体完成省级创建，创新完成夹浦纺织小微产业园云平台建设，"一云服务多园多企"模式在全县推广，将成为全省"长兴县工业小微园与数字化转型示范"。

近年来，夹浦镇对全镇所有喷水织机全面整治提升，改造提标了 1 个污水处理厂、8 个中水回用站和 1 座印染废水预处理厂的建设，日处理能力 15 万吨，共改造总管路 320 公里，污水处理率达到 100%，中水回用率达到 100%。

全镇共有 4 个工业平台和"2+5+N"（即 2 个小微园、5 个集聚区以及工业园区内 N 个喷水织机集聚项目），总规划面积近 4 平方公里，入驻企业 482 家。全县唯一的长兴轻纺城落户于夹浦，目前已成功吸引县内外 268 家纺织企业入驻，已成为长兴县纺织产业的集散中心，更是连接县外大型纺织基地和市场的重要纽带。

"十四五"期间，夹浦镇将谋划转型升级新思路。纺织产业是夹浦主要产业之一，拥有 95 家规上织造企业、11 家规上印染企业，4.4 万台喷水织机，75% 以上的家庭从事纺织工业及配套服务。家庭织机收入是较大部分老百姓的主要收入，但家庭织机织造面临环境污染、安全生产、质量低档等多种问题，严重制约传统纺织行业健康发展。而如果采用"一刀切"全部关停家庭织机的做法也将影响数万群众生计。为此，浙江省智能制造专家委员会主任毛光烈于 2018 年多次到长兴、夹浦调研，为长兴县委县政府及夹浦镇提出了"家庭织机户集聚入园"的思路。2019 年 1 月，县委周书记召开"夹浦地区纺织行业转型升级动员会"，正式启动夹浦地区纺织行业转型升级。两年来，在省智专委的指导下，夹浦镇成功地打出了一套推动散户集聚、新建小微园、织机上楼、数字化改造的"组合拳"。

谋划散户集聚新出路。仔细谋划、反复论证，制订《夹浦地区纺织行业改造提升实施方案》，对村庄内家庭织机户给予三种路径：一是，对年老体弱等各种原因不愿经营家庭织造的，由织机户主动提出，实施织造产能市场化置换，由入园企业按照自身发展需要，通过出资置换产能；二是，通过现有 4 个工业园区闲置厂房盘活利用、园区企业"低改高"项目建设增加喷水织机容纳空间，吸纳喷水织机家庭户就近集聚入企；三是，通过探索新建"一园七点"纺织小微企业园，吸纳喷水织机家庭户整村集聚入园。

实现纺织产业集群数字化三大转型新模式，一是实现设备上云、织机联网数字化制造转型。打造小微园综合服务中心，以纺织云平台为载体，建立健全共享机制，实现纺织产业数字化管理，将全镇所有喷水织机接入智能一体化管理。二是实现产前、产中、产后全流程数字化转型。建立园区云平台，打通从物料供应、生产加工、产量计量、产品质检、成品入库、订单交付的全面数据，形成集群区域内企业、大户、家庭小户织机的接单、排产、精准分配加工业务、产能共享、利益按完成任务分享的全流程数字化管理的服务系统，为完善区域内产业链供应提供保障。三是实现消防、环保、治安管理服务数字化转型。园区云与小微园门禁探头、消防检测传感器、废水检测传感器实现在线联网，安装人员、车辆、物料、产品进出园区实现实时监控，废水废气废料排放处理及消防也实现实时监控报警，确保了园区内的治安安全、生产安全、生态环境的安全，实现了绿色制造、安全制造。

（七）浙江省绍兴市柯桥区

柯桥区是工业大区、纺织大区，纺织业是柯桥的支柱产业、母亲产业，经过多年发展，柯桥区纺织业不断发展壮大。自创建纺织产业集群试点地区以来，柯桥区进一步发挥产业集群优势，扩大产业规模，提升产业效益，助推纺织行业高质量发展。

截至 2020 年底，柯桥区集群内企业为 9000 余家，其中规上企业为 700 余家，约占全区规上企业的 2/3；集群内从业人员近 20 万人，全区实现规上大纺织业产值 1097.9 亿元，占规上工业产值的 52.78%；实现规上主营业务收入861.26 亿元，利润 66.48 亿元，有力地促进了全区经济社会的持续健康发展。全区年生产 PTA 122.36 万吨、聚酯 48.08 万吨、化纤原料 251.73 万吨、布4.95 亿米、印染布 191.48 亿米、服装 3630 万件，已形成 PTA、聚酯、化纤原料、织造、染整以及服装、家纺和轻纺市场等一条完整的产业链和市场产销体系。

"十四五"期间，柯桥区将进一步加快改造提升。开展全域印染企业对标提升工作，以智能制造、绿色发展为主攻方向，推动互联网、大数据、人工智能、创意设计与传统产业深度融合，努力以"创意+实体"领跑"印染+市场"。同时培育传统产业行业龙头企业，积极鼓励企业实施兼并重组，推动企业股改上市，培育行业龙头。

进一步推进平台做强。市场平台重在抓轻纺城"三次创业"转型升级，加快国际面料采购中心和现代物流城建设，加大力度引进高端设计、时尚创意等方面的机构、团队和人才，积极打造"时尚创意谷"，办精办好纺博会、时尚周、创意展，做到"月月有展会，天天秀时尚"。更好地依托浙江"千人计划"绍兴产业园、金柯桥科技城、纺织产业创新服务综合体、外国高端人才创新集聚区等平台的资源优势，大力提升科技创新能力，致力打造世界纺织科技中心。

（八）福建省晋江市龙湖镇

截至 2020 年底，龙湖镇集群内企业户数达到 482 家，完成工业总产值 428 亿元，主要产品为化纤长丝机织物（锦纶织物为主）、涤纶长丝、涤纶短纤、非织造布等，其中化纤长丝机织物产量为 34.4 亿米、涤纶长丝 96 万吨；集群内全部从业人员达 2.6 万人，集群全行业主营业务收入达 415.6 亿元，占全镇经济比重约 65%，被中国纺织工业联合会和中国长丝织造协会授予"中国织造名镇"荣誉称号。

"十四五"期间，龙湖镇将在中国纺织工业联合会的指导下，以转型升级引领纺织行业发展。

助力企业实施重点技改项目、省市重点项目建设，强化龙湖纺织行业绿色发展理念，引导纺织行业逐步向工业、交通、医疗等高端市场拓展延伸，打造集群完整产业链条，增加产业集群产品附加值。

加强技术创新驱动，引导企业与高校、科研机构、质检机构成立泉州市聚酯纤维产业创新联盟，联合攻关纺织产业共性技术问题，建设集检测、标准、研发于一体的技术公共服务平台，鼓励纺织企业开发家用纺织品、生物医用纺织、交通工具用纺织等多种功能性高端面料，鼓励企业申报中国驰名商标、福建省名牌产品等称号，打造名牌产品和著名商标。

三、新兴产业集群迅速崛起

化纤长丝织造行业具有产品应用广泛，市场需求量大，创新空间广阔的特点，是我国纺织行业中的优势行业之一。随着经济的发展，市场需求将逐年增加，产品应用范围也在逐步扩大。但江、浙、闽等东南沿海地区的土地供应、用工、用电等日趋紧张，企业开始寻找新的合适的投资地。

当前，苏北和中部地区正以土地、人力、电力等优势大力发展新兴产业，正需要像长丝织造这样的产业来繁荣当地经济。长丝织造具有产业投资省，市场潜力大的特点，是传统纺织转型升级的方向之一，也是可供贫困地区实施精准扶贫选择的优势产业之一。近几年来，已有苏州市吴江区、嘉兴市秀洲区等地的企业在苏北的泗阳县和大丰区、河南的太康县和淮滨县、安徽的郎溪县和涡阳县、江西德安县和万年县等地投资建厂，形成了新兴的产业集群。这些新兴长丝织造产业集群的兴起为行业发展带来了新的生机。

据中国长丝织造协会统计，截至 2020 年底，苏北、安徽、河南、湖北、江西等新兴产业集群喷水织机规模为 26 万台，占全国喷水织机总量的 37%，比去年提高了 8 个百分点。预计到 2021 年底，苏北及中部地区喷水织机的产能将达到全国总量的 45%，成为中国长丝织造产业可持续发展的重要力量。

当前，新兴产业集群正响应国家号召，按照布局合理、产业协同、资源节约、生态环保的原则，对产业集群进行规划布局和功能定位。各集群鼓励支持在集群内建设长丝织造产业园区、小微型企业创业创新基地等中小微企业创业创新集聚区，鼓励建设多层标准厂房，高效开发利用土地。新兴产业集群还将完善能源供应、给排水、排污综合治理等基础设施，鼓励企业采用节能减排新技术，加强节能管理和"三废"有效治理，推动行业科学有序地朝着绿色低碳的方向发展。

随着新兴产业集群的深入发展，全国将逐步形成东南沿海发达地区为高端生产、产品研发和市场销售中心，中西部地区为生产加工基地的新产业格局。

（一）河南省周口市太康县

太康县立足人力资源优势和纺织产业基础，着力培育纺织服装产业集群，引导集群向规模化、集群化、精细化、品牌化发展，实现了集群从小到大、从弱到强、从散到聚的嬗变。

产业集聚区规划总面积 23.35 平方公里，截至 2020 年底，集群已实现营业收入 306 亿元、利税 19 亿元、用电量 4.3 亿度、从业人员 5 万人，分别占集聚区工业比重为 72%、73%、76% 和 75%。先后荣获中国新兴纺织产业基地县、纺织产业扶贫先进单位、中国棉纺织名城、中国长丝织造产业基地、省二星级产业集聚区、省十快产业集聚区、省先进产业集聚区、省十佳创新型产业集聚区等荣誉。成功承办了 2016 年河南省产业集群区域品牌建设工作座谈会、2017 河南纺织高层论坛、2018 年中国长丝织造行业技术创新研讨会等大型行业会议。

"十四五"期间，太康县产业集聚区将重点打造六大园区，壮大产业集群。以润泰服饰为依托，形成女裤、休闲服、羊毛衫、户外运动服等多种服饰品种，打造全国有重要影响的润泰服饰产业园。以通泰纺织、万利源棉业为依托，形成纯棉纺、化纤纺、混合纺等多种纱线品种，打造全省纺纱规模最大的通泰纺织产业园。

以盛鸿纺织为依托，形成喷气织机、喷水织机、针织大圆机、非织造布等多种面料织造工艺品种，打造全省布料生产规模最大的盛鸿织造产业园。以天虹纺织为依托,建好平台吸引外来投资和返乡创业,打造中国太康长丝织造产业园。以中国太康家纺服装城为依托,打造连接东部、辐射中西部,全国有影响的家纺、服装线上、线下交易中心。以永锋染整为依托,建设现代绿色染整产业园。

以智能制造引领集群"三大改造"。落实智能制造和工业互联网发展三年行动计划及若干政策。开展关键岗位"机器换人"、生产线智能化改造、智能车间建设、智能工厂建设、企业上云等行动,培育形成一批智能制造标杆示范企业。引导和推动企业以市场为导向实施更大范围、更高层次的技术改造、绿色化改造。培育一批创新型企业,开发一批标志性新产品,推动产业向高端化、终端化、高效益发展。

(二) 河南省信阳市淮滨县

淮滨县位于河南省东南部,淮河中上游,总面积1209平方公里,人口78万人,辖15个乡镇、4个街道办事处。

淮滨县产业集聚区是全县纺织服装产业的重要载体和发展的主阵地,是河南省首批确立的180个产业集聚区之一,是信阳市首批晋升一星级的产业集聚区,规划面积14.86平方公里,建成区面积7.63平方公里。

淮滨县的化纤长丝织造产品有雪梨纺、单线格、乱麻、泡泡绉、泡泡格、四面弹等200多个种类,产品国内市场占有率达1.3%,省内约占25%。主要销往江苏、浙江、福建和广东等省,经印染后销往国内外。2020年实现产值90.17亿元,被中国纺织工业联合会授予"中国新兴纺织产业基地县""纺织产业集群试点地区"。全县拥有服装生产企业45家,主要有苏美达服装科技、君子林服饰、顺发羊毛衫、昊阳服饰等龙头企业,2020年产值26.94亿元。

发展平台方面。淮滨县规划建设了纺织创业园、临港纺织产业园、嘉兴纺织产业园、苏州纺织产业园、淮滨绣花产业园、浙商纺织工业园、巩义扶贫产业园等16个"区中园"项目,可以新上织机1万台以上。

延链补链方面。正在规划建设染整产业园,拉长纺织产业链条,实现坯布产品就地就近加工处理,为下游服装加工提供原料。

产业配套方面。目前拥有河南省化纤雨布工程技术研究中心、上海东杰高分子材料研究总部,建成投用中西部纺织服装交易中心、纺织检验检测中心,正在规划建设纺织创新大厦等。

一旦以上项目全部建成投用,淮滨纺织产业的吸附能力将更加强劲,基本实现上下游配套,淮滨将成为中西部地区最大的化纤纺织生产基地、纺织品贸易中心、原辅料供应中心,有力支撑信阳市打造千亿纺织服装产业集群,促进河南省乃至中西部地区纺织服装产业的发展。

（三）江苏省宿迁市泗阳县

泗阳县位于江苏省北部，东临淮安市，西接宿迁市，南濒全国第四大淡水湖洪泽湖，京杭大运河、徐盐高速、新长铁路、宿淮铁路穿境而过，属长三角经济区、淮海经济区、东陇海经济带交叉辐射区，素有"泗水古都、林海绿都、醉美酒都、百年纺都"之美誉。县域面积1418平方公里，总人口108万人，全县设11个镇、5个乡、3个街道、2个场（泗阳农场、泗阳棉花原种场）、一个省级经济开发区（江苏泗阳经济开发区）。

泗阳是明代纺织机的改革者卢廷兰的家乡，纺织历史悠久，底蕴深厚，纺织服装产业已成为泗阳第一大主导产业。自20世纪60年代上海中孚绢纺厂迁址泗阳成立地方国营泗阳绢纺缫丝联合厂（后改制为泗绢集团、苏丝股份）以来，历经数十年发展，到2020年底，已拥有蚕丝绢纺、棉纺、化纤纺织、服装生产等四个产业板块，集聚包括海欣纤维、恒天家纺、聚润纺织、四海伟业等龙头企业在内的100余家纺织企业，晨风服饰、千仞岗服饰等60余家服装企业，现有年可产差别化纤维50万吨、化纤面料20亿米、化纤类床上用品及服装2亿件（套），初步形成"聚酯—切片（熔体直纺）—纺丝（纺纱）—加弹—织造—印染—家纺/成衣成品"的完整产业体系，成为全国六大长丝面料生产基地之一。开发区先后被授予国家级知识产权试点园区、中国化纤长丝面料产业园、中国化纤功能新型面料生产研发基地、江苏省生态工业园区、信息化与工业化融合示范区、知识产权示范园区、纺织服装特色产业基地、先进纺织制造业基地、纺织服装百亿名镇（开发区）等荣誉。

为更好推动纺织服装产业高端化、功能化、特色化发展，打造国家级化纤精品特色产业基地，推动"打造千亿产业、培育百亿企业"目标加快实现，泗阳县在开发区规划建设了11.45平方公里精品化纤产业园，以实现泗阳县纺织服装产业集群化、规模化、高端化为动力，以补链、强链、壮链为抓手，快速形成龙头引领、产业配套、产供销一体化的协同产业链和现代产业体系。

作为泗阳经济开发区的配套园，位于泗阳县八集乡的泗阳绿色纺织产业园（八集）也是承接化纤长丝织造的好地方。

根据《泗阳县绿色纺织产业园（八集）产业发展规划（2019—2030年）》，到2030年，将实现新增喷水织机50000台，实现化纤长丝面料44亿米/年的生产能力。

（四）江苏省盐城市大丰区小海镇

小海镇位于江苏省盐城市大丰区中南部，是一个有着700多年历史的老集镇。全镇总面积 124 平方公里，人口 4 万人。辖 15 个行政村（居），94 个村民小组。

小海镇现代化纤纺织产业园占地面积规划 4 平方公里（6000 亩），现有标准厂房 52.12 万平方米，年产化纤丝 6000 吨、化纤长丝面料 5 亿米，其中功能记忆性服装面料 1.1 亿米，园区建成日处理 1.8 万吨污水处理厂，管网 22 公里，园区道路环园穿境，绿化率达 38%，园区企业与上海东华大学等实施产学研联合，申请专利和实用新型技术 60 多项。被中国长丝织造协会授予"中国长丝织造产业基地"的称号，是承接长丝织造产业转移理想的园区之一，未来发展前景非常广阔。

（五）湖北省黄冈市（罗田县、黄梅县、龙感湖管理区）

黄冈市，地处湖北省东部、大别山南麓、长江中游北岸、京九铁路中段，处于武汉城市圈核心集聚区内；辖七县、二市、一区；总面积 17453 平方公里；全市总人口 740.64 万人，常住人口 633 万人。

黄冈市罗田县位于湖北省东北部、大别山南麓，是大别山主峰所在地，北与安徽省金寨县交界。罗田县规划化纤长丝织造用地 1000 亩，企业主要是由曾在江苏、浙江等地纺织企业务工的罗田人返乡创业投资兴建起来的，产品以仿真丝面料和家纺面料为主。

黄冈市黄梅县地处鄂、赣、皖三省交界处，长江经济带、京九经济带在此交汇，是武汉经济圈、皖江经济圈、昌九经济圈的结合部，是长江中三角发展战略的黄金节点，大别山革命老区经济社会发展的试验区。正在建设中的合安九、黄黄两条高铁线路将黄冈、九江、安庆构成 30 分钟生活圈，与武汉、合肥、南昌行成 5 小时经济圈，立体交通网络已形成，承东启西，贯通南北。

黄梅县大胜关工业园位于黄梅县中部，规划面积 23.2 平方公里，已建成"五纵九横"的公路网络局，水、电、路、气等相关配套设施一应俱全。园区重点规划纺织服装、农副产品深加工、机械电子三大产业。目前，黄梅县纺织企业产品以羽绒服等服装面料为主，还有部分色丁、四面弹等面料。

黄冈市龙感湖管理区是鄂东门户，地处鄂赣皖三省交界，北邻安庆，南接九江，外倚黄黄高速、黄小高速、213 省道和黄金水道长江，西靠合九、京九铁路，区位优越，交通畅达，是承接江、浙等纺织产业转移的理想之地。

近年来，龙感湖管理区坚持以打造"百亿元产业区"为目标，加快湖北黄冈龙感湖经济开发区建设，着力构建特色纺织循环产业链。经过几年的努力，龙感湖的纺织产业特别是长丝织造产业取得了较快的发展，纺织企业如雨后春笋般在龙感湖落地。

（六）江苏省海安市

海安锦纶是我国锦纶产业发展较早的地区。近年来，产业集群发展呈现良好态势，产业规模逐步壮大，产业结构不断优化，产业层次持续提升，成为继福建长乐、浙江萧山后全国重要的化纤锦纶生产基地，"海安锦纶"全国知名。

目前，海安全市从事化纤生产的企业有200多家，其中亿元以上企业38家，10亿元以上企业4家，20亿元以上企业3家，100亿元以上企业1家。锦纶6聚合切片年设计生产能力100万吨，锦纶66聚合切片年设计生产能力20万吨，锦纶丝年产量40万吨，锦纶丝产量约占全国产量的1/8。200多家化纤企业中，其中锦纶6聚合企业3家，锦纶66聚合企业2家，锦纶6纺丝企业46家；锦纶6加弹企业37家；化纤制线企业56家，化纤织造企业68家，化纤行业主要产品有锦纶单丝、复丝、锦纶FDY丝、锦纶HOY丝、锦纶DTY丝、锦纶POY丝、锦纶HTY丝、石墨烯锦纶6切片、石墨烯锦纶6长丝、石墨烯锦纶6短纤、石墨烯锦纶混纺纱及服装等上百个规格品种，产品远销国内外，被广泛应用于民用、工业、军工等领域。

海安化纤产业主要以锦纶为主。目前，海安锦纶年产量已达到全国总产量的30%以上。在产业结构上，已由单一的纤维加工向聚合、纺丝、后加工多元化生产转变，同时积极向上游拓展纤维原料，向下游延伸制成品领域，不断拉长产业链；在工艺设备上，积极引进国际一流的PE、吉玛、伊文达等先进聚合设备和巴马格纺丝设备，加速从低速纺丝向高速纺丝发展；在市场开发上，由单一的国内市场为主转向国外市场渗透发展，不断拓宽销售渠道，提升市场影响力。

海安将以锦纶原料为基础，大力发展长丝织造产业，延长产业链，补齐发展短板和发展瓶颈。

（七）江西省九江市德安县

德安县位于江西北部、鄱湖之畔、庐山之南，名源于"德所绥安"，是昌九一体化的重要支点，素有"赣北通衢"之称。

现代纺织是德安县的传统产业，已有数十年的发展历程，主要包括纺织、服装加工和医用敷料三个区块，初步形成纺纱、织布、染整印花、服装加工和销售的完整产业体系。年产能达到服装2500万件，现代纺织产业实现规上工业主营业务收入近200亿元。

德安县将充分发挥自身优势，围绕高质量发展的目标，整合产业链，着力推荐纺织产业工业化、信息化及智能化，完善配套设施，延伸产业链，加强人才建设，致力于打造中部地区传统产业升级的示范区。探索形成区域互惠互利与共生共荣的区域经济发展新机制，力争将园区打造成体系完整、特色明显、富有影响力的国家级产业基地。

（八）安徽省亳州市涡阳县

涡阳县位于安徽省北部，淮北平原腹地，地处亳州市中心，有皖北门户之称。总面积2107平方公里，城区规划面积94平方公里。下辖20个镇、3个街道、1个开发区，总人口178万人（中国第四人口大县），是一代先哲老子的故里。

近年来，涡阳县以承接转移为机遇，带动纺织行业发展；以科技为先导，按照龙头企业带动，配套关联企业跟进，打造产业集群，形成产业基地。立足皖北，实现产业协同，加快产业升级，积极承接长三角、珠三角产业转移，按照"千亿工业，百亿产业"的要求努力打造百亿产值的织造科技产业园。

（九）安徽省六安市金寨县

安徽省六安市金寨县位于安徽省西部，大别山腹地，为鄂、豫、皖三省交界处。2019年9月，安徽省政府批准，金寨现代产业园区更名为安徽金寨经济开发区。

2017年以来，安徽金寨经济开发区已建成中祥、嘉盛、久盛、美自然、恒丰纺织产业园等9个纺织产业园，每个产业园都有标准化无水处理设施，每个产业园成立一家管理公司独立管理入园企业。目前，开发区9个纺织产业园中，已入园纺织生产企业130家。

金寨县吸引了大量来自苏州市吴江区和嘉兴市秀洲区等地的长丝织造企业前来投资创业。

（十）安徽省池州市皖江江南新兴产业集中区

皖江江南新兴产业集中区是安徽省委、省政府根据国务院批复的《皖南城市带承接转移示范区规划》，于2010年6月，设立的省市共建新区。地处池州市、铜陵两市之间，位于长三角、珠三角、武汉经济圈辐射中心地带。2小时经济圈覆盖合肥、南京、芜湖、黄山、九江等城市，4小时经济圈覆盖上海、杭州、南昌、武汉、徐州等城市，500公里半径范围内聚集了近5亿人口，GDP占全国近40%。

2018年起，皖江江南新兴产业集中区开始从嘉兴市等地引进化纤长丝织造产业。截至2020年12月，除古纤道纺丝织造一体化项目致力于打造成一个集聚合、纺丝、织造、染整、成品制造、展示交易、中央商务等于一体的智能纺织产业园，其他主要是化纤织造企业，少数为织造配套的工序，如整浆并、废丝再生利用等，各类企业用房、用地面积折合约4300亩，已引进化纤长丝织造企业 70 余家。

皖江江南新兴产业集中区的长丝织造企业以坯布销售为主，主要销往江苏和浙江等地，产品以箱包布、里子布、仿真丝面料为主。

下一步，皖江江南新兴产业集中区将立足纺织主导产业，将纺织产业打造为集中区的特色传统产业、人气支撑产业和最惠民生产业。以 3 万台喷水织机产能为基础，推动企业转型升级、技术改造，改变当前单一的喷水织造局面，逐步改善和丰富纺织产业生态，致力建成沿江地区集约化、智能化、绿色化的中度规模纺织全产业链园区，以打造百亿级现代化纺织工业基地。

四、长丝织造主要交易市场

（一）中国东方丝绸市场

中国东方丝绸市场创立于 1986 年 10 月，位于享有"日出万匹，衣被天下"美誉的中国绸都——盛泽镇，东临上海、西依湖州、北靠苏州、南连杭州，是中国最富庶的"长三角"的中心，中国最重要的纺织产业基地之一。

经过三十多年的发展，中国东方丝绸市场已成为国家级面料出口基地、国家外贸转型升级专业示范市场、全国诚信示范市场。

目前市场区域面积达到 6.2 平方公里，来自全国各地的 7000 余家丝绸化纤商贸企业云集场内，经营 10 多个大类、超万个品种的纺织品。"中国·盛泽丝绸化纤指数"被誉为行业的晴雨表，《中国纺织化纤面料编码（部分）》成为国家标准。2020 年东方丝绸市场交易额达 1279.49 亿元，已连续 8 年市场交易额突破千亿元。

中国东方丝绸市场正围绕产业形态打造现代化核心交易区，加快智能配套设施建设，实现智慧化转型；围绕产业需求打造高端平台配套区，支持各类时尚平台、高端创意研发机构以及各类设计师工作室、时尚创意设计类人才等落户盛泽，为纺织业创新注入新生动力；围绕区内人群打造现代时尚生活区，引进国家级时尚创意设计活动，完善时尚趋势发布配套设施与服务，推动"产业、市场、城市"同步发展。

（二）中国轻纺城市场

中国轻纺城坐落于浙江省绍兴市柯桥区，始建于 20 世纪 80 年代。40 年来，中国轻纺城从崛起到壮大，不断谱写"弯道超车"的传奇。依托柯桥雄厚的纺织印染产业基础，中国轻纺城成为享誉全球的国际性纺织品集散中心。

目前，中国轻纺城市场面积达 390 万平方米，拥有经营户 3 万余户，经营品种 5 万余种，销售网络遍布 192 个国家和地区，日客流量达 10 万人次，市场群年成交额近 2000 亿元。全球每年有 1/4 的纺织面料在此交易，与全国近 1/2 的纺织企业建立产销关系。

围绕"开放、时尚、智慧、高端"的发展定位，如今的中国轻纺城，积极加快新旧动能转换和高端纺织产业培育，探索推行个性化定制，加强知识产权保护，努力实现城市繁荣与市场发展同步推进，致力打造新时期国际纺织之都。

（三）叠石桥市场

中国叠石桥国际家纺城，位于素有"江海门户"之称的江苏省南通市海门区的西北角，是一个现代化、国际化家纺专业大市场，有"中国的法兰克福"美誉之称。市场先后荣获"全国文明诚信市场""全国家纺产品知名品牌创建示范区""国家重点培育内外贸结合商品市场""国家 4A 级旅游景区"等荣誉。

市场建筑面积约 100 万平方米，拥有 1 万多间商铺，经营 200 多个系列、560 多个品牌、1000 多种家纺产品畅销全国近 350 个大中城市，远销全球 5 大洲、130 多个国家和地区，全国市场占有率超 40%，2017 年市场线上线下成交额突破 1000 亿元，综合实力位居全国专业市场前列，先后得到了国家领导人的充分肯定与认可。园区最大的优势是靠江靠海靠上海，大桥大港大平台，与上海直线距离仅 60 公里，正全面进入"面向世界、通江达海、接轨上海"的崭新阶段。

（四）南方纺织城市场

嘉兴·中国南方纺织城位于王江泾镇内，始建于 1987 年，主营化纤原料、服装辅料和纺织面料，现有经营户 336 户，是全国现代纺织物流示范平台和浙江省重点专业市场，也是中国纺织工业联合会、中国纺织信息中心命名的"现代纺织物流示范平台"，浙江省三星级文明规范市场。2020 年实现市场交易额 80 亿元。

（五）长兴县轻纺城市场

长兴轻纺城位于长兴县夹浦镇中心，总建筑规模 20.6 万平方米，由三大功能板块构成，分别为高品质住宅与综合配套区、精品写字楼、专业展示及交易市场区。在整体功能上，集合了商业贸易、展示、商务办公、技术研发、生活居住及日常消费等全方位业态，包括家纺产品展示区、面料展示区、原料交易区、坯布交易区、纺机及配件区五大交易区。目前，已入驻纺织企业 218 家。

（六）汉正街市场

汉正街市场，位于武汉市，是"汉派"商业文化的发祥地。改革开放 30 多年来，汉正街从恢复时的一条不足 200 米的街市，发展成为方圆 1.67 平方公里的商贸区，56 个室内市场经营面积 80 余万平方米，个体工商户由 103 户发展到

15000 多户，经营品种由单一经营的小百货，发展到服装、副食、家电、鞋类、塑料、文化用品等 10 个专业大类个品种，汉正街市场商品价廉物美，有国内外 2000 多个品牌的华中或湖北地区总代理，辐射河南、河北、山西、山东、陕西、四川、贵州、湖南、湖北、江西、安徽、重庆等 11 省 1 市。走进汉正街，就是走进"买全国、卖全国"的小商品批发集散中心。这里的商品汇集各地精华，物美价廉，琳琅满目。

目前，汉正街市场化纤长丝织物年采购量超过 300 亿元的交易规模，产品包括羽绒服、夹克、窗帘、布艺等，已成为化纤长丝织物重要的销售市场。

行业运行篇

第八章　中国长丝织造行业经济运行分析

2020年既有惊心动魄的风云突变，又有豪情万丈的砥砺前行。新冠肺炎疫情蔓延全球，我国率先实现疫情防控，经济运行逐季改善、逐步恢复常态。全年GDP总量首次超过100万亿元，比2019年增长2.3%，在全球主要经济体中是唯一实现经济正增长的国家。

面对突如其来的新冠肺炎疫情、世界经济深度衰退等多重严重冲击，我国纺织服装行业面临诸多困难挑战。长丝织造产业坚持深化转型升级，努力化解疫情带来的风险冲击，主动适应"双循环"下新发展格局，主要运行指标降幅持续收窄，全年经济运行实现承压回升。具体分析如下：

一、企业效益逐步修复，生产经营压力仍在

国内疫情暴发初期，整个纺织行业的生产经营节奏被打乱。随着经济生活有序恢复，产业循环保持顺畅，纺织企业经济效益在经历年初大幅下滑后，呈现稳步修复、逐季改善的态势。据国家统计局统计，2020年我国规模以上纺织全行业营业收入同比下降8.8%。从分行业来看，我国规上化纤织造及印染精加工业营业收入同比下降10.2%，其中，化纤织造业营业收入同比下降10.4%；染整加工业营业收入同比下降9.2%。

从盈利水平来看，2020年我国规上纺织全行业利润总额同比下降6.4%，利润率为4.6%。从分行业来看，我国规上化纤织造及印染精加工业利润总额同比下降26.2%，利润率为3.1%，较去年同期的3.8%下降0.7个百分点。其中化纤织造加工业利润总额同比下降25.9%，利润率为2.9%，较去年同期下降0.6个百分点；染整加工业利润总额同比下降27.2%，利润率为4.2%，较去年同期下降1个百分点。

随着效益修复，长丝织造行业企业运行质量较年初有所改善，但经营压力仍然较大。2020年，规模以上化纤织造加工业亏损面为18.5%，较去年同期扩大了8个百分点，亏损企业亏损额同比增长52.1%；总资产周转率和产成品周

转率分别为 1.0 次/年和 7.8 次/年，同比分别放缓 11.9%和 20.8%。

2020 年，我国规上化纤织造加工业三费合计同比下降 3.4%，三费的降幅低于营业收入降幅，表明企业有许多固定支出并不会随销售收入的下降而减少。三费支出中，销售费用和管理费用同比下降 4%和 9.4%，但财务费用支出却是同比增加了 11.7%，这在一定程度上反映了企业存在库存高、资金占用多、融资增加、金融风险提升的问题，见表 8-1。

表 8-1 2020 年我国化纤织造加工业主要经济指标汇总表（规模以上）

指标名称	2020 年累计/亿元	2019 年累计/亿元	同比/%
营业收入	1286.04	1435.26	−10.40
营业成本	1156.53	1293.35	−10.58
三费合计	73.00	75.55	−3.37
利润总额	37.16	50.14	−25.90

资料来源：国家统计局

二、全年产量减少，生产降幅明显收窄

据中国长丝织造协会统计，截至 2020 年底，我国长丝织造行业织机规模达到 75 万台，其中喷水织机 68 万台，同比增长 6.3%。2020 年全年我国化纤长丝织物总产量达到 520 亿米，同比下降 5.5%。由图 8-1 可知，这是十年来我国长丝织物产量增速的首次下降，这主要是受疫情影响，需求不足导致的。但是织机规模不断扩大，产能尚未完全释放，2021 年，随着疫苗大面积接种和疫情消退，国内外需求回升，将会拉动化纤长丝织物产量进一步提升。

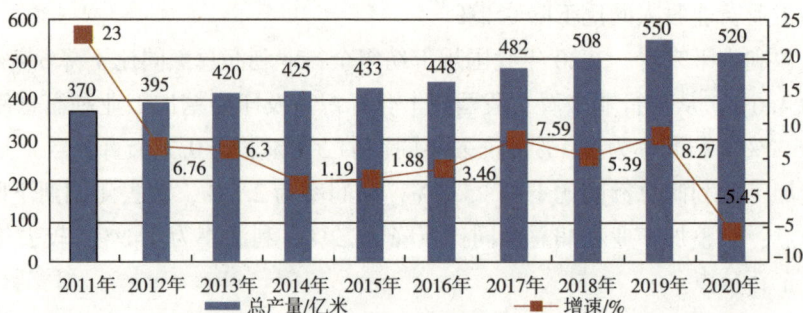

资料来源：中国长丝织造协会

图 8-1 2011~2020 年中国化纤长丝织物产量及增速

由表 8-2 可知，据各集群地区统计，2020 年全年盛泽、长兴、秀洲、龙湖、泗阳、平望、七都、柯桥、大丰小海九地化纤长丝织物产量累计为 311.4 亿米，同比下降 5.9%，生产降幅较一季度收窄 15.7 个百分点。龙湖、泗阳、七都表现亮眼，产量逆势增长。后疫情时代，家纺终端相对于服装终端来说，展现出了更强的韧性，以窗帘等面料为主要产品的泗阳和七都都实现了产量增长。2020 年冬季温度较低，也促使防寒服面料加足马力生产，龙湖地区产量同比增长。

表 8-2　2020 年我国主要长丝织造产业集群化纤长丝织物产量表

集群名称	产量/亿米	同比/%
盛泽	93.52	-5.09
长兴	74.00	-12.94
秀洲	20.23	-4.94
龙湖	37.12	3.68
泗阳	18.62	8.20
平望	41.36	-11.38
七都	3.33	49.10
柯桥	18.78	-0.40
小海	4.46	-15.00
合计	311.43	-5.87

资料来源：各产业集群

三、疫情冲击长丝织物进出口

海关快报数据显示，2020 年 1~12 月我国纺织品服装出口 2912.2 亿美元，同比增长 9.6%，增速高于 2019 年 11.1 个百分点。其中在口罩等防疫物资的带动下，纺织品出口 1538.4 亿美元，同比大幅增长 29.2%，占全行业出口总额的比重由上年的 44.3% 大幅提升至 58.2%；服装出口 1373.8 亿美元，同比下降 6.4%。

（一）长丝织物出口量价齐跌

2020 年一季度以来，全球疫情的持续蔓延给长丝织造行业出口带来严峻挑战。据海关数据统计，2020 年我国长丝织物出口共计 126.4 亿美元，同比下降 17.9%；累计出口 149.2 亿米，同比下降 13.2%。全球疫情确诊人数已超一亿，世界经济萎靡，需求严重不足，长丝织物出口受阻。

就长丝织造行业出口产品分类来看，2020 年，我国锦纶长丝织物累计出口 4.1 亿米，同比减少近 30 个百分点；涤纶长丝织物累计出口 129.1 亿米，同比下降 13.4%。

由表 8-3 可知，2020 年我国化纤长丝织物出口平均价格 0.9 美元/米，同比下降 5.4%，其中，锦纶长丝织物出口价格为 1.5 美元/米，同比增长 16.3%；涤纶长丝织物出口价格为 0.8 美元/米，同比下降 6.0%。锦纶长丝织物出口单价上涨说明我国中高端锦纶织物逐步得到国际认可。涤纶出口单价下跌的原因一方面是由于原料价格下降、面料成本低；另一方面则反映了全球需求不足。

表 8-3　2020 年我国长丝织物累计出口情况表

名称	出口金额/亿美元	同比/%	出口数量/亿米	同比/%	平均价格/（美元·米⁻¹）	同比/%
长丝织物	126.42	−17.88	149.16	−13.15	0.85	−5.44
锦纶长丝织物	6.17	−16.73	4.05	−28.38	1.52	16.27
涤纶长丝织物	106.28	−18.59	129.10	−13.35	0.82	−6.04

资料来源：中国海关

（二）长丝织物进口降幅明显

据中国海关统计，2020 年我国化纤长丝织物累计进口额 9.6 亿美元，同比下降 30.1%。其中，锦纶长丝织物累计进口 2.7 亿美元，同比下降 34.2%；涤纶长丝织物累计进口 4.3 亿美元，同比下降 30.4%。

从进口价格来看，2020 年我国化纤长丝织物进口价格同比上升 5.4%，有小幅增长；锦纶长丝织物进口量价齐降，这说明随着我国锦纶生产能力的提升，国内产能基本实现自给自足，锦纶长丝织物产品的数量和质量正在逐步满足国内市场需求。另外也可能与国外疫情暴发，产业链、供应链受阻，生产力不足有关。但从涤纶长丝织物来看，2020 年平均进口价格达 2.5 美元/米，同比增长 14.6%，这表明我国在涤纶高档织物的研究领域仍有较大的提升空间，国内企业需要加大产品研发力度，提高产品档次，以便满足消费者更高层次的需求，见表 8-4。

表 8-4　2020 年我国长丝织物累计进口情况表

名称	进口金额/亿美元	同比/%	进口数量/亿米	同比/%	平均价格/（美元·米⁻¹）	同比/%
长丝织物	9.60	−30.09	4.90	−33.67	1.96	5.40

续表

名称	进口金额/ 亿美元	同比/%	进口数量/ 亿米	同比/%	平均价格/ （美元·米⁻¹）	同比/%
锦纶长丝织物	2.66	−34.19	1.95	−33.85	1.37	−0.52
涤纶长丝织物	4.27	−30.35	1.71	−39.21	2.49	14.57

资料来源：中国海关

四、内销市场持续回暖

2020 年一季度，国内疫情暴发初期，实行居家隔离、减少社交等防疫措施使纺织服装类非必需商品内需消费出现大幅下滑。二季度以来，疫情防控进入常态化，经济生活逐步恢复，国家各地相继出台了多项促进消费的政策，纺织行业内需市场逐季改善。据国家统计局数据显示，2020 年全国限额以上单位服装鞋帽、针纺织品零售额同比减少 6.6%，降幅较前三季度收窄 5.8 个百分点；网络零售规模恢复更为迅速，到 7 月底全国网上穿类商品零售规模已超过上年同期水平，全年同比增长 5.8%，增速较前三季度加快 2.5 个百分点。我国纺织品内销市场需求持续回暖，居民消费欲望稳中有升。

五、原料价格震荡

图 8-2 展示了我国化纤长丝、棉花、PTA 期货及布伦特原油一系列原料的价格走势。2020 年初，国际原油价格暴跌，聚酯市场大幅下挫，PTA 上涨动力缺乏，成本支撑塌陷，涤纶长丝价格一再探底，价格重心不断下滑。之后开启波动上涨。下半年，随着全球疫情初步得到控制，需纺织需求逐步回暖，原料价格缓步回升。

六、后市展望

2020 年，面对严峻复杂的国内外环境，中国长丝织造行业承压发展。2021 年初，织造企业迎来了产销两旺的良好态势，但原料价格上涨、疫情变化和外部环境的不确定性等使企业对后市的发展持谨慎观望态度。但危中有机，如何在风险中创造机遇，就需要企业家增强敏锐嗅觉，紧跟原料和国内外消费市场，抓住发展契机。

（一）防范金融风险

2020 年底到 2021 年初，疫情向好预期及"通胀"时代带来的炒涨行情，国际油价震荡上行，主要化纤长丝单价持续走高。自 3 月下旬以来，染厂在原料

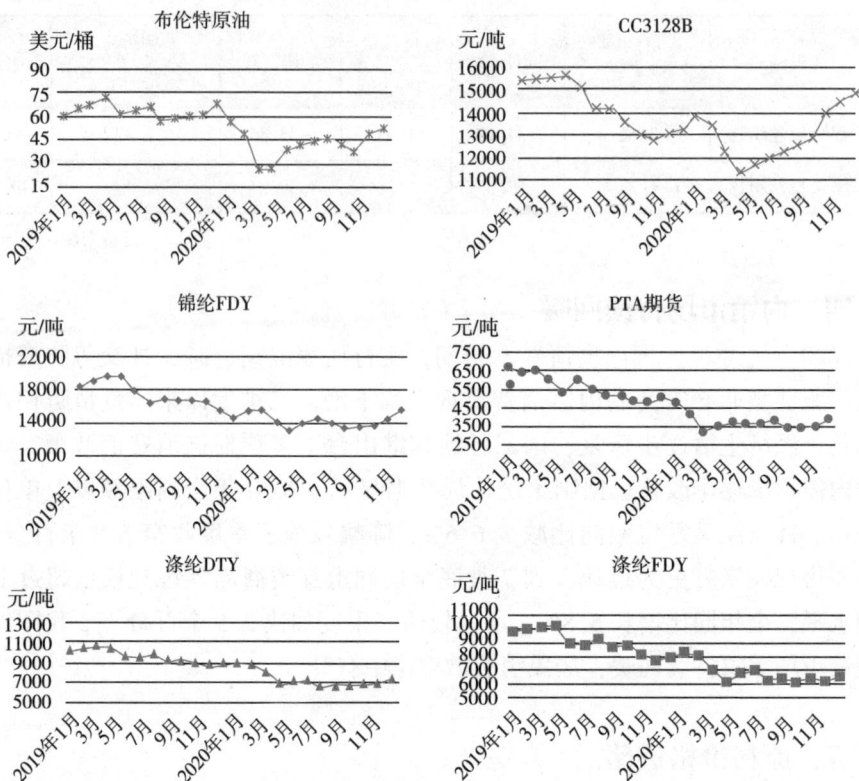

资料来源：中国绸都网

图 8-2　2019~2020 年我国化纤长丝、棉花及布伦特原油价格走势图

成本和订单激增的支撑下，全面提升了加工费。原料价格和染费的上涨导致织造企业成本不断提高，下游客户又难以接受提价的现实，让面料企业深陷"腹背受敌"的窘境，织造企业的利润空间受到进一步挤压；加之担心后期原料价格继续上涨，许多织造企业不敢接大单、长单，导致多数企业存在焦虑情绪。

长丝织造行业企业需密切关注原料、染费等成本端价格变化，以销定产，小步快跑，避免盲目生产，警惕现金流断裂，防范化解金融风险。

（二）RCEP 值得关注

2020 年 11 月 15 日，第四次区域全面经济伙伴关系协定领导人会议举行，东盟十国以及中国、日本、韩国、澳大利亚、新西兰 15 个国家，正式签署区域全面经济伙伴关系协定（RCEP），标志着全球规模的自由贸易协定正式达成。此前，中国已经与东盟十国组建了自由贸易区，中国—东盟自贸区零关税已经覆盖了双方 90% 以上的税目产品。2020 年我国对主要贸易伙伴进出口实现增长，东盟首次成为我国第一大贸易伙伴，与我国进出口增长 7%。RCEP 的签署表明各成员均承诺降低关税、开放市场、减少标准壁垒，发出了反对单边主义和保护主义的强烈信号，有力支持了自由贸易和多边贸易体制，有助于对全球经济形成正向预期，拉动全球经济疫后复苏。对于纺织服装行业而言，RCEP 被认为将加速纺织服装供应链的全球布局，各个成员国在该产业供应链各个环节的分工合作将更加明确，也将更加稳定。目前，中国已经完成 RCEP 核准，成为率先批准协定的国家。长丝织造行业企业应主动了解相关政策，争取搭乘政策快车，利用区域要素优势，充分发挥自己的优势，共享开放红利。

（三）主动适应双循环

2020 年网络电商、直播带货、远程试穿等线上新型消费模式不断推广发展，缩短了纺织服装产业供应链。随着我国疫苗接种人数的不断增加，国内对纺织品服装的市场需求被进一步挖掘，巨大的消费潜力终将释放。长丝织造行业企业要牢牢把握此次机会，开拓多元化市场、调整产品结构、培育自主品牌，积极使用现代技术拓展网络订单，拓宽销售渠道；利用好内需市场，主动适应以内循环为主的国内国际双循环发展格局，以高质量发展满足人民日益增长的美好生活需要。

2021 年是"十四五"规划的开局之年，也是全面建设社会主义现代化国家新征程开启之年。长丝织造企业需重点关注终端需求的恢复情况、重视内需市场，主动适应双循环下新发展格局和高质量发展新阶段；注重技术创新和产品开发，为纺织强国、科技强国建设贡献自己的力量。征途漫漫，唯有奋斗！

第九章　中国化纤行业运行分析

2020年，受新冠肺炎疫情的严重影响，化纤行业运行面临的风险和考验加大，行业经济效益和运行质量同比明显回落。原油价格暴跌叠加市场需求低迷，化纤市场价格总体在低位运行；海外疫情形势严峻，我国进出口化纤产品数量均有明显减少；但随着国内疫情形势好转，全产业链加快推进复工复产，纺织终端需求逐步回暖，化纤行业经济运行也呈现回升态势，生产增速稳步回升，主要经济运行指标降幅持续收窄。但也要看到，行业企业生产经营压力尚未完全缓解，发展信心仍然不足，效益及投资尚未扭转负增长态势。

一、2020年化纤行业运行基本情况

（一）生产情况

2020年化纤产量达6025.12万吨，同比增长3.40%（表9-1）。其中，涤纶、锦纶、维纶、氨纶实现正增长，分别同比增长3.89%、3.87%、11.06%、14.44%；黏胶纤维和腈纶呈现负增长，同比分别减少4.11%和5.12%。

表9-1　2020年中国化纤产量完成情况

产品名称	2020年产量/万吨	同比/%
化学纤维	6025.12	3.40
其中：黏胶纤维	395.47	-4.11
涤纶	4922.75	3.89
锦纶	384.25	3.87
腈纶	55.03	-5.12
维纶	8.33	11.06
丙纶	41.22	-2.19
氨纶	83.20	14.44

注　涤纶短纤中包含部分再生涤纶短纤，涤纶长丝中包含部分加弹产品。

资料来源：中国化学纤维工业协会、国家统计局

分月来看，化纤产量同比增速呈回升态势（图 9-1），尤其是下半年化纤企业生产状况持续向好，化纤产量同比增速在 1～9 月实现由负转正，并在全年实现同比正增长 3.40%。

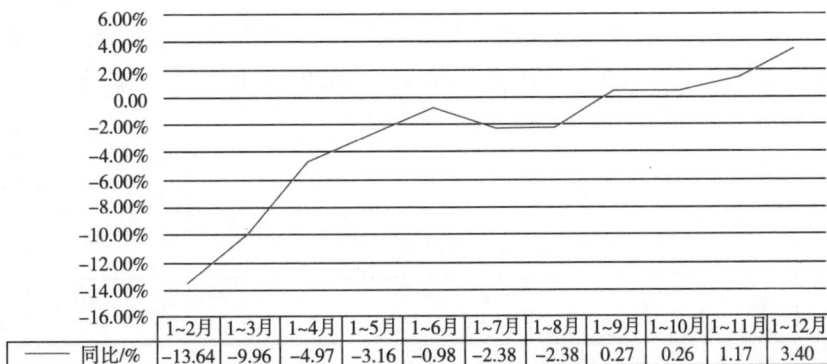

	1～2月	1～3月	1～4月	1～5月	1～6月	1～7月	1～8月	1～9月	1～10月	1～11月	1～12月
同比/%	-13.64	-9.96	-4.97	-3.16	-0.98	-2.38	-2.38	0.27	0.26	1.17	3.40

资料来源：国家统计局、中国化学纤维工业协会

图 9-1　2020 年化纤产量同比增速变化

（二）进出口情况

2020 年化纤进口量为 75.9 万吨，同比减少 17.30%。除氨纶进口量同比增长 5.16% 外，其他主要产品的进口量均同比下降（表 9-2）。2020 年化纤出口量为 466.06 万吨，同比下降 7.92%。其中，涤纶长丝、黏胶短纤、氨纶及腈纶的出口量实现同比正增长。

表 9-2　2020 年化纤主要产品进出口情况

产品名称	进口量			出口量		
	2020 年/吨	去年同期/吨	同比/%	2020 年/吨	去年同期/吨	同比/%
化学纤维	759222.8	918051.2	-17.30	4660622.1	5061681.4	-7.92
其中：涤纶长丝	87358.4	111345.2	-21.54	2743378.7	2721434.1	0.81
涤纶短纤	187481.0	219377.0	-14.54	806468.7	994699.5	-18.92
锦纶长丝	63145.9	87776.6	-28.06	248971.3	270431.5	-7.94
腈纶	67798.7	89540.5	-24.28	31052.2	25771.2	20.49
黏胶长丝	3545.1	4666.3	-24.03	73472.1	89320.4	-17.74
黏胶短纤	151155.5	227932.8	-33.68	378414.9	365414.9	3.56
氨纶	29425.7	27981.7	5.16	78498.5	74001.4	6.08

资料来源：据中国海关数据整理

（三）市场情况

从原料端来看，2020 年一季度，原油价格战叠加疫情导致的需求下滑，国际油价出现暴跌，4 月史无前例的跌成负数；之后开始向上震荡修复，三季度基本保持平稳，11 月初开始逐渐上涨，OPEC+的减产政策及沙特额外减产，美国政府实施大规模刺激计划，支持美国经济和需求改善等多重因素利好国际油价持续上涨。但从全年来看，2020 年油价均价远低于 2019 年（图 9-2）。

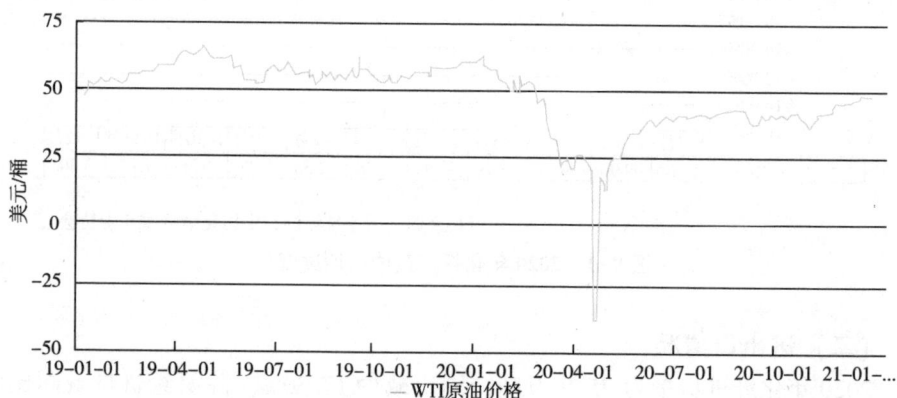

资料来源：中纤网

图 9-2　2019~2020 年 WTI 油价走势图

受原料价格下跌和需求不足的影响，全年来看，化纤市场总体价格重心明显低于 2019 年。一季度，随着原油价格暴跌，化纤产品失去成本支撑；之后随着原油价格的修复，化纤市场逐步企稳，但需求不足仍是行业面临的最大问题，三季度化纤市场表现基本平稳；自 9 月中旬开始，在国内经济回升、拉尼娜导致冷冬需求增加、双十一订单需求提前启动、印度等地订单大幅转移等下游利好的情况下，化纤市场出现"金九银十"行情；之后经过短暂的回落调整，四季度末，在成本推涨、需求良好、库存低位等利好的基础上，加之化纤产品价格长期处于低位，企业效益较差甚至亏损，市场有强烈的反弹需求，因此化纤产品价格开始反弹回升（图 9-3~图 9-7）。

（四）运行质效

2020 年，化纤行业经济运行同比明显下降，国家统计局数据显示：1~12 月，化纤行业营业收入为 7984.2 亿元，同比下降 10.41%；实现利润总额 263.48

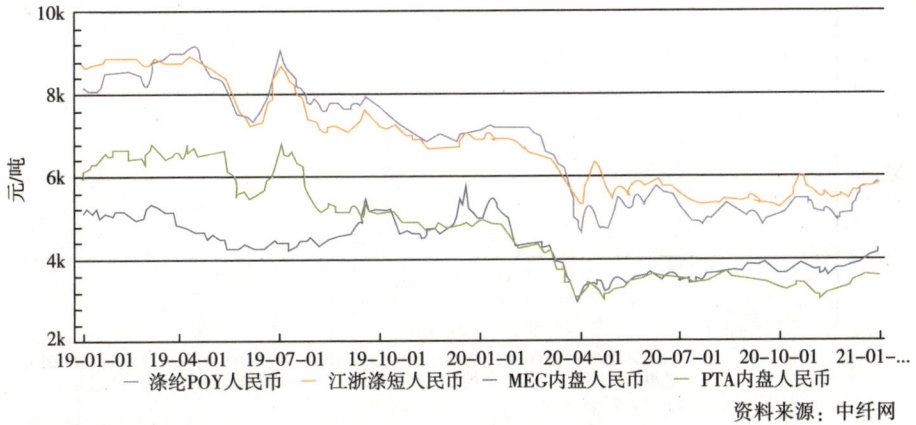

资料来源：中纤网

图 9-3 2019~2020 年涤纶及其原料价格走势图

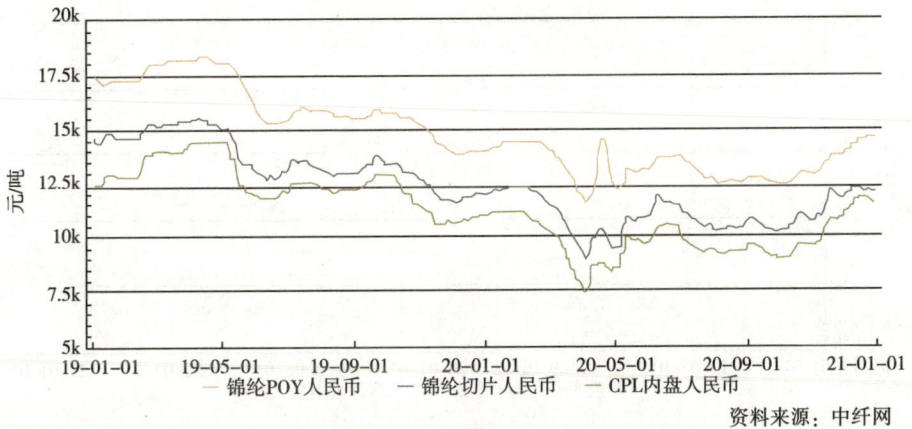

资料来源：中纤网

图 9-4 2019~2020 年锦纶及其原料价格走势图

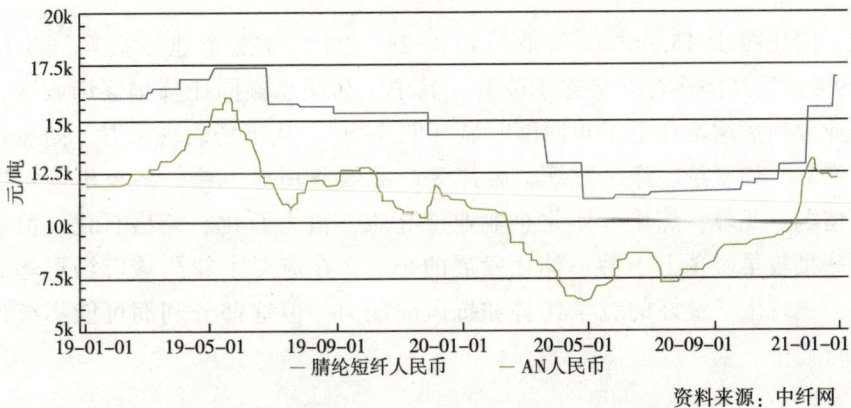

资料来源：中纤网

图 9-5 2019~2020 年腈纶及其原料价格走势图

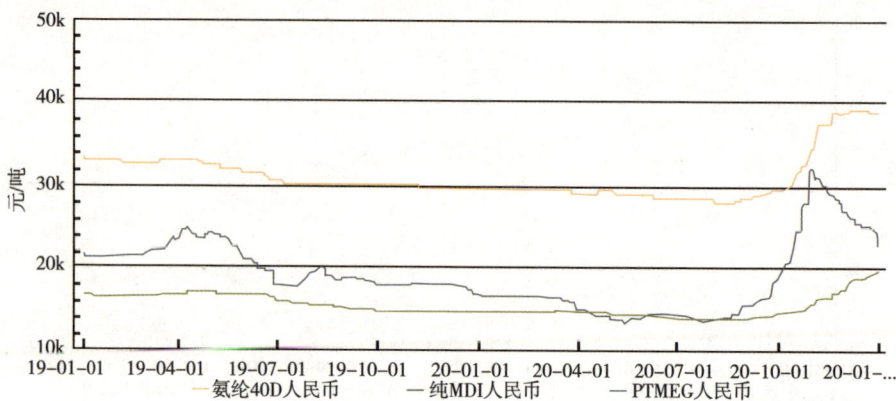

资料来源：中纤网

图 9-6　2019~2020 年氨纶及其原料价格走势图

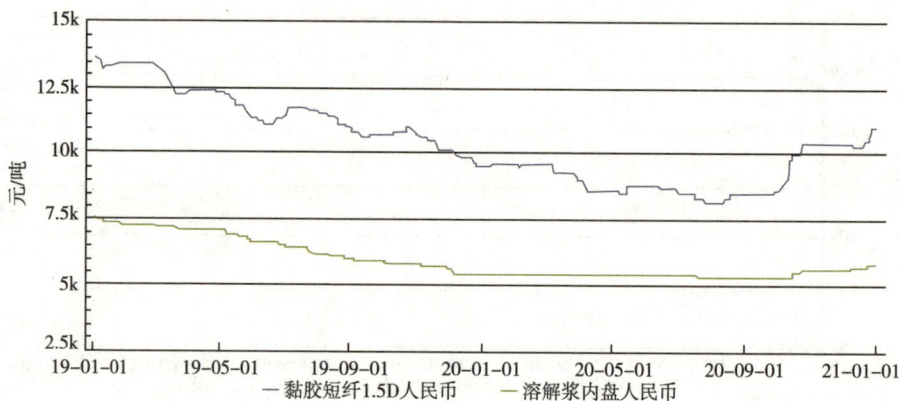

资料来源：中纤网

图 9-7　2019~2020 年黏胶短纤及其原料价格走势图

亿元，同比减少 15.06%。行业亏损面 28.72%，亏损企业亏损额同比增加 22.99%。但经济运行态势逐季改善，其中，利润总额同比降幅逐渐收窄，亏损企业亏损额增幅在下半年回落明显（图 9-8）。从市场表现来看，防疫物资相关产品，如氨纶、涤纶短纤、瓶片等产品效益相对不错，甚至出现短期缺货的情况。此外，炼化一体化企业业绩亮眼，恒力石化、荣盛石化、恒逸石化等一批较早实现上下游一体化发展的企业，在应对本轮严峻市场形势的过程中，表现出了良好的竞争优势和抗风险能力，但这部分利润可能不统计在化纤行业中。

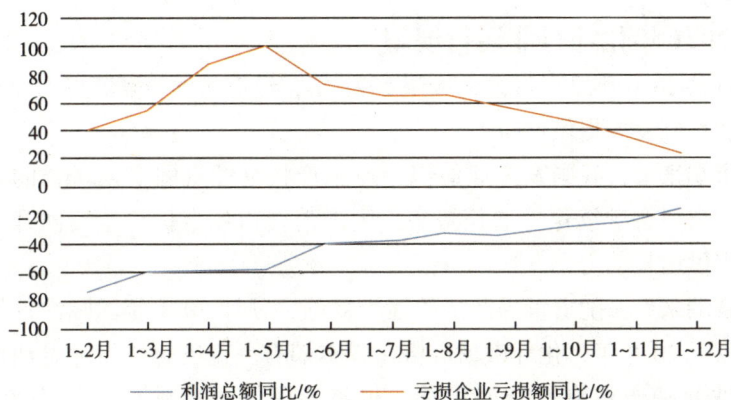

资料来源：国家统计局

图 9-8　2020 年化纤行业利润总额和亏损企业亏损额同比变化

2020 年化纤行业运行压力较大，主要运行质量指标较 2019 年明显下滑，但呈逐步改善的态势。盈利能力有所下降，营业收入利润率为 3.3%，同比降低 0.18 个百分点；发展能力受到影响，营业收入增长率同比下降 14.41 个百分点；营运能力不及 2019 年同期，应收账款周转率、产成品周转率、流动资产周转率及总资产周转率均同比下降；三费比例同比上升 0.26 个百分点。

（五）固定资产投资

新冠肺炎疫情叠加行业景气度下滑，企业投资意愿下降，投资规模有所缩减，部分项目产能投放进度推迟。根据国家统计局数据，2020 年化纤行业固定资产投资额同比减少 19.4%（图 9-9）。

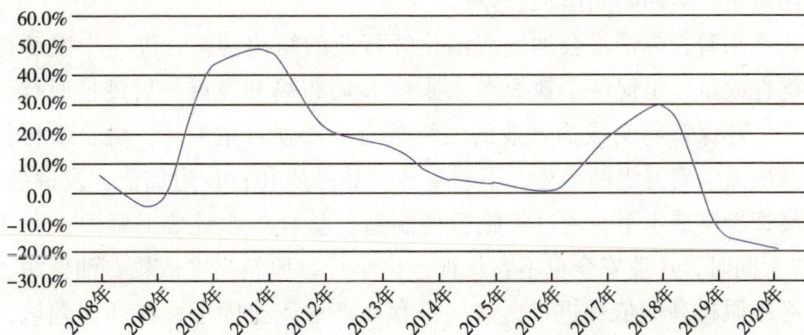

资料来源：国家统计局

图 9-9　2008~2020 年化纤行业固定资产投资增速变化

二、2021 年化纤行业运行展望

最困难的 2020 年已经过去，展望 2021 年，经济的逐步复苏将为化纤行业的持续恢复和稳健发展提供保障。

从需求端来看，我国及全球纺织行业生产将继续巩固恢复增长的态势，我国纺织服装出口会继续保持增长势头，国内消费市场也仍将持续回升，这将为化纤行业提供增长动力。

从原料端来看，随着世界经济的逐步复苏，预计 2021 年国际油价的价格中枢将明显高于 2020 年，化纤市场价格在成本端有一定支撑。但随着油价的持续升高，全球原油产量有增产的可能，也将会限制国际油价上行高度。此外，2021 年我国聚酯原料 PX 和 PTA、MEG 仍处于高扩产周期，国内 PX 和 MEG 供应短缺的矛盾将有所缓解，PTA 供应将保持宽松，这都会在一定程度上对冲油价走高带来的成本支撑，并且产业链利润将由原料端向后道转移。

从行业新增产能来看，2021 年仍是化纤行业特别是聚酯涤纶产能集中投产期，产能矛盾会阶段性凸显，需求的增长能否有效消化产能的增长还有待观察。而且新增产能大多集中在化纤龙头企业，这也会造成龙头企业规模化成本优势进一步巩固，会一定程度上加剧对其他企业的挤出效应。

总体判断，2021 年化纤行业将会继续处于复苏周期，但过程不会是一帆风顺的，市场波动性可能会增加。预计化纤产量、经济效益等运行指标将会明显好于 2020 年，但由于 2020 年上半年基数较低，下半年持续恢复，因此 2021 年行业各项指标增速将会呈现出明显的前高后低走势。出口方面，由于疫情全球大流行的风险正在降低，纺织服装市场需求回升，国际物流正在较快恢复，预计化纤出口量将会回归到增长态势。

从长远来看，疫情将会加速我国化纤行业的结构调整，进一步推动行业供给侧结构性改革，也促使企业思考未来应如何布局和发展。后疫情时代，"创新、安全、环保"将会成为行业的关注重点。加强自主创新，融合新材料、新技术以及内需消费升级的趋势，不断提升产品品质和科技附加值，发掘新需求，同时提高智能制造水平，通过实施智能制造，整合产业链数据资源，实现"万物互联"；同时，产业安全也不容忽视，化学纤维原料高度依赖石油资源、再生纤维素纤维原料高度依赖进口，这些都存在产业安全隐患；在环保领域，我国提出"在 2030 年前碳排放达到峰值，努力争取 2060 年前实现碳中和"的目标，将会进一步推动和加快化纤行业的绿色转型与升级步伐。

学术成果篇

第十章　学术论文

军用涤纶长丝面料热转移印花及功能性整理研究

顾　浩，方娟娟

（浙江盛发纺织印染有限公司，浙江 湖州，313109）

摘　要：介绍涤纶长丝面料分散染料热转移印花工艺，包括工艺流程、主要技术创新、产品应用等方面。阐述涤纶长丝面料阻燃涂层整理技术，并讨论阻燃剂用量、涂层增重量对整理效果的影响。总结防热红外侦察整理、防雷达波侦察整理、多功能迷彩面料生产及要点。文章表明，化纤长丝纺织产品的发展与国防建设是密切相关、相互促进、相辅相成的。以化纤长丝为基材生产的系列化军用产品是建设强大国防的重要保障。不断深化化纤长丝面料的功能性深度加工具有非常重要的意义。

关键词：涤纶长丝；军用面料；分散染料；热转移印花；阻燃整理；防热红外整理；防雷达波侦察

在军队中，纺织品是除武器装备外的第二大军用物资，单兵、武器等诸多方面都离不开纺织品。从军事斗争需要和科学技术发展现状看，军用纺织品的未来发展方向在于突出战场防护的功能性，服装面料的多纤维化，穿着必须满足舒适、健康和智能化的要求。因此，新型军用纺织品的开发对纺织工业的结构优化和产品升级起到十分重要的促进作用。化纤长丝类军需纺织品涉及布、绳、带、线、特种防护材料等众多领域，新技术、新材料在纺织防护装备制品上的应用愈来愈多。形成了从原料到成品、从技术到设备、从产品到标准、专利到全产业链产业化创新体系，为国防建设提供有力的保障，受到部队官兵欢迎。本文介绍了化纤长丝类功能纺织品生产技术与军事装备相互关系，为业内企业开拓军工纺织品市场提供相应参考。

1. 涤纶长丝面料分散染料热转移印花

分散染料热转移印花具有耐日晒、耐水洗、色牢度高、色彩丰富等特点。该印花工艺较传统的网印工艺在图案花色的丰富程度、层次的清晰度、色彩的鲜艳度以及耐水洗牢度、耐日晒牢度、耐摩擦牢度和手感、环保方面都有大幅度的提高，是目前军品面料主要的印花方式。

热转移印花是根据分散染料的升华特性，将分子量为 250～400、颗粒直径为 0.2～2.0μm、可在 210～230℃升华的分散染料制成"油墨"，再将"油墨"印到特制的转印纸上，然后将印有花纹图案的转印纸与面料在转移印化机上施加一定压力、温度，相贴接触处理一定时间后，使转印纸上的分散染料转移到涤纶面料的纤维内部，从而达到印花的效果。

通过金属微纳米材料与蒽醌—苯并蒽酮—吖啶多环系光活性材料的协同技术转印，结果表明，在温度 220～230℃，时间 25～30s 条件下，转印深度 L 值最佳，分散染料大分子能够充分地从转印纸转移到涤纶纤维的深处并固着。在转移过程中，印花温度提高及转印时间适度的延长，也有助于分散染料充分渗透到纤维的深处，使分散油墨迷彩印花织物的耐光牢度达到 5 级以上，不产生游离现象。再以有机硅修饰防水层整理，提升了纤维的防水和抗撕裂效果。

1.1 热转移印花的工艺流程

工艺流程：图案设计→图案分色→通过电雕机把花型分别雕刻在凹版上→以花回周长制成凹版滚筒→在印制机械上采用以分散染料制成的油墨把图案印到纸上→烘干即成为热转印纸。热转移印花具有生产效率高、节水、节能，符合清洁化生产的要求。

1.2 主要技术创新点

对分散染料的结构遴选和改性，染料表面纳米改性再分散技术，提高转印油墨在高强纤维面料得色量及色牢度；金属防红外纳米涂层材料修饰和金属微纳米材料光活性材料与有机硅修饰防水的协同技术；涤纶高强长丝织物前处理改性技术和两步法热转移印花技术。

1.3 产品应用

涤纶长丝面料分散染料热转移印花在军工产品中的应用见图1。

2. 涤纶长丝面料阻燃涂层整理

2.1 阻燃剂的选择

选取阻燃剂 RF-601、RF-6606、RF-6604、RF-603A-2、十溴二苯醚+三氧化二锑等 5 种阻燃整理剂，分别和油性 PU 胶以 1∶1 进行拼混，用刮刀在布

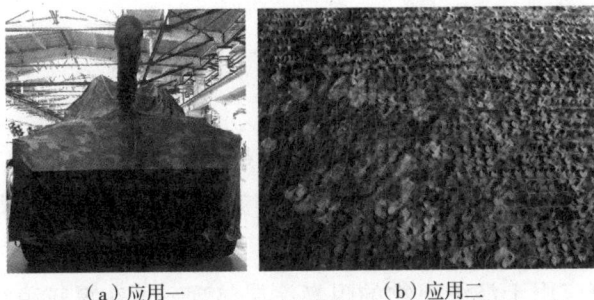

（a）应用一　　　　　　　　（b）应用二

图1　涤纶长丝面料分散染料热转移印花在军工产品中的应用

面刮涂两刀，第一刀为阻燃整理剂+PU 底胶，第二刀为 PU 面胶，刮涂后在
140℃温度下焙烘 1min，然后测试其克质量，以增重量达到一定克质量为基准，
最后测试阻燃效果及静水压，结果见表1。

表1　阻燃整理剂比较试验及结果

阻燃 剂型号	种类	增重/ $(g \cdot m^{-2})$	续燃/s	阴燃/s	损毁长度/mm	静水压/kPa
RF-601	磷氮系	48	10	0	120	18
RF-603A-2	氮系	52	5	0	110	23
RF-6604	磷氮系	49	12	0	130	17
RF-6606	磷氮系	51	0	0	125	20
十溴二苯醚+三氧化二锑	卤系+无机	49	2	0	100	19

表1 的试验结果显示，RF-6606、十溴二苯醚+三氧化二锑复配体系等阻燃
剂效果较好。考虑成本及对其他因素，选定阻燃整理剂品种为 RF-6606。

2.2　整理工艺

采用涂布法对涤纶长丝面料进行阻燃涂层整理，将阻燃剂加入溶剂型 PU 胶
内进行混合，以刮刀涂布法的加工方式进行。

工艺流程：面料前处理→染色（印花）→定形→防水→轧光→刮涂含阻燃
整理剂溶剂型 PU 底胶→刮涂阻燃整理剂溶剂型 PU 中胶→刮涂溶剂型 PU 面
胶→检验→打卷包装→成品。厚重面料涂底后需再次压光，以增强涂层面的平
整效果。

工艺参数：

焙烘温度　　　　　　　　　　　　140~150℃

焙烘时间   1~1.5min

分次对织物进行涂层,成品增重率从   40~60g/m²。

2.3 产品测试

燃烧性能按 GB/T 5455—1997《纺织品燃烧性能试验垂直法》测量续燃时间、阴燃时间、损毁长度等参数。B1 级:续燃时间≤5.0s,阴燃时间≤5.0s,损毁炭长≤150mm。

阻燃涂层胶应用于涤纶织物的阻燃涂层整理,可获得较稳定的阻燃效果,且整理后的织物无发白霜花问题,耐洗性好。该整理方法常使用于武器盖布、帐篷、伪装网等面料的涂层整理。

2.4 阻燃剂用量对织物整理效果的影响

控制其他条件不变,讨论阻燃整理剂 RF-6606 的用量与 PU 胶两者的关系对阻燃整理效果和水压的影响,并确定其最佳用量,结果见表2。

表2 阻燃剂用量对织物整理效果的影响

阻燃剂用量/%	续燃/s	阴燃/s	损毁长度/mm	静水压/kPa
20	21.0	0	180	23
30	13.6	0	170	23
40	6.2	0	155	25
50	0	0	130	20
60	0	0	120	19

由表2可知,阻燃效果随着整理剂用量的增加而逐步提高,当阻燃剂用量达到40%时,其阻燃效果已接近达到工艺要求。当阻燃剂用量继续增加时,虽然满足阻燃效果,而静水压却开始有所下降,故当阻燃剂用量占 PU 胶的50%左右时,织物的阻燃效果及其水压均能达到较高的水平。

2.5 涂层增重量对整理效果的影响

在阻燃整理剂用量选定的前提下,通过试验来确定其最佳的涂层增重量,试验结果见表3。

表3 涂层增重量对整理效果的影响

增重量/(g·m⁻²)	续燃/s	阴燃/s	损毁长度/mm	静水压/kPa
30	6.2	0	165	23

续表

增重量/（g·m⁻²）	续燃/s	阴燃/s	损毁长度/mm	静水压/kPa
40	0	0	150	20
50	0	0	130	30

由表3可知，阻燃胶增重量对织物阻燃效果影响显著，同时对织物静水压有一定的作用。当织物增重达到40g/m²以上，面料离开火源基本难以燃烧，具有较好的阻燃效果。

2.6　产品应用

涤纶长丝面料阻燃涂层整理织物的应用见图2。

（a）应用一　　　　　　（b）应用二

图2　涤纶长丝面料阻燃涂层整理织物的应用

3. 防热红外侦察整理

热红外辐射又称热辐射，是自然界中存在最为广泛的辐射。大气、烟云等能够吸收可见光和近红外线，但是对3.0~5.0μm和8.0~14.0μm的热红外线却是透明的，因此，这两个波段被称为红外线的"大气窗口"，利用这两个红外窗口，即使在完全无光的夜晚也可清晰地观察到战场对方准备的状况。

3.1　接近背景的红外特征

任何物体只要温度高于绝对零度，都会辐射出红外线，要防止被热红外侦察，就要设法使目标的红外特征尽量接近于背景的红外特征，在热红外侦察下难以把目标与背景物体区分开来。

由于一般军事装备的辐射都强于背景，所以目前最有效的方法就是对覆盖于装备上面料进行防热红外整理，使装备表面的温度尽可能接近背景的温度，降低目标的红外发射率，减小目标被侦察到的概率。

3.2　降温涂料

通过选择合适的树脂、金属微粉、无机颜料、微泡剂等材料制取高反射率涂层隔热降温涂料，涂层后可以降低面料或装备因红外线强烈辐照所引起的升温，阻止热传导。反射率越高，发射率就越低，隔热效果也越好。从而保证目标在热红外侦察下具有隐身功能。特别是在涂料中加入片状金属铝浆、金红石型钛白粉、玻璃空心微珠等填料，可以增加材料的不透明效果。材料的不透明效果越好，不透明表面对红外线反射率越高，吸收率越低，隔热效果越好。但金属材料必须进行选择，过量的添加金属材料也不利于防雷达侦察。

金红石型钛白粉具有高消色力、高遮盖力、高反射率，随着用量的增加，涂层面的反射率上升，用量为15%时达到最高值。钛白粉通常用于面料底面涂层。试验表明，片状抛光铝浆降低红外发射率的效果好。当鳞片状铝粉粒径在40.0~45.0μm时，其发射率较小，铝浆通常和色浆分次用于表面涂层。

3.3 提升装备安全保障

防热红外线面料除了必须满足规定的热红外线发射率指标，还需具备一定的导电、阻燃、透湿、防霉、耐寒、防盐雾，与使用环境相适应的颜色等功效，以此进一步提升装备使用的综合保障性能。

3.4 颜料调配

在生产防热红外迷彩涂层面料时，要对加入的颜料进行选择。对于调配丛林绿色系列时，可以选择氧化铬绿、钴绿、钴蓝、中铬黄、氧化铁红、铁黄和红光黑等反射率高的颜料进行调配，以满足绿色系列斑块满足规定的反射率通道指标，和自然生态中绿色植被相仿；在调配沙土色、褐土等颜色时可以添加遮盖力好的钛白粉、氧化铁红、铁铬棕、铁锰棕等颜料。值得注意的是调褐土色可以选择高反射率黑色颜料，以防止褐土颜色反射率指标偏低。产品应用见图3。

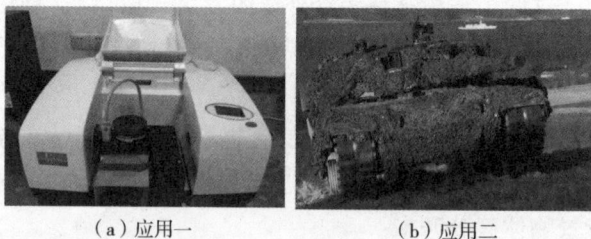

（a）应用一　　　　　　　（b）应用二

图3　防热红外侦察整理织物的应用

4. 防雷达波侦察整理

4.1 雷达波侦察原理

雷达波侦察是向一定空间方向发射高频电磁波，通过接受反射电磁波信号探测目标物的方位。如果能降低雷达接收器接收到的反射波能量或者减少反射波，使接收到的信号无法被识别，那么就起到了雷达隐身的目的。

4.2　雷达隐身材料

所谓雷达隐身材料能够吸收或者透过雷达波，减少目标散射的物理量，当目标的散射截面 RCS 越小，侦察雷达接收到的能量越小，因而使敌方侦察雷达难于对己方目标作出正确的判断，从而达到隐身目的，所以防雷达侦察的装备常以涂覆吸波材料为主。

4.2.1　吸收型隐身材料

金属磁性超细镍粉是吸收型隐身材料，通过工艺涂层使吸收的电磁波能量在涂层内部不断消耗或转换，同时不产生明显的温度上升，可以减少物体热辐射能量，最终达到隐身的目的。所选镍粉比表面积大，颗粒表面原子相对增多，可以有效地衰减电磁波；又由于微粒具有磁性，因此增强了与电磁波相互作用、可以提升衰减电磁波的效果。碳化硅是属于电损耗型吸波材料，可与金属磁性超细镍粉混合作为复合涂层材料使用，可以使电损耗和磁损耗功效增强。

为了提高吸波效果，除将磁损耗型吸收剂与介电损耗型吸收剂材料混合搭配使用外，增加复合材料的界面和涂层厚度使电磁波在行程中被反复的吸收、反射、折射、散射，形成复杂的折射、反射波干涉叠加现象，以增强涂层材料对电磁波的衰减作用，从而提升材料的吸波性能。同时需要认真研究粉体材料的粒径、复合比例、电磁参数、材料刮涂厚度与吸波效果之间的关系，以此获得最佳配伍性能的宽频谱吸波材料。

4.2.2　复合材料

传统的 PU 树脂复合材料存在介电常数小、导电性差等问题。因此，对树脂复合材料进行表面处理，使其具有导电、质轻、黏附强度高、耐腐蚀、耐老化、成型工艺简便等优点。导电涂料由合成树脂、导电填料和溶剂配制而成，将其涂覆于基材表面形成一层固化膜，从而产生导电效果，且具有成本低、导电性好、应用方便等特点，导电银粉的导电性优良，但配胶后易沉淀。铜、镍的导电性能与银相近，价格比银低得多，但易氧化，导电性不稳定，耐久性差。所以选择合适的导电材料非常关键。在导电涂料涂层中，只有当导电粒子的填充量达到某一特定值时，才能形成电流流经的通道，涂层才具有导电性，此特定值称为渗流临界值。在导电填料含量低于渗流临界值时，载流子被绝缘性聚合物包覆，无法形成电子流通的通道，当导电填料的体积分数达到渗流临界值时，导电粒子相互接触而导通，涂层面的电阻明显下降。引入纳米级碳系复合材料，碳系复合材料本身具有较强的导电、导热传特性，具有高效的吸波性能，调节涂层的表面电阻率，且属于轻质类吸波材料。

涂层的表面电阻率与其雷达波反射特性直接相关，表面电阻率越低，雷达波反射越强，随着涂层浆中碳系导电填料量的增加，表面电阻率逐渐降低。但导电填料添加量过高，虽然导电性越好，但涂层面牢度变差；所以导电填料用量及吸波材料、PU胶的比例尤为关键。但同时又要注意涂层厚度对吸波性能的影响。

4.3 雷达隐身效果表征

表征雷达隐身效果的指标有很多，最常用的是电磁波反射率。假设从雷达发射器发射出来的电磁波的功率为 P_i，经过目标后反射回来的电磁波功率为 Pr，那么功率反射率就为 $R_p = P_r / P_i$，很明显雷达隐身要求反射率要小。为了便于比较，通常用以分贝（dB）为单位的反射率 R 来表示，其中 $R = 10\lg R_p$。这样，由于功率反射率都小于 1，所以 R 为负值。因此，对于特定的目标物，希望其反射率 R 值越小越好。

测试平板反射率最常使用弓形法，其原理是在相同波长和极化条件下，同一功率的电磁波从一定角度入射到雷达吸波材料的表面和测试铝板表面，雷达吸波材料和铝板镜面反射的功率之比定义为反射率。弓形法测试原理及实物如图 4 所示，产品应用见图 5。

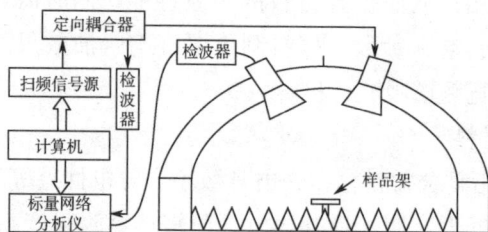

（a）弓形法测试原理

（b）实物一

（c）实物二

图 4　弓形法测试原理及实物

（a）应用一　　　　　　　（b）应用二

图5　防雷达波侦察整理面料的应用

5. 多功能迷彩面料生产及要点

5.1　迷彩伪装色涂层整理

迷彩伪装色涂层为可见光与光学迷彩涂层，迷彩涂层是由几种颜色的迷彩斑块混合而成，具备能够歪曲、改变目标的外形轮廓特征，可以产生视觉混乱。除满足防目视侦察、近红外侦察功能，还同时满足在"大气窗口"有较低的发射率，增强防热红外线侦察的功效，涂覆在基布一面。

迷彩斑块采用以无机、有机颜料刮制，深浅颜色相搭配，斑块面积大小需和作战环境相适应。在涂层胶中加入阻燃剂、反射材料、玻璃微珠等，使辐射能量在涂层内部消耗或转换而不引起明显的温升，满足热红外高反射低发射需求，增强伪装功效。

5.2　防雷达波侦察面料生产

吸收型防雷达侦察面料是采用可以吸收雷达波材料，将其附着于面料上，通过吸波材料内部的电导损耗、高频介质损耗和磁损耗，将入射的电磁波吸收或被散射，减少雷达回波强度，使雷达无法探测到伪装面料下武器装备的真实形状，从而达到使目标隐身的效果。

将面料经过切花等工艺制成伪装饰片，由于花瓣在空间取向的随机性，类似于光学中使镜面反射变为粗糙面散射的状况，可起到减弱雷达回波的作用。防雷达侦察面料要满足目视隐身、雷达隐身、阻燃等伪装要求和相应的物理、化学指标。

5.3　伪装网的生产要点

5.3.1　生产工艺

涤纶长丝面料多功能防侦察面料及伪网装生产流程：

织布（含特种丝）→ 前处理→定形→两面分别进行不同功能的涂层（色浆+PU胶+功能材料）→定形→切边→拼色→缝制 →切花→编网

5.3.2 技术要点

技术要点如下：将多种无机功能性颜料+阻燃 PU 胶按照 GJB 1082—1991《伪装网用颜色标准》的色度、近红外亮度因素及光谱反射曲线进行配制，涂层在面料正面；把含有一定数量的可以形成磁损耗且以复合材料形式存在的磁性纳米材料（炭黑、铁氧体、氧化石墨烯、硅粉、镍粉、铜粉、铝粉等）与阻燃 PU 胶进行拼混，分次涂覆在面料反面；将面料经过拼色、缝制、切花等工艺制成伪装饰片，由于花瓣在空间取向的随机性，类似于光学中使镜面反射变为粗糙面散射的状况，也可起到减弱雷达回波的作用。

5.4 多功能防侦察面料产品检项目

多功能防侦察面料产品检验项目包括克质量、密度、拉伸强度、撕破强力、盐雾试验、耐刷洗牢度、耐皂洗牢度、耐摩擦牢度、耐高低温性能、耐光牢度、沾水等级、耐静水压、可折叠性、连续波屏蔽效能等内容必须达到相关指标。

5.5 生产产品效果

多功能迷彩面料见图6。

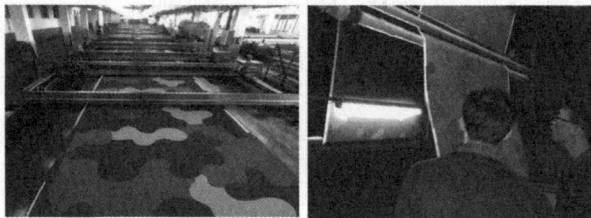

（a）应用一　　　　　　　（b）应用二

图6　多功能迷彩面料

6. 结束语

军用纺织产品主要指各种武器的罩衣和野营帐篷、物资盖布、伪装网等装备。随着国际上各种军事装备的竞争，高技术侦察手段的应用，这就要求我们与时俱进，不断提升军用面料的功能。生产服用性良好的多功能伪装面料，有助于保障国家和人民的安全。加强对我方人员的人身防护，提升战斗力。

参考文献

[1] 顾浩. 涤纶户外休闲面料染色、印花及功能性整理 [J]. 针织工业，2012（3）：44-49.

[2] 李鹏飞，顾浩，谢孔良，等. 双面涂印伪装阻燃面料的开发 [J]. 纺织导报，2018（8）：64-66.

［3］孙瑞聪，赵伟伟，顾浩，等．涤纶长丝军用迷彩近红外防护功能面料的印花［J］．印染，2017，43（1）：19-23.

（本文获得"荣意来杯"2020年化纤长丝织物产品开发优秀论文一等奖）

基于磷酸酯的阻燃涤纶织物的研发

王　钟[a]，刘宗法[a]，戴顺华[b]，戴　烨[b]，戴　恒[b]

（苏州大学纺织与服装工程学院，江苏 苏州，215100
湖州纳尼亚实业有限公司，浙江 湖州，313102）

摘　要：以聚乙烯醇（PVA）和从植物中提取的一种环境友好且具有高含磷量的天然有机磷酸类化合物——植酸（PA）为原料，N-甲基吡咯烷酮（NMP）为溶剂，合成了一种新型磷酸酯阻燃剂 PA—PVA，通过红外光谱、热重分析、极限氧指数仪对其结构和性能进行了表征，然后通过在涤纶织物上进行阻燃整理并测试其性能。结果表明：聚乙烯醇和植酸通过酯化反应合成了直链型的磷酸酯（PA—PVA），PA—PVA 的 LOI 高达 35.8%，在 600℃ 时，其残炭率为 10.9%，表明制备的样品在燃烧过程中放热较慢，阻燃性能优异，用于涤纶织物阻燃整理后，能有效提升阻燃性能，可以有效提升自身乃至织物的保护性。

关键词：烯醇；植酸；磷酸酯；阻燃；涤纶

随着社会的发展和科技的进步，合成高分子材料的研究得到蓬勃发展，但是大多数高分子材料都存在易燃的缺点，这对人们的生命及财产安全造成了巨大威胁[1-2]，严重阻碍了高分子材料在生活中的发展和应用。通常通过添加阻燃剂来提高材料的阻燃性能，使其获得需求的阻燃属性[3]。传统的卤素阻燃剂阻燃性能好、价格低，但是由于卤素燃烧所产生的有毒的卤化氢气体和不可降解性，无法实现日益增长的环保要求。基于绿色环保的要求，研发环境友好型的无卤阻燃剂具有相当重要的意义[4]。磷系阻燃剂因其耐热性能好、挥发性低等优点，成为科研人员的研究热点[5-6]，其中有机磷系阻燃剂品种繁多，具有高效、无毒等优点，被公认为替代卤系阻燃剂的品种之一[7]。

植酸是从植物中提取的一种环境友好、无毒且具有高含磷量的天然有机磷酸类化合物[8]，作为可再生的生物材料，适应了人们的需求并且正被不断地开发与研究。植酸以其纯天然、无公害、无污染的环保优势，广泛应用于食品、医药、油漆涂料、日用化工、金属加工、纺织工业、塑料工业等行业领域[9]。

本文以天然含磷生物质植酸和聚乙烯醇为原料，通过酯化反应合成了一种新型环保的磷酸酯阻燃剂 PA—PVA，对其化学成分和性能进行了表征，研究了其结构、热稳定性能和极限氧指数，探究其改善材料阻燃性能的可行性。通过在涤纶织物上涂覆后，对织物的阻燃性能进行分析和探索。

1. 实验部分

1.1 实验材料和仪器

药品：聚乙烯醇（PVA，工业级，苏州格瑞特医药技术有限公司），植酸（PA，生物试剂，苏州科塞恩生物科技有限公司），N-甲基吡咯烷酮（NMP，分析纯，苏州格瑞特医药技术有限公司），4-二甲氨基吡啶（DMAP，分析纯，上海泰坦科技股份有限公司），N，N'-二环己基碳二亚胺（DCC，高纯试剂，江苏氩氪氙材料科技有限公司），无水乙醇（江苏氩氪氙材料科技有限公司），涤纶织物（吴江福华织造有限公司）。

仪器：BSA224S 电子天平（赛多利斯科学仪器有限公司）；DF-101S 集热式恒温加热磁力搅拌器（巩义予华仪器有限公司）；TG16G 离心机（盐城市凯特实验仪器有限公司），HD101A-2 电热恒温鼓风干燥箱（南通宏大实验仪器有限公司）；DZF-6050 真空干燥箱（郑州亚荣仪器有限公司）；傅里叶红外光谱仪 Nieolet5700（美国默赛飞公司）；Diamond 型 TG-DTA 热分析仪（美国 PerkinElmer 公司）；FTT0080 氧指数仪（英国 FTT 公司）。

1.2 磷酸酯的合成

量取 80 mL NMP 缓慢倒入梨形烧瓶内，然后称量 2.8 g 聚乙烯醇加入其中，室温下持续搅拌 30min，而后加热至 90℃，冷凝回流 60min，使聚乙烯醇充分溶解。取出梨形烧瓶，在室温下静置 2 h，聚乙烯醇无析出。称取 2 g 植酸加入烧瓶内，然后加入催化剂 DMAP 和吸水剂 DCC，在 70℃条件下反应 3 h，而后停止反应，取出溶液。将反应后的溶液倒入烧杯中，按照反应溶液与乙醇 1：3 的体积比向烧杯内缓慢加入乙醇，然后放在室温下静置 3 h，溶液中有大量絮状物析出。离心得到乳白色胶状物体，然后在 50℃鼓风干燥箱中预烘 5 h，再置于 80℃真空烘箱中干燥 8 h，得到白色固体产物，产率为 86.3%。

1.3 磷酸酯的成分测试

样品无须处理，直接在全反射傅里叶红外光谱仪上测定产物的红外光谱图，测试的波数范围为 500~4000cm^{-1}，分辨率为 4cm^{-1}，次数为 16 次。

1.4 磷酸酯的热稳定性测试

使用 Diamond 热重差热综合分析仪（TG/DTA）对磷酸酯的热稳定性能进行测试，氮气氛围下，测试温度范围为 20~650℃，升温速率为 20℃/min，气体流速为 10mL/min。

1.5 磷酸酯的极限氧指数（LOI）测试

采用 FTT0080 氧指数仪对磷酸酯的极限氧指数（LOI）进行测试。根据《橡胶燃烧性能的测定》（GB/T 10707—2008）制作样品和测试，样品裁剪为 80mm×6.5mm×3.0mm 进行极限氧指数测试。氧指数升高值约为 1%/次，至延续燃烧为止。

1.6 阻燃涤纶织物的制备及性能测试

涤纶织物为市售涤纶产品，斜纹组织，经纬纱的线密度为 2.7tex×3.3tex，经纬密度分别为 1146 根/10cm、757 根/10cm。

使用浸渍烘干法，涤纶织物分别浸渍于 5%或 10%（质量分数）的阻燃剂溶液 30min，而后烘箱中烘干，反复 5 次，制得不同增重的阻燃涤纶织物。对其进行极限氧指数测试和完全燃烧现象观测。

2. 结果与讨论

2.1 磷酸酯的成分

图 1 为磷酸酯的红外光谱图，3322cm^{-1} 对应的是产物中—OH 特征吸收峰，C＝C 的伸缩振动峰在 1645cm^{-1} 处，1213.82cm^{-1} 和 940.52cm^{-1} 分别是磷酸酯中 P＝O 和 P—O—C 的伸缩振动峰，1112.61cm^{-1} 为 C—O 的伸缩振动峰，743.17cm^{-1} 是 P—O 的伸缩振动峰。与 PVA 红外数据相比，增加的 P＝O、P—O—C 以及 P—O 伸缩振动峰表明目标产物为所设计的磷酸酯结构。

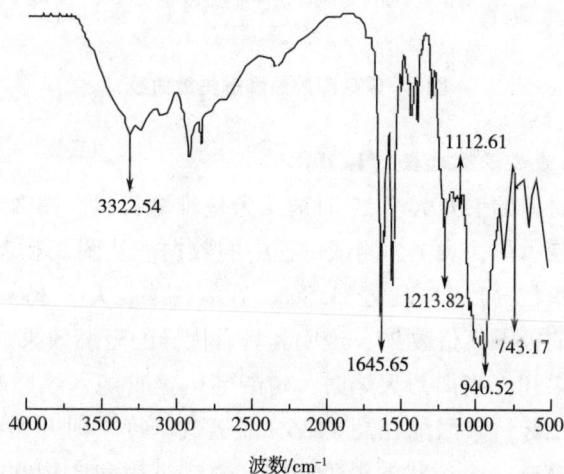

图 1　磷酸酯的红外光谱图

2.2 磷酸酯热稳定性能

热稳定性反映了高分子材料耐热降解或老化的性能，是材料成型加工和使用过程中的重要参数。图 2 为磷酸酯在氮气氛围下热降解失重曲线。从图中可以看出，磷酸酯的热失重主要分为三个阶段。第一阶段发生在 100~350℃之间，在此过程中，磷酸酯中的聚乙烯醇在这温度范围内受热软化而熔融，分解挥发，在这阶段磷酸酯的失重率大约为 62%，与聚乙烯醇的投料比相符；第二阶段是在 350~420℃之间，主要由于磷酸酯结构中较多不稳定的 P—O—C 间断裂所致；第三阶段是在 420~490℃之间，这期间磷酸酯中的 P—C 键受热断裂，进行炭化[10]；最终磷酸酯在 600℃时质量残留率为 10.9%。以上结果表明该磷酸酯材料具有阻燃可行性。

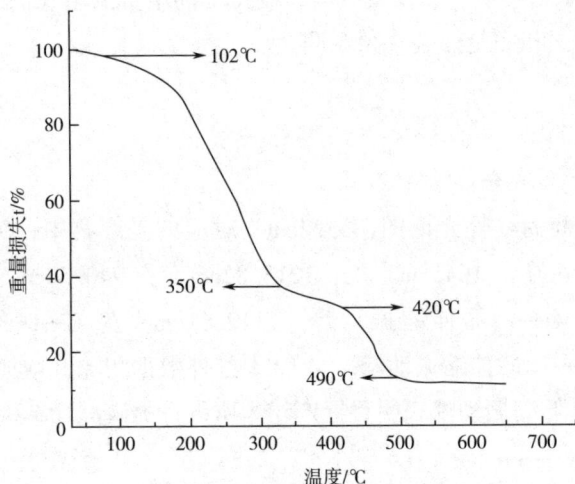

图 2　磷酸酯的热降解失重曲线

2.3 磷酸酯的极限氧指数（LOI）

一般来说，材料的 LOI 大于 27 时被认为是难燃材料。图 3 为磷酸酯极限氧指数测试过程的展示图，表 1 为测试过程中的数据。从图 3 和表 1 中可以看出，磷酸酯的极限氧指数（LOI）高达 35.8%，在氧气浓度大于 36%时开始燃烧，远远超过难燃材料的极限氧指数 27，说明其具有优异的阻燃效果。在火焰作用下，磷酸酯的燃烧较柔和，当离开火焰时，磷酸酯迅速自熄，续燃时间小于 3s，燃烧过程中未产生烟雾。磷酸酯在高于 36%的氧气浓度下时开始持续燃烧，速度缓慢，燃烧后收缩成一个球状的黑色残渣，燃烧过程和产物并无粉尘产生，主要原因是磷酸酯分子中含有较多的磷元素，受热分解时可生成偏磷酸和聚偏磷酸等强脱水剂，使聚合物脱水炭化，在其表面形成一层致密的炭化层，可以阻止氧气和热量传递到材料表面，而且能够包覆住材料受热分解而产生可燃性挥发物，从而起到阻燃作用[11]。

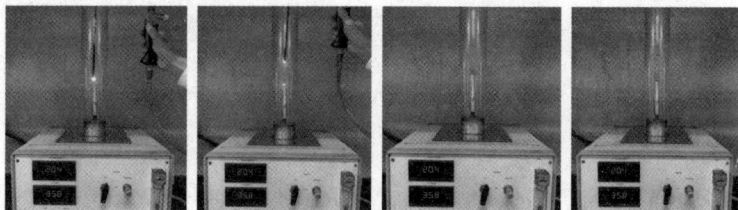

图3 磷酸酯极限氧指数（LOI）测试过程

表1 磷酸酯极限氧指数（LOI）测试数据

氧气浓度/%	29.1	30.3	32.5	33.8	34.9	35.8	36.4	37.1
是否燃烧	否	否	否	否	否	否	是	是

2.4 阻燃涤纶织物的燃烧性能

将一定量的样品溶于去离子水中，制备出质量分数为5%（质量分数）的阻燃剂溶液，经过5次浸渍烘干后，制得10%增重的阻燃涤纶织物；使用10%（质量分数）阻燃剂溶液时，制得20%增重的阻燃涤纶织物（表2）。原涤纶织物的极限氧指数为19%，10%增重织物的极限氧指数为23.1%，阻燃性能提升了21.6%；20%增重织物的极限氧指数为25.2%，阻燃性能提升了32.6%。完全燃烧过后形成黑色膜状结构，具有较高的粘连性如图4所示。

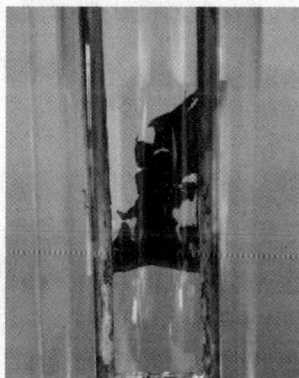

图4 燃烧产物图

表 2 阻燃涤纶织物及其燃烧性能

阻燃剂溶液浓度/%	增重率/%	极限氧指数/%
0	0	19
5	10	23.1
10	20	25.2

3. 结论

以生物质植酸和聚乙烯醇为原料，N-甲基吡咯烷酮（NMP）为溶剂，合成了新型环保的磷酸酯阻燃剂。通过红外光谱对产物进行结构表征，证明合成产物为目标化合物，其具有从 100~350℃、350~420℃ 以及 420~490℃ 三段热分解过程，证明其为磷酸酯的组成。此外在最终达到 600℃ 时，磷酸酯的残炭率为 10.9%。该材料的极限氧指数（LOI）高达 35.8%，具有非常好的阻燃效果。通过在涤纶织物上进行阻燃涂层整理，可有效提升涤纶织物的阻燃性能。该织物在燃烧过后具有粘连效应，无灰分飞出，具有较好的抑制燃烧的性能，在高热、高危等领域具有一定的应用前景。

参考文献

[1] 刘恰，高冰，王捷. 高分子材料的燃烧生成气体及其毒性 [J]. 消防科学与技术，2007，26（2）：122-124.

[2] 权向科. 高分子材料阻燃技术研究 [J]. 21 世纪建筑材料，2010，2（6）：49-51.

[3] 边金彩，王俊龙，张继，职慧珍，杨锦飞. 三（一缩二丙二醇）亚磷酸酯阻燃剂的合成 [J]. 塑料助剂，2019（4）：25-27.

[4] 辛海亮，梁兵. 新型磷系阻燃剂合成及其在聚丙烯中的应用 [J]. 塑料，2019，48（4）：6-10.

[5] 张涛，杜中杰，邹威，等. 聚磷酸铵/三嗪成炭剂/碳纳米管复配体系对聚丙烯阻燃性的影响 [J]. 塑料，2013，42（3）：1-4.

[6] Yuan, Bihe, Fan, Ao, Yang, Man, et al. The effects of graphene on the flammability and fire behavior of intumescent flame retardant polypropylene composites at different flame scenarios [J]. Polymer Degradation and Stability, 2017, 143：42-56.

[7] 徐洋，赵新叶，王俊龙，职慧珍，杨锦飞. 三（2-羟丙基）磷酸酯的

合成［J］．精细化工，2019，36（4）：771-775.

　　［8］肖文成，关晋平，陈国强．植酸对涤纶织物的阻燃整理［J］．现代丝绸科学与技术，2018，33（6）：13-16.

　　［9］徐爱玲，王春梅．植酸的铵化及其对 Lyocell 织物的阻燃整理［J］．纺织学报，2020，41（2）：83-88.

　　［10］原燕燕．三嗪类成炭—发泡剂的合成及其在聚丙烯阻燃中的应用研究［D］．天津：天津大学，2016.

　　［11］霍国洋，王媛．有机磷酸酯阻燃剂的合成及应用研究进展［J］．塑料助剂，2015，113（5）：5-9，14.

　　（本文获得"荣意来杯"2020 年化纤长丝织物产品开发优秀论文一等奖）

细旦强捻 T-400 弹力面料的设计与开发

刘小南，王星华，刘　彬，钮春荣，徐金兰，罗　艳，李春林，李小芳，孙欢欢

（江苏德华纺织有限公司，江苏 宿迁，223800）

摘　要：本文重点介绍了以 20D 涤纶长丝、50D 涤纶 T-400 原料，基于加强捻技术的新型弹力雪纺类织物的开发、设计与生产，并结合生产实践，对倍捻、定型、整经及织造等工序中应采取的有效技术措施进行了探讨。

关键词：细旦；加捻；弹力面料；仿真丝；T-400；生产工艺

Production practice of fine denier ultra-thin twisted fabric for water jet loom

Liu Xiaonan, Wang Xinghua, Niu Chunrong, Xu Jinlan, Luo Yan, Li Chunlin,
Li Xiaofang, Sun Huanhuan

(*Jiangsu Dehua Textile Limited Company*, *Suqian*, 223800)

Abstract　With 20D polyester filament yarn and 50D polyester t-400 raw materials, a new type of elastic chiffon fabric was developed and designedbased on the twist strengthening technology. Then, combined with the production practice, effective technical measures should be taken in the processes of double twist, shaping, warping and weaving are also discussed.

Keywords　Fine denier; twisting; Elastic fabric; limitation silk; T-400; production process

随着我国生活水平、科技的不断提高和发展，人们对纺织品的需求不断变化，逐步由实用型向时尚型、功能型转变。目前涤纶仿真丝产品种类繁多，单一天然纤维和常见的合成纤维已不能达到生活所需要求。随着各种新型纤维、新工艺、新设备的不断开发，其产品呈现"轻薄化、功能化、潮流化、健康化"[1] 的发展趋势。

T-400 纤维是杜邦公司的专利产品，是由 PET（聚对苯二甲酸乙二酯）与 PTT（聚对苯二甲酸-1,3-丙二醇酯）两种聚酯组分并列复合而成的一种弹性纤维[2]，具有优良的弹性和延伸性，与常用的低弹丝相比，其弹性回复性更好，相比弹性突出的氨纶，其织物耐洗牢度、保形性更好，因其特殊截面形状，光照时织物具有良好的光泽。为更好适应纺织品市场需求，公司开发并在喷水织机上生产了以 20D 涤纶长丝、50D 涤纶 T-400 为主的细旦超薄雪纺类织物，该品种具有布身轻薄匀整、吸湿透气性好[3]、手感柔软细腻、富有弹性、光泽艳丽等特点。自投放市场以来，广受客户青睐的同时也产生了可观的经济效益。针对喷水织机生产细旦超薄加捻织物的关键工序，本文着重探讨了工序中的关键工艺参数设置和提高质量的措施。

1. 原丝选择和产品设计

1.1 原丝选择及主要指标

经纱原丝选用江苏德力化纤股份有限公司生产的 20D/12F 涤纶半消光 FDY 原料。

纬纱原丝选用吴江佳力高纤有限公司生产的 50D/36F 涤纶半光 T-400（FDY）原料。

两种原料主要指标参数见表 1。

表 1　两种原料主要指标参数

主要指标参数	20D/12F 单丝	50D/36F 涤纶 T-400
单纱细度/dtex	22.3	56.19
单纱断裂强度/（cN·dtex⁻¹）	4.41	3.52
断裂伸长率平均值/%	29.2	31.04
条干均匀度 CV/%	0.75	1.37
沸水收缩率/%	8.2	17.79
含油率/%	0.96	0.94
网络度（水浴法）/（个·m⁻¹）	22	19.67

1.2 成品规格设计

成品幅宽：165mm。

原料：经纱为20D/12F涤纶半消光FDY，加捻2800T/m，S、Z向。

纬纱为：甲纬20D/12F涤纶半消光FDY，加捻2800T/m，Z向。

乙纬50D/36F涤纶半光T-400（FDY），不加捻（纬纱配比：34甲2乙）

经纬密度：605根/10cm×550根/10cm。

总经根数：9984根（含下首边经24根）。

平方米克重：24g/m²。

1.3 组织设计

织物组织：平纹组织。

每筘穿入数：地组织3入/齿，下首边组织每筘穿入数3入/齿。

穿综顺序：6片综，顺序为123456，下首边组织倒穿6排为654321。

1.4 主要上机参数设计

坯布幅宽：208cm。

上机经纬密：480根/10cm×460根/10cm。

上机筘幅：外幅208cm（边组织同地组织）。

公制筘号：160齿/10cm。

2. 工艺流程

根据企业现有设备及加工条件，结合产品规格及风格要求，主要生产工艺流程设计如下：

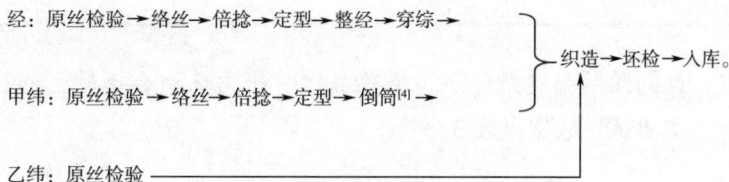

```
经：原丝检验→络丝→倍捻→定型→整经→穿综→┐
                                          ├→织造→坯检→入库。
甲纬：原丝检验→络丝→倍捻→定型→倒筒[4]→┘
                                        ↑
乙纬：原丝检验 ──────────────────────────┘
```

3. 主要工序生产工艺及其技术措施

3.1 络丝工艺

因经纱原纱为细旦涤，单纱细度为22.3dtex，且所织品种密度大，为了保证织机经丝清晰的开口，提高织机运转效率，须要减少丝线断头和毛羽。因此，采用"小分量、三点一线[5]"的工艺原则，为后道工序提供优质纱线。在该道工序中，使用定长络丝机，需保证丝道垂直、清洁、光滑，同时适当降低络丝张力，张力控制在 12~13g[5]。

3.2 倍捻工艺

因原纱细度较细、单纱断裂强力小，甲经甲纬原料均需加捻 2800 捻/米，加捻过程中易有毛丝、断头的产生。为更好减少断头，降低毛丝率，通过考量纱线毛丝、断头等的影响因素，结合生产实际情况，现通过对倍捻机横梁高度、锭速、张力珠组合三个重点方面进行试样。

方案一：在同样温湿度条件下，锭速、张力珠组合不变，通过调整横梁高度参数试样。主要试样数据见表2。

表 2   方案一试样数据

横梁高度	机台号	原丝数量/个	断头数量/个	毛丝数量/个	扭结数量/个	良品率/%
1.5 刻度	1001	256	5	8	3	93.75
1.5 刻度	1002	256	6	5	4	94.14
1.5 刻度	1003	256	4	6	3	94.92
2 刻度	1010	256	7	10	2	92.57
2 刻度	1011	256	6	9	5	92.18
2 刻度	1012	256	11	5	5	91.80
2.5 刻度	1019	256	10	7	9	89.84
2.5 刻度	1020	256	14	6	10	88.28
2.5 刻度	1021	256	13	9	7	88.67

方案二：在同样温湿度条件下，横梁高度、张力珠组合不变，通过调整锭速参数试样。主要试样数据见表3。

表 3   方案二试样数据

锭速/(r·min⁻¹)	机台号	原丝数量/个	断头数量/个	毛丝数量/个	扭结数量/个	良品率/%
11000	1001	256	4	4	1	96.48
11000	1002	256	4	3	2	94.53
11000	1003	256	2	3	0	98.04

续表

锭速/ (r·min⁻¹)	机台号	原丝数量/个	断头数量/个	毛丝数量/个	扭结数量/个	良品率/%
12000	1010	256	3	4	1	96.88
12000	1011	256	4	4	2	96.09
12000	1012	256	5	2	5	95.31
13000	1019	256	10	7	8	90.23
13000	1020	256	13	6	9	89.06
13000	1021	256	15	3	7	90.23

方案三：在同样温湿度条件下，锭速、张力珠组合不变，通过调整横梁高度参数试样。主要试样数据见表4。

表4　方案三试样数据

张力珠组合	机台号	原丝数量/个	断头数量/个	毛丝数量/个	扭结数量/个	良品率/%
0.6×2	1001	256	4	3	8	94.14
0.6×2	1002	256	5	4	9	92.97
0.6×2	1003	256	5	2	10	93.36
0.6×3	1010	256	3	4	7	94.53
0.6×3	1011	256	4	6	6	94.53
0.6×3	1012	256	6	2	5	94.92
0.6×4	1019	256	5	3	3	95.7
0.6×4	1020	256	4	6	2	95.31
0.6×4	1021	256	3	3	4	96.09

通过三个方案试样数据可知：生产时横梁高度越大，锭速越高，断头概率越高；张力珠组合数越小，捻度越高时，毛丝、扭结概率越大，良品率越低；经过长时间试做，不断地改善工艺参数，最终采用"低张力、中车速、定机台、三点一线"的工艺原则，将横梁导纱钩的高度调整为1.5个刻度，控制气圈大小；在确保产质量的前提下，选用锭速12000r/min、张力珠组合0.6×4。在以上工艺参数下，生产中还需保证丝道垂直、光滑，保持导丝轮清洁，清理锭子废

丝，避免产生油污，同时要仔细打磨静止杯，断头及时掀起，清除磨白丝后再接断头，按照此措施生产，断头、毛丝率可有效控制在2%以内。

3.3 定型工艺

热定型是加捻涤纶丝的一道关键工序。定型工艺是否合理，直接关系到定型效果和产品风格。因涤纶丝具有热收缩性[6]，其热收缩性受温度变化影响很大，工艺参数中定型温度尤为关键。一般情况下，随着丝线捻度的增加，定型温度越高、定型时间相对增加，热定型效果相对较好。为此，在此基础上我们做了几组实验来验证，实验中数字1代表蒸丝温度、时间为60℃、60min；数字2代表蒸丝温度、时间为70℃、70min；数字3代表蒸丝温度、时间为80℃、80min；数字4代表蒸丝温度、时间为90℃、90min。实验中：温湿度条件、整经机车速和张力、织机车速和张力均保证相同，扣除人为因素影响，主要试样数据见表5。

表5　蒸丝试样后道生产数据

组号	整经机台号	断头扭结数量/个	织机机台号	断经次数/次	断纬次数/次	织机效率/%
1	201	15	2456	16	24	93.48
1	202	12	2457	18	26	92.53
1	203	14	2458	15	21	95.04
2	201	13	2566	18	20	93.88
2	202	11	2568	13	18	94.69
2	203	10	2570	14	16	95.31
3	201	11	2610	15	18	94.23
3	202	12	2612	12	14	95.06
3	203	9	2614	13	12	96.23
4	201	7	2658	10	10	96.88
4	202	9	2660	5	11	97.52
4	203	6	2662	7	10	97.22

由表5可知：在蒸丝温度和时间不同时，纱线定型程度、热收缩性均不同。随着定型温度和时间的不断增加，强捻织物整经时断头扭结数量呈下降趋势；织机织造生产时断经、断纬次数明显减少，织机效率相对较高。针对经纬丝细

且加强捻，通过试样可知蒸丝工艺选取试样 4 温度和时间作为首选。需注意的是蒸丝时要严控升温时间、定型放缩时间要 12h 以上。

3.4 倒筒工艺

涤纶加捻丝定型后略有皱缩，张力不匀，通过倒筒可使丝线张力均匀。同时倒筒可加大丝筒的卷装，减少换纬频率，提高织机的运转效率。倒筒时需适当控制张力，否则会诱发扭矩回升，造成丝线拉伤易断，对织造产生影响，降低坯布质量。倒筒时采用"三点一线"原则，张力控制在 $6 \sim 7g$[6]，筒丝重量 1.8kg 即可。

3.5 整经工艺

整经工序在织造生产中起到承上启下的作用，牵经好坏直接决定织物品质，牵经过程中可直观反映原料和前道倍捻车间生产状况。在整经工序中整经车速和整经张力可视为影响牵经质量的主要因素。下面为更好验证整经车速和整经张力在整经过程的影响程度，现通过调整整经车速和张力来试样分析，主要参数见表6。

表6 整经工艺主要参数

机台号	整经车速/ $(m \cdot min^{-1})$	单丝张力/g	断头数量/个	毛丝数量/个	扭结数量/个	整经效率/%
1001	200	5±1	1	0	1	99.12
1002	220	5±1	2	1	2	98.93
1003	250	5±1	4	2	3	96.67
1010	200	8±1	3	4	3	98.58
1011	220	8±1	4	6	4	95.81
1012	250	8±1	6	2	4	94.23
1019	200	11±1	6	3	6	96.25
1020	220	11±1	10	6	7	94.14
1021	250	11±1	13	3	7	92.89

由表6可知：整经车速越高、整经张力越大，整经时断头数量越多，毛丝、扭结数量也有明显增加，整经效率呈下降趋势。可见在整经细旦、强捻织物时需采用"低车速、小张力"[7] 的工艺原则，控制纱线张力均匀；为保障织轴顺利完成，倒轴时轴心凹槽处用牛皮纸包好，下轴过程中多放垫轴纸。

3.6 织造工艺

由于是细旦超薄加捻织物，总经根数多，采用喷水织机凸轮开口织造，因涤纶长丝强度较大，表面比较光滑，与 T-400 原料交织时抱合力小，纬密较大，打纬频率高，经纬纱容易断头，为确保车速和效率，根据工艺要求和产品特点，故应对织机车速张力和喷水引纬工艺重点调节，确保水线平直均匀，水量、水压适中，不宜过大，减少断经、纬档、纬缩等各类疵点的产生。

因织物纬纱排列为 34 甲 2 乙，乙纬为 50D/36F 涤纶半光 T-400（FDY），其丝性特殊，且不加捻，采用原丝直喷方式，两种丝线细度偏差较多，调机难度较大，故织物对织机车速和水量水压大小尤为敏感。以下是对织造车间不同车速生产此品种机台数据的汇总，周期为 20 天。主要参数见表 7。

表 7 不同机台车速数据汇总

织机机台号	织机车速/(r·min⁻¹)	电子送经张力/kg	断经次数/次	断纬次数/次	纬档明显程度	织机效率/%	A级品率/%
2456	480±5	150±10	16	35	中等	98.48	99.48
2457	480±5	180±10	18	42	中等	97.53	98.53
2458	480±5	210±10	22	46	中等	97.04	99.04
2566	550±5	150±10	18	40	轻微	97.88	98.88
2568	550±5	180±10	20	44	轻微	97.69	98.69
2570	550±5	210±10	28	46	轻微	96.31	98.31
2610	580±5	150±10	20	40	轻微	98.23	99.23
2612	580±5	180±10	22	42	轻微	97.46	99.06
2614	580±5	210±10	30	46	轻微	96.23	99.23
2658	620±5	150±10	32	47	中等	97.88	98.88
2660	620±5	180±10	36	52	中等	95.52	97.52
2662	620±5	210±10	38	56	中等	95.22	97.22

由表 7 可知，织机车速越高、张力越大，织物产量越高，但整体断经、断纬次数越多，织机效率和坯布 A 级品率偏低。相反，车速低、张力小的机台，断经、断纬次数少，织机效率、坯布 A 级品率高，但其产量偏低。综合考虑此品种相关特性，结合实际生产情况，选取中等车速、低张力的方案，减少断经、断纬等疵点产生；多巡台，仔细查布面，及时处理停台，降低纬档明显程度；

同时不宜采用新边撑，边撑不宜压得过紧[7]，避免断经。具体织造工艺参数见表8。

表8　织造工艺参数

工艺参数	数值	工艺参数	数值
织机转速/（r·min⁻¹）	580±10	后梁角度/（°）	85
电子送经张力/kg	180±10	后梁高度/mm	50
平综角度/（°）	345	打纬动程/mm	96
综框开口量/mm	35	喷射时间/（°）	98
左、右绞边开口时间/（°）	20、280	先行角/（°）	15~20
左、右纬丝剪切时间/（°）	20、0	飞行角度/（°）	108~245
水泵柱塞、泵浦弹簧直径/mm	24、9.5	钢筘碰纬角度/（°）	280~285
喷嘴型号	40/20	残水量角度/（°）	300~305

4. 结语

因该产品是细旦强捻 T-400 弹力织物，纬纱为 20D 长丝加强捻和 50DT-400 原料组合喷织而成，两种原料物性相差较大，织造生产难度较大。为更好地适应凸轮开口喷水织机高速织造的需要，应对各工序的生产工艺进行优化设计并采取相应的技术措施。倍捻各工序采用小分量、小张力，减少纱线断头、扭结、磨毛现象产生，甲经甲纬纱需定型，卷绕均匀，严控蒸丝温度，保证后道工序加工需求；整经工序采用低车速、小张力，减少断头、毛丝，提高经轴质量；织造工序严控车间温湿度，采用中等车速、小张力织造，水量、水压控制好，避免 T-400 原料过度拉伸，影响产品质量。通过较长时间不断生产实践，工艺摸索，相关技术人员攻坚克难，生产新型细旦强捻弹力仿真丝面料的工艺技术已趋于完善，它的开发和生产具有广阔的市场和发展前景，产品广受客户认可和喜爱。

参考文献

[1] 蔡永东. 细旦高密锦纶小提花织物的织造生产 [J]. 纺织导报，2010 (6)：93-94.

[2] 梁冬. T400 纤维的性能测试分析 [J]. 天津纺织科技，2017 (5)：

19-21.

　　[3] 舒秋英. 喷水织机制织高密细旦加捻织物工艺探讨 [J]. 丝绸技术, 1997 (2)：15.

　　[4] 洪桂涣. 超薄型高捻度仿真丝面料的织造工艺技术攻关 [J]. 丝绸, 2006 (11)：58.

　　[5] 刘小南. 喷水织机细旦超薄加捻织物的生产实践 [J]. 丝绸科技, 2019 (6)：45-48.

　　[6] 裴愉发. 装饰绸及其开发 [J]. 丝绸技术, 1997 (2)：16-17.

　　[7] 范振庆. 细旦涤纶高密品种的开发与生产 [J]. 现代纺织技术, 2002 (2)：13-14.

　　（本文获得"荣意来杯"2020年化纤长丝织物产品开发优秀论文一等奖）

特种伪装功能涂料印花/涂层牛津布生产工艺研究

顾　浩，方娟娟，韩　杰，沈利民

（浙江盛发纺织印染有限公司，浙江长兴，313109）

摘　要：纺织品作为军需品的一个重要门类，是军队建设不可或缺的重要资源。以涤纶高强长丝为基材生产的系列化军用产品是建设强大国防的重要保障。因此，不断深化涤纶高强长丝功能牛津布的深度加工具有非常重要的意义。本文介绍了涤纶高强长丝牛津布印花及涂层工艺，分析了生产过程中应注意控制的关键点，同时对印花涂层牛津布的伪装性能和各项理化性能进行了表征，为业内企业开拓军用纺织品市场提供相应参考方案。

关键词：涤纶高强长丝牛津布；印花及涂层整理；伪装特性表征

　　传统的迷彩帐篷牛津布基本采用的是染料印花，但若在新疆、西藏等高原地区以及福建、海南等沿海地区高温高湿、高盐雾的地理环境中使用[1]，非常容易出现印花表面褪色现象，直接影响到军品必备的伪装功效，给部队的安全保障带来隐患。

　　新型特种伪装功能涂料印花牛津布斑块由深绿色、中绿色、黄绿色、黑色四种颜色组合而成，图案斑点大小设计更趋于科学，与自然光线投下的斑点深浅度吻合性更高，具有立体层次感，整体基调为我中有你，你中有我的感觉[1]，这种各项特征近似于自然植被的特种伪装功能涂料印花涂层产品，适合在我国大部分地貌环境中使用。

　　新一代迷彩涂料印花牛津布，由于其采用无机颜料作为着色主体，有着更好的颜色耐气候稳定性，可以满足在各种严酷自然环境中连续使用数年不褪色。同时，随着伪装材料技术的发展，伪装功能性无机颜料的光学伪装效果和持久稳定性也优于染料的伪装功效。

1. 防近红外迷彩伪装原理

　　防红外侦察主要是指防近红外侦察。在绿色丛林背景下防近红外侦察就是设法减少或消除目标与背景之间的亮度差别，使被伪装目标与背景的近红外反射和目视特征相接近。这就要求印花所采用的伪装无机颜料在可见光和近红外波段范围内，与天然绿色丛林背景有近似的反射效果。

　　在近红外波段，天然绿色丛林背景的光谱反射系数很高，即亮度系数大。而一般伪装所采用的绿色染料因近红外波段和可见度波段的光谱反射系数之比值相对较低，因此目标就很容易被发现。要达到迷惑敌方，在敌方使用各种装备对目标进行侦察时产生误判，就必须对被侦察目标进行伪装隐身。由此可见，近红外伪装的主要方法是要求使用具有较高的近红外反射涂料来模拟背景的反射率，设法减少或消除目标与背景之间的亮度差别。使涤纶长丝牛津布经过染整加工和特殊的功能性印花整理，成为具有特殊功效的伪装产品（图1、图2）[2]。

图1　特种伪装功能涂料印花/涂层牛津布生产的框架帐篷

2. 主要研究内容、技术方案和生产基本工艺

2.1　研究内容

　　开发的伪装功能涂料印花/涂层牛津布必须满足迷彩牛津布在近红外线侦察时的隐身（伪装）效果。另外，在确保印花效果、颜色层次感的前提下，还要

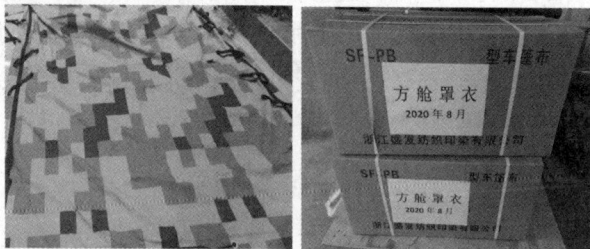

图 2　特种伪装功能涂料印花/涂层牛津布生产的方仓罩衣

符合军用迷彩牛津布需具备耐日晒、拉伸、撕破、耐磨、静水压等各项物理指标及其他功能一体化的特性要求。

2.2　技术方案

2.2.1　高性能基材

采用新型涤纶高强工业长丝，其特点是耐摩擦性、断裂强度、撕裂强度、断裂延伸性等指标较普通同克重材料提升 50% 以上。以平纹结构织造利于后道涂印效果和经/纬向撕破强力的均衡。所以产品在设计使用时，在满足物理指标时牛津布可以做到轻量化，从而有效地提高产品在战时使用的机动灵活性。

2.2.2　无机颜料印花

无机颜料涂料印花是近年来发展起来的集伪装功效一体化的印花工艺，应用结果表明，采用超耐晒无机颜料印制的迷彩图案有较好的稳定性，着色遮盖力强，可以保证在近千小时的紫外线照射下不褪色，且和涤纶高强长丝牛津布结合牢度优异。

无机颜料印花工艺流程：

涤纶高强长丝牛津布减量前处理→净洗→烘干→定形→印花→预烘→修检→定形→成品

3. 无机颜料涂料印花工艺因素分析

3.1　颜料筛选

根据涤纶高强长丝牛津布需进行近红外线"隐身"印花的要求，我们对多种无机颜料进行了筛选。调配丛林绿色系列时，可以选择氧化铬绿、钴蓝、钴绿、中铬黄、氧化铁红、氧化铁黄和铁铬黑等颜料进行调配，形成协同效应来调节色光及红外线反射率曲线，满足绿色系列斑块的反射率符合规定通道指标，并和自然生态绿色植被颜色相仿，实现牛津布印花斑块在可见光和近红外侦察时具有"隐身"功效。

3.2 浆料筛选

涂料是一种液态复合材料，它可以通过特定的生产工艺涂覆在不同材料的表面，经干燥后形成具有一定强度的连续固态涂膜，对被涂材料具有保护或附载其特殊功效。因涂料用途广泛，因此在国防建设和人民生活中发挥着重要的作用。

涂料印花色浆是涂料附着于牛津布的一种液态复合材料，主要成分是由颜料和水组成。为了提升涂料印花色浆在牛津布上的附载性能，在涂料印花色浆中还需添加以下助剂。

（1）助溶剂：是能在水中帮助溶解某些无机物，调制稳定色浆的助剂。如基料为丙烯酸类、环氧等水溶性树脂的涂料，通常加入甘油、丙二醇、尿素等非表面活性剂作为树脂涂料的助溶剂，提高难溶性无机颜料溶解度，保持印花色浆表面湿润，特别是在高温季节可以提高色浆的稳定性。如以尿素作为助溶剂，可以延缓涂料自交联的速度，避免印花过程中涂料越印越干的问题，同时还具有捕捉游离甲醛的功能。

（2）消泡剂：由聚硅氧烷和疏水性固体聚乙二醇的混合物组成，适用于丙烯酸酯/聚氨酯或聚氨酯的分散性涂料，可以在任何生产过程中加入。消泡剂的用量通常分为（通过添加70%到研磨料和30%到成品浆料中）。

（3）分散剂：适合于水性系统的一种带颜料亲和基团的高分子量嵌段共聚物溶液，不同结构的无机颜料对分散剂具有选择性，常用分散剂可适用于含量为20%~30%无机颜料体系中。分散剂占总粉状涂料的5%~10%，添加少量即可快速降低研磨材料初始黏度，缩短研磨时间，提高研磨效果。性能优异的分散剂使颜料混合物中的浮色和发花现象减少，具有很强的防止絮凝返粗的能力，能增进基材润湿性，防止缩孔，得到良好的涂膜表面，改善颜料润湿和光泽，使涂料色浆体系储存稳定性提高。

（4）黏合剂：涂料印花用黏合剂的选择十分重要，需具有耐酸、耐碱、耐高温、耐氧化剂、耐皂洗剂、在牛津布上固着牢度好、手感适中的特性。选择合适的印花黏合剂，还可以防止印花竖纹的产生，防止印花颗粒点现象，提高印花的清晰度。另外好的黏合剂对牛津布强力的损伤较小。因此，应对黏合剂认真进行选择，选择匹配性好的印花黏合剂，是印花效果成败的关键。

（5）增稠剂：增稠剂组成：聚脲化合物，当加入到水性颜料体系后，增稠剂作用是调节印花色浆的黏度，助剂可以建立假塑性能，形成一个三维网络结构。在较低黏度下即可防止水性色浆产生沉降和流挂。

品质要求：①化学性质稳定，不易腐败变质；②成糊率要高。配制一定黏度色浆所用增稠剂要少；③便于色浆渗进牛津布组织间隙；④色浆均匀性好，花型印制清晰度佳；⑤给色量高；⑥不影响产品手感；⑦放置不易产生增稠性能变化、固化及结块成膜；⑧打浆操作方便，易于成糊。

3.3 牛津布减量精炼生产工艺

涤纶高强长丝牛津布由于纺丝及织造过程中需加油剂、抗静电剂、浆料等，在印花前应进行去油、去污、退浆、重减量处理。若前处理毛效等指标控制不好，在后续印花中会产生对印花浆料吸附不均匀，渗透性差，产生树皮皱、鱼鳞斑、清晰度差等印疵问题（图 3）。所以前处理去油、去污、退浆、重减量和预定形工艺对牛津布印花品质的提升具有决定作用。牛津布前处理要以保护纤维强力不受较大损伤为前提，并充分去除牛津布上含有的化学浆料和油剂、污渍，练后的基布表面绝对不能残存碱性，必须水洗至中性，使印前牛津布具有优良的毛效、手感柔软、纤维无定型区打开。为后续印花创造良好的条件。

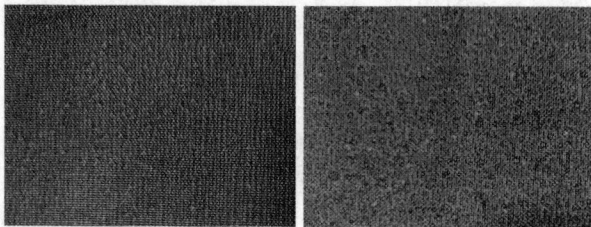

图 3　因布匹前处理不好，产生树皮皱、鱼鳞斑等印花问题

前处理工艺条件：

平幅进布→加料→115℃处理保温 8 道→平幅 80℃热水洗 3 道→平幅温水洗 2 道→平幅中和洗 1 道→真空吸水→平幅烘干→定形

前处理工艺配方：

片碱	Xg/L
退浆剂	3.0g/L
螯合剂	1.0g/L

3.4 印花生产方案

涤纶高强长丝牛津布无机颜料印花工艺是根据花型尺寸、色泽深浅等要求，采用圆网（平网）印花方式生产（图 4）。

3.4.1 配制生产所需色浆

按照配方制备出的色浆需要再次复刮小样，确定每种颜色色光和伪装参数是否符合要求，只有符合要求后才能用于圆网（平网）印花生产。在第一套色

图 4　无机颜料涂料迷彩印花生产

印完之后，如果立即接着印第二套色，压网会黏附少量上一套色印后但表面尚未干燥的色浆，从而产生第一套色印花图案清晰度下降。这是由于第一套色的色浆还未完全成膜，色浆对镍网又有一定的粘连性。因此在印第二套色时，镍网会带起第一套色的色浆。针对这一问题，生产采取的措施是在每个花网后留出一个网距，并适当降低导带的前进速度，尽量留出印后浆料快干时间，这样可以保证在印下一套色前，前一套颜色浆料极少黏到后面印网外表的问题。

3.4.2　导带上胶

印花机导带印花前需上导带胶，上胶操作应满足"黏、薄、匀"要求，避免牛津布受无序外力影响造成花形错位、贴合不平等问题[3]。

3.4.3　镍网及磁棒选择

根据花型的大小，以及对花型边缘的要求，一般选择 100～125 目的镍网并且控制相邻花型复色为 0.3mm 间隙，即可满足印花透浆量和印制的清晰度。印花磁棒大小用来调整浆料的输出量，调节清晰度和饱和度。实际印花过程中印花机的网目、磁棒号数、给浆量，速度是相互配合，互为补充的关系，在印花生产过程中需不断摸索和调整。

3.5　无机颜料涂料印花色浆配方及其制备方法

3.5.1　涂料色浆配方构成

无机颜料	5.0%～30.0%
分散剂	3.0%～15.0%
消泡剂	0.5%～1.0%
黏合剂	30.0%～40.0%
丙二醇	1.0%～2.0%
增稠剂	5.0%～10.0%
水	15.0%～50.0%
合计	100%

3.5.2 涂料色浆制备方法

先称取配制总配重量 50% 的水，加入 1.0%~2.0% 的丙二醇、3.0%~15.0% 涂料专用分散剂搅拌 2~3min，加入 0.3%~0.5% 的非硅消泡剂继续搅拌 3~4min，加入配方量的无机颜料，机械搅拌 15min 至均匀状态，然后采用三辊胶体研磨机进行研磨分散，制成色浆后称重，并依次加入 30.0%~40.0% 黏合剂、0.2%~0.5% 的非硅消泡剂和补充量的水至规定单位重量，进行搅拌 15min、最后向色浆中加入 5.0%~10.0% 的增稠剂，继续搅拌 10~20min，制成可满足印花要求和伪装参数的印花涂料[4]。

3.6　印花生产操作注意事项

必须加强牛津布在前处理工序的质量控制，只有各项指标都合格了才可以进入印花工序。刮涂色浆烘干后试样与标准色样的色差应小于 $2L^* a^* b$，合格后才能进行批量生产。

色浆的调制是非常关键的，浆料增稠薄厚要一致，太厚会导致不易渗透或印后竖纹条，反之太薄易形成第三色和边缘不清晰。

印花时，镍网内的存浆量不宜多，防止浆点外溅，产生牛津布表面喷点。只要不断补充至网内的浆料满足均匀印制即可。色浆黏度、磁棒选择、磁力调节、给浆量、经向剪切力的大小、车速快慢等必须严格控制，以确保每批大货印制效果一致。

同时，还应避免产生如塞网、跑网、错花、漏印、拖浆、串色等疵点。

网的排列一般是先印深色后印浅色，以减少第三色的产生。

因伪装迷彩花回长，圆网周长定为 1018mm，加之网坯较薄，很容易造成网坯折痕印。当圆网表面有折痕时，印花时圆网与牛津布不能很好接触，导致局部给浆不匀，从而在牛津布表面上产生有规则的、间距与圆网上相同的纵、横线状或块状的深浅色折痕，影响到产品质量。产生圆网折痕的原因可能是：圆网装卸和放置时人为的不慎碰伤产生折痕，磁力与网运转不匹配，圆网运转时产生扭曲。要避免和减少产生圆网折痕就必须注意：圆网安放在托架上时需由二人轻拿轻放，必使圆网与印花导带间距离恒定在 0.3mm，以避免圆网受压力而变形产生折痕；圆网运转前，应先把圆网均匀拉紧，防止印花加压下产生网身传动扭曲而导致的印花折痕；另外需防止产生人为造成的损伤。

机台的操作人员要提高操作技能，加强责任心，重视生产中的每一个细节。

3.7　涂料印花中常见的问题

3.7.1 电解质影响

配制涂料印花色浆的合成增稠剂对电解质十分敏感，会影响涂料印花效果，所以涂料的分散体系中电解质含量越低，对印花浆黏度的影响就越小。电解质含量低，可以减少合成增稠剂的用量，有利于对牛津布手感的改善。

3.7.2　涂料色浆的颗粒细度影响

无机涂料色浆是由颜料经过分散、乳化、研磨成极细的颗粒后可直接用来调色的有色浆体。颜料的颗粒细度自然就成了涂料色浆的品质的一个重要指标。一般涂料色浆研磨后其颗粒细度约500nm，颗粒的精细度是涂料色浆品质高低的重要指标之一。

3.7.3　涂料果冻状色浆问题

涂料色浆放置后可能会变成果冻状。无机颜料具有一定的吸油量，若组合后的颜料吸油性能异常，就会造成色浆乳化后，颜料还在吸收色浆中的游离水，在没有足够的游离水的情况下，色浆长时间放置后外观就会变浓稠像果冻状一样。这类情况多产生于以绿色、咖啡色的浆料，另外增稠剂选择不当浆料接触空气后变成另外一种状态，产生果冻状态。

3.7.4　印花中堵网问题

涂料印花时，经常会发生涂料色浆塞网情况，严重影响生产的顺利进行和产品质量。堵网原因大致有以下几种：

（1）因牛津布表面因静电吸附的毛屑，和浆料接触后会引起堵塞网孔现象；

（2）印花导带面温度偏高，印制过程中浆料和网接触面温度升高，加快黏合剂的交联，已交联的黏合剂在圆网内壁积聚结皮形成堵网；

（3）浆料使用前未经过滤，未分散的颗粒团聚物产生的堵网；

（4）由于绿色颜料本身结构成扁平状，印花时磁棒的力度在网面上产生一定的热释放，颜料颗粒与黏合剂产生交联，易在网表面逐渐形成一层膜，随着制印时间的延长，成膜越来越厚容易堵塞网孔。

所以要改善堵网现象，需在印花浆中添加印花油及分散剂、保湿剂等助剂增加浆料的抱水性和流变性，提升浆料分散稳定性。同时还需要在生产过程中加强对生产的巡检、换浆，用过的镍网、浆桶需及时清洗，以保证生产的正常延续。

4. 涂层技术方案及生产

4.1　涂覆聚酯/聚醚溶剂型PU胶

采用自行复配的聚酯/聚醚溶剂型PU胶对牛津布印花背面进行耐静水压涂层，该PU混合胶中加入了天然汉麻粉体，汉麻材料具有天然透气孔芯结构，具有良好的透气性、耐寒性，同时还具有一定的抗菌效果，可以满足不同环境下部队野外架设使用的要求，尤其适应高原及北部寒冷气候和沿海地区条件下使用。

4.2 刮涂胶水

由于帐篷牛津布两面均需经过涂层整理，从而使得耐静水压指标会显著高于以往帐篷牛津布，特别是采用了一种高透明溶剂型胶水对印花面层进行刮涂，从而确保了在吊水试验中印花涂层面无胶面浸润后软化及刮擦剥落问题，面层胶体耐刮性能优异，缝纫接缝处可以涂防水剂和防水剂，使产品整体防水渗入性能更佳，胶水涂刮后对印花牛津布的颜色和伪装参数性能无影响。

4.3 防水整理

为了增强抗雨水对牛津布的渗透性能，牛津布需经防水整理。在经防水加工时对前处理和印花整理时产生的纬斜进行相应调整，而且防水剂可以改善牛津布的撕破强力，但防水剂品种和用量必须进行选择，要防止影响涂层胶与牛津布固着牢度的情况发生。

4.4 轧光处理

轧光处理是极为重要的环节，必须确保无机颜料印花胶不被反沾到轧辊上，同时要保证涂层面的平整性和纹路的密实性。所以轧光温度、压力、速度等参数设定和控制显得尤为重要。

4.5 面胶防霉处理

水性涂料容易被细菌污染。因此，为了防止帐篷贮存过程中受潮发霉，要加在刮涂的面胶液中增加适量防霉整理剂，所选择的防霉剂可以加入溶剂型涂层浆中使用，涂层防护与防霉整理一次性完成。

4.6 涂层工艺流程

检验修整涂料印花篷布正面→布匹缝接上大卷→印花篷布背面→拉幅机刮防水整理剂→压光，单加热滚筒120℃×30m/min，10kg压力压印花篷布背面一次→第一道PU底胶色浆刮涂→150℃焙烘1~2min→第二道PU中胶色浆刮涂→140~150℃焙烘1~2min→第三道PU面胶银白色刮涂→140℃焙烘1min→第四道涂料印花面透明PU胶刮涂→140℃焙烘1min→第五道涂料印花面透明PU胶刮涂→140℃焙烘1min→检验印花篷布背面→包装出厂（图5、图6）。

图5 印花牛津布涂层卷装上机　　图6 印花牛津布反面刮涂PU胶

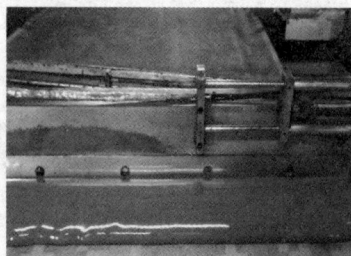

5. 特种伪装功能涂料印花/涂层牛津布成品测试

5.1　光谱反射曲线及颜色

由第三方检测机构采用美国 PerkinElmer 公司 Lambda950 紫外/可见光/近红外光谱仪（图7），分别对无机颜料印花 4 种不同颜色进行扫描，测试 600～900nm 波长区间的红外线反射率、颜色色差范围 L^*、a^*、b^* 值和 60°镜面光泽防侦察伪装性能，将测试值和标准数据进行对比，确定所生产的牛津布光谱反射率、颜色、防侦察值是否在合格范围，见表1、表2。

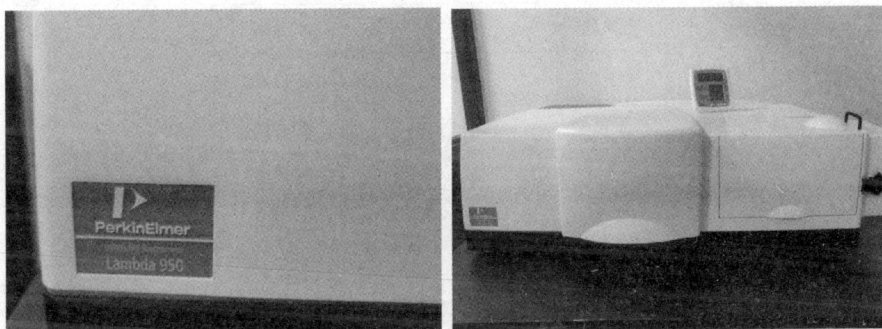

图7　Lambda950 紫外/可见光/近红外光谱仪

表1　部分红外线反射率标准参数与实测值一览表

颜色	状态	600nm 处反射率		750nm 处反射率		900nm 处反射率	
		标准	实测	标准	实测	标准	实测
黄绿	初始	≤14.5	11.7	29.0～43.6	41.5	45.0～60.0	55.8
	老化后	≤14.5	10.8	29.0～43.6	40.0	45.0～60.0	54.8
中绿	初始	≤12.2	10.6	35.5～43.0	37.9	40.0～55.0	51.7
	老化后	≤12.2	9.80	35.5～43.0	37.0	40.0～55.0	51.2
深绿	初始	≤11.5	10.6	32.0～42.0	36.2	35.0～51.0	48.5
	老化后	≤11.5	9.80	32.0～42.0	35.5	35.0～51.0	48.4
黑色	初始	≤12.0	7.50	≤12.5	7.90	≤12.5	10.0
	老化后	≤12.0	6.90	≤12.5	7.30	≤12.5	9.30

表 2　成品颜色标准、表面光泽度参数与实测值一览表

检验项目			合格范围	实测值/判定	试验方法
色差 L^*a^*b	初始	深绿色	≤3	1.77 合格	GJB 1082—1991
		中绿色	≤3	1.01 合格	
		黄绿色	≤3	0.73 合格	
		黑色	≤3	1.49 合格	
	经 500h 人工气候老化后	深绿色	≤4	1.51 合格	
		中绿色	≤4	1.48 合格	
		黄绿色	≤4	2.48 合格	
		黑色	≤4	1.30 合格	
60° 镜面光泽	初始	深绿色	≤5	1.10 合格	FZ/T 01097—2006
		中绿色	≤5	1.20 合格	
		黄绿色	≤5	1.00 合格	
		黑色	≤5	1.00 合格	
	经 500h 人工气候老化后	深绿色	≤5	0.60 合格	
		中绿色	≤5	0.50 合格	
		黄绿色	≤5	0.70 合格	
		黑色	≤5	0.60 合格	

5.2　成品牛津布各项理化性能测试

由第三方检测单位根据 GJB 7390—2012《通用迷彩帐篷布规范》中的合格参数测试送检牛津布的品质是否在合格范围。表 3。

表 3　产品各项理化指标参数与实测值一览表

检验项目			计量单位	技术要求	检验值	试验方法
幅宽			m	≥1.49	1.55	GB/T 4666—2009
质量			g/m²	≤290	276	GB/T 4669—1995
断裂强力	初始	经向	N	≥2050	3560	GB/T 3923.1—2013
		纬向		≥1950	2890	
	500h 人工气候老化后	经向		≥1000	1345	
		纬向		≥900	1116	

续表

检验项目			计量单位	技术要求	检验值	试验方法
撕破强力	初始	经向	N	≥120	156	GB/T 3917.3—2009
		纬向		≥100	128	
静水压	平整部位		kPa	≥18	>36	GB/T 4745—2012
	折痕部位			≥7	>14	
	500h 人工气候老化后			≥4.5	>4.5	
耐干摩擦色牢度	深绿色		级	≥3	4~5	GB/T 3920—2008
	中绿色			≥3	4~5	
	黄绿色			≥3	4~5	
	黑色			≥3	4~5	
甲醛含量			mg/kg	≤300	31	GB/T 2912.1—2009
光照牢度			级	≥6~7	>7	GB/T 8427—2008
抗粘连性（60℃）				轻度粘连或无粘连	无粘连	FZ/T 01063—2008

6. 结束语

实现军事目标的迷彩伪装，正越来越得到各国的高度重视。军事装备的竞争，高技术侦察手段的应用，这就要求我们与时俱进，不断提升军用纺织产品的伪装（隐身）功能。

本文介绍的在军事领域中使用的涤纶纺织产品相关生产技术要点及生产工艺，可供相关单位进行参考。特种伪装功能涂料印花/涂层牛津布生产关键在于过程中的控制，生产工艺要不断优化，才能确保品质达标和提升。

现代化战争，对目标侦察的准确度和精确打击效果大幅度提升。防患于未然，立足于科学强军，立足于打有准备之仗。军工企业要进一步采用新材料、新工艺和新成果，开发并实现军用伪装迷彩牛津布的智能性、多频谱隐身（伪装）功能，从而加强对我方作战人员的人身保护，在未来战争中提高战斗力与生存力方面发挥出更为显著的作用。

参考文献

[1] 李鹏飞，顾浩，谢孔良，等. 双面涂印伪装阻燃面料的开发 [J]. 纺

织导报，2018（8）：64-66.

[2] 李颖慧. 分散染料对涤棉迷彩牛津布防近红外伪装性能的研究 [EB/OL]. 2017-01-10.

[3] 董威然，龙卫清，邹红光，等. 涤纶毛毯分散染料印花工艺 [J]. 针织工业，2011（4）：52-54.

[4] 中国人民解放军总后勤部建筑工程研究所. 无机印花涂料及其制备方法以及采用该涂料印制迷彩帐篷布的方法：中国，201210234442.3 [P/OL]. 2012-07-09.

（本文获得"牛牌杯"2020 年中国长丝织造行业技术创新优秀论文一等奖）

PTT 记忆织物的试验与评价方法

李家永，李 策，张 霞

（安徽省冠盛纺织科技有限公司，江苏亳州，232008）

摘 要：该文针对 PTT 记忆织物的特性，特别是形态可塑性和形态回复性，研究对其关键技术指标的多种试验与评价的方法，为企业生产、质量检测、供应链贸易及制定相关测试标准提供多选的方案和技术参考。

关键词：PTT 纤维；形态记忆；机织物；形态可塑性；形态回复性

前言

PTT 纤维早在1995 年底由美国壳牌化学公司研制出来，它兼有涤纶、锦纶、腈纶的特性，除具有手感柔软、干爽挺括、光泽柔和、抗污染、抗折皱等性能外，其织物富有弹性和伸长性，不用外力支撑，就可以独立保持任意形态及呈现任意折皱，用手轻拂后即可完全回复平整状态，不会留下任何折痕，保形具有永久性，即形态记忆性。

目前，该类产品已经形成了一大类系列产品，广泛应用于休闲装、运动装、夹克、风衣、棉衣等，在面料市场上占有约22%的份额，产品使用稳定，市场销售趋势不断增大。该面料独特的性能得到消费者的青睐，其功能性也不断扩大和增强。因此，PTT 纤维将逐步大量替代涤纶和锦纶，而成为纺织服装所用的主要纤维。

经调查，国内外均没有形态记忆面料产品的主要性能的评价方法和相关标准，不能满足各方对产品性能及质量的检测依据的要求。

本公司是国家记忆功能面料开发基地，长期研究该类产品，经验丰富，专业技术强，有专业院校技术支持。现研究提出测试和评价形态记忆织物主要性能的几种方法，得到了同行、客户、专家的支持，也提出了很多很好的意见和建议。希望能对该类产品的性能的检测能提供完整、全面、切实的指导和依据，协助制定相关标准，以规范该类产品的研发、生产与贸易，促进其创新发展。

1. 形态记忆织物的特性

1.1 PTT 纤维

PTT 纤维，即聚对苯二甲酸-1,3-丙二醇酯纤维，俗称"弹性涤纶"。它是由对苯二甲酸（PTA）和 1,3-丙二醇（PDO）缩聚而成，其分子结构式为

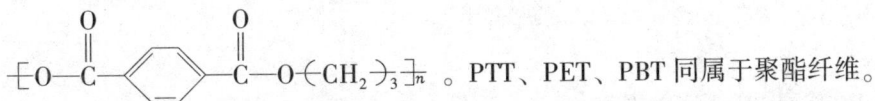

。PTT、PET、PBT 同属于聚酯纤维。

PTT 纤维的分子链形成螺旋状排列，在受到外力时像弹簧那样能够发生键角的改变和键的旋转，从而容易产生较大的伸长和回复，而且在这种键旋转过程中分子的构型并未发生变化，其构象转变完全是可逆的，外力除去后又回复原状，这种结构赋予了 PTT 良好的内在回复性，而且纤维的模量较低。它综合了锦纶的柔软性、腈纶的蓬松性、涤纶的抗污性，加上本身固有的弹性等特点，把各种纤维的优良服用性能集于一身，从而成为当前国际上最新开发的热门高分子新材料之一。

1.2 形态记忆织物

形态记忆织物是指利用 PTT 纤维加工而成具有较好的形态可塑性和形态回复性的机织物。

聚酯纤维形态记忆织物根据其 PTT 纤维含量，分为全记忆织物、半记忆织物。全记忆织物指以 100%PTT 纤维为原料的机织物，半记忆织物指经向或纬向以 PTT 纤维为原料，与其他原料交织的机织物。不含 PTT 纤维但有相当的形态记忆特性的织物，可称为仿记忆织物。

因 PTT 纤维具有较强伸长性、弹性、折皱回复性，而使其加工成的织物具有广泛的应用。PTT 纤维可与 PET、锦纶、羊毛、黏胶、桑蚕丝等其他纤维进行混纺或交织，可赋予织物更多的综合性能，设计开发新产品前途广阔。

2. 织物形态记忆性试验方法

形态记忆织物的主要特性包括形态可塑性和形态回复性。形态可塑性指织物在受到抓、挤、折、压等一定的外力作用下产生形态变化并能够保持形变后形态的特性。形态回复性指织物在受到一定的外力作用下产生形变，再受到一

定的回复性外力时能够回复到平整形态的特性。

织物的形态记忆性主要是由 PTT 纤维的特性产生的，另处，对原料的加工方式、织物紧密度、厚度等因素，也对织物的记忆效果形成一定的影响。

2.1 形态可塑性试验

经大量研究，现提出并组织对织物施加不同的 5 种受力方式以产生不同的形态变化的试验，来测试织物的形态可塑性。

2.1.1 折叠加压法

2.1.1.1 试验条件

（a）试样尺寸长 120mm×宽 20mm，经向和纬向各 5 块。

（b）尺寸 25mm×25mm×3mm 玻璃片。

（c）水平、光滑平台。

（d）砝码 2kg，底面平整。

（e）长 300mm、精度 0.5mm 的钢直尺。

（f）试验场所恒温恒湿，不受通风和灯具辐射的影响（下同，不再提出）。

2.1.1.2 试验方法

（a）沿试样长度方向按 M 形每隔 20mm 重复折叠，形成正方形折叠试样（图 1）。

（b）将折叠后的正方形试样按侧面轻轻放在干爽、清洁的平台上，对准试样中心轻轻盖上玻璃片，再轻轻放上 2kg 20N 的压力砝码，使砝码完全盖住玻璃片，开始施加负荷。

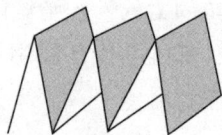

图 1 折叠加压法折叠方法

（c）试样受压，经规定时间 5min 后，卸除负荷。

（d）轻轻提起试样长度方向的一端，将试样自然放置在水平台面上，自然平衡时间为 1min。

（e）用钢直尺量出试样沿折叠方向的长度。测量前不得有外力触碰样品，防止受力变形。

（f）以形变前、形变后的织物长度差值与织物形变前的长度之比率，作为评价形态记忆织物的一个技术指标，本文称之为"形态记忆系数"（下同）。

2.1.1.3 评价方法

根据试验数据计算并平均后，来评价织物的形态可塑性，采用客观评价法。

根据反复试验和验证，全记忆织物的形态记忆系数≥20%，半记忆织物的形态记忆系数≥15%（下同）。

2.1.2　卷绕加压法

2.1.2.1　试验条件

（a）试样尺寸长 120mm×宽 20mm，经向和纬向各 10 块，其中正面和反面各 5 块。

（b）25mm×25mm×3mm 玻璃片。

（c）水平、光滑平台。

（d）砝码 2kg，底面平整。

（e）直径约 7mm、长约 150mm 的圆柱形玻璃棒或完整的中华牌 HB 铅笔一支。

（f）长 300mm、精度 0.5mm 的钢直尺。

2.1.2.2　试验方法

（a）将试样沿长度方向重叠、完全卷绕在圆柱上（本试验用铅笔笔杆）（图2）。

（b）抽去柱芯，形成空心圆柱。

（c）将试样卷成的空心圆柱顺侧面轻放在光滑平板上，对准试样中心轻轻盖上玻璃片，然后对正放置 2kg 砝码，施加压力。

图2　卷绕加压法卷绕方法

（d）试样受压保持 5min 的时间后，卸除负荷。

（e）轻轻拿起试样长度方向的一端，将试样自然放置在水平、光滑台面上，自然平衡时间为 1min。

（f）用钢直尺测量试样在自然状态下沿卷绕方向的长度，以形变前、形变后平复状态下的织物长度差值与织物形变前的长度之比率，计算织物的记忆系数。

2.1.2.3　评价方法

根据试验数据计算得出织物的记忆系数并平均后，来评价织物的形态可塑性，采用客观评价法。

2.1.3　凹槽加压法

2.1.3.1　试验条件

（a）试样尺寸长 120mm×宽 20mm，经向和纬向各 5 块。

（b）用硬塑料制作咬合式实心凹槽，长度 130mm，宽度 30mm，总高度 40mm。下槽各衔接边段宽度和高度均为 10mm，上槽与下槽能够半紧密咬合，且折弯处自然、平滑。

（c）水平、光滑试验平台。尺寸 130mm×30mm×3mm 玻璃片。

（d）砝码 2kg，底面平整。

（e）长 300mm、精度 0.5mm 的钢直尺。

2.1.3.2　试验方法

（a）将长方形记忆织物试样，宽松、轻轻放置到下凹槽中（图 3）。

（b）用手轻轻按下试样，使布面与凹槽各面基本贴实，即图中的红色线条。

（c）对准下槽，轻轻放下上槽。

（d）在上槽上面轻轻放置玻璃片并贴合上槽平面及中心，再放上 2kg 砝码。

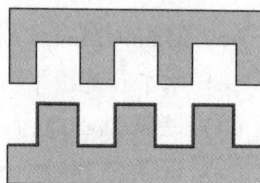

图 3　凹槽加压法装置

（e）施加压力并保持 5min 后，卸除负荷。

（f）轻轻取出试样，自然轻放在台面上，经过 1min 的自然平复。

（g）用钢直尺测量其折压方向的长度，以形变前、形变后平复状态下的织物长度差值与织物形变前的长度之比率，计算织物的形态记忆系数。

2.1.3.3　评价方法

根据试验数据的计算结果并平均后，来评价织物的形态可塑性，采用客观评价法。

2.1.4　扭转造型法

2.1.4.1　试验条件

（a）试样尺寸长 300mm×宽 100mm，经向和纬向各 5 块。

（b）水平、光滑平台。

（c）清洁试样夹 2 只，夹口宽度大于 100mm。

（d）试样夹固定架，高度 300mm，左夹与右夹水平间距可调，范围为 100~300mm。

（e）长 300mm、精度 0.5mm 的钢直尺。

2.1.4.2　试验方法

（a）将试样两端用宽边试样夹夹住，试样夹固定在支架上（图 4），使布面竖直、平整。

（b）缩小支架宽度到 200mm（含试样宽度 150mm），固定支架宽度。

（c）松开右侧试样夹固定端，连同试样一起以左右夹中心线为中心旋转 360°，固定右侧试样夹。

（d）在扭力的作用下保持 5min 的时间后，轻轻

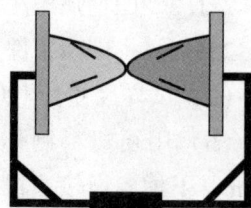

图 4　扭转造型法示意

取下试样夹和试样。

（e）把试样轻轻放在光滑台面上，经过 1min 的自然平复。

（f）用钢直尺测量其自然状态下的长度，以形变前、形变后平复状态下的织物长度差值与织物形变前的长度之比率，计算织物的形态记忆系数。

2.1.4.3 评价方法

根据试验数据计算后的结果并平均后，来评价织物的形态可塑性，采用客观评价法。

2.1.5 抓皱造型法

2.1.5.1 试验条件

（a）试样尺寸长 200mm×宽 200mm，正面和反面各 5 块。

（b）水平、光滑平台。

（c）手上抓皱时施加的作用力为（300±10）g/m^2。

（d）测试人员要有一定的经验，有良好的手感和力感，手指保持清洁，态度公正、冷静。

（e）参照样品：样品甲是全记忆织物，规格为 75DPTT×75DPTT/90×45，平纹组织；样品乙是涤纶普通织物，规格为 75DFDTY×75DDTY/60×40，平纹组织。

2.1.5.2 试验方法

（a）把试样摊平在干爽、光滑台面上，右手五指张开，对准试样中央，五指收拢，按规定的力量抓起试样并升高完全离开台面，保持 1min 时间。

（b）将试样轻轻放置在台面上，对照参照样品，观察抓印造型效果，按表 1 进行评分；评分所对应的等级称为"主观可塑性"。

其中：参照样品甲是全记忆织物，规定其手抓造型效果评分为 100 分，评价为 5 级，参照样品乙是涤纶普通织物，规定其手抓造型效果评分为 50 分，评价为 1 级。

表 1 织物抓皱造型评分对照

抓印造型效果	评价分数	指标
抓印造型很明显	90~99	5 级
抓印造型明显	80~89	4 级
有抓印造型	70~79	3 级
有轻微抓印造型	60~69	2 级
基本没有抓印造型	50~59	1 级

2.1.5.3 评价方法

根据试验评分的平均结果，来评价织物的形态可塑性，也称为主观可塑性，采用主观评价法。

根据反复试验和验证，全记忆织物的主观可塑性为 4~5 级，半记忆织物的主观可塑性为 3~4 级。

2.2 形态回复性试验

现研究提出对织物施加不同的 3 种受力方式使织物由变化状态回复到平整状态的试验，来测试织物的形态回复性。

2.2.1 悬挂回复法

2.2.1.1 试验条件

试验应满足以下基本条件：

（a）水平、光滑的玻璃试验平台。

（b）200g 砝码一只。

（c）清洁试样夹两只，夹口宽度大于 20mm。

（d）钢直尺一把，长度 300mm，精度 0.5mm。

（e）悬挂装置一个，用铝合金材料制作（图 5）。其中，1 指三角形底座，三边长约为 200mm×150mm×150mm；2 指立杆，高度约 500mm；3 指斜连杆，起固定作用；4 指横杆，长度约 120mm；5 指悬挂连接头。

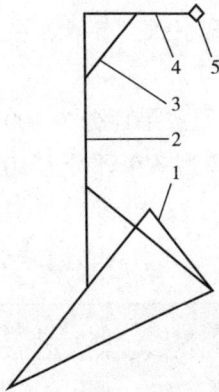

图 5　悬挂回复装置示意　　　图 6　悬挂回复装置实物

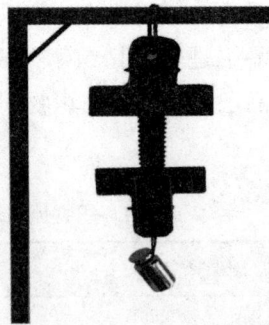

2.2.1.2 试验方法

（a）用试样夹将织物发生形态变化后的试样沿长度方向的一端夹住，固定在悬挂装置的上端作为固定翼，下端自由垂下后，用另一个试样夹轻轻夹住（图 6）。

（b）将 200g 的砝码轻轻挂在下侧试样夹下端，轻轻放下。

（c）试样受拉经规定时间 5min 后，卸除负荷，取下试样夹。

（d）轻轻拿起试样长度方向的一端，将试样自然放置在玻璃台面上，自然平衡时间为 1min。

（e）用钢直尺量出试样在自然水平状态下的长度。测量前不得有外力触碰样品，防止受力变形。

2.2.1.3　评价方法

以试验所测的织物回复后的长度，与织物原始平整状态的长度之比率，称为"形态回复系数"，来评价织物的形态回复性，采用客观评价法。

根据反复试验和验证，全记忆织物的形态回复性≥98%，半记忆织物的形态回复性≥96%。下同。

2.2.2　滑压回复法

2.2.2.1　试验条件

（a）水平、光滑的玻璃试验平台。

（b）30N 重锤一只。

（c）钢直尺一个，长度 300mm，精度 0.5mm。

2.2.2.2　试验方法

（a）将织物发生形态变化后的试样沿长度方向横向自然放置在平台上，左侧固定（图 7）；用手轻拂布面，使试样平直。

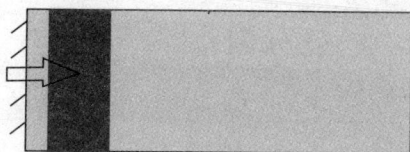

图 7　滑压回复示意

（b）将 30N 的重锤靠试样左侧轻轻放在试样上，并对齐对正。

（c）用手水平轻轻推动重锤向右滑移，直到移出试样。滑移速度控制在 300mm/min。重复滑移操作，使试样所有位置均经过滑压至少一次。

（d）移走重锤，对试样自然平衡时间 1min。

（e）用钢直尺量出试样在自然水平状态下的长度。

2.2.2.3　评价方法

以试验所测的织物回复后的长度，与织物原始平整状态的长度之比率，即"形态回复系数"，来评价织物的形态回复性，采用客观评价法。

2.2.3 抚平回复法

2.2.3.1 试验条件

（a）水平、光滑的玻璃试验平台。

（b）钢直尺一个，长度 300mm，精度 0.5mm。

（c）手上抚平时施加的作用力为（300±10）g/m^2。

（d）测试人员要有一定的经验，有良好的手感和力感，手指保持清洁，态度公正、冷静。

（e）测试效果不确定时，可重复测试或延缓测试。

2.2.3.2 试验方法

（a）把受力形变后的试样轻轻平放在平台上。

（b）左手压住试样的左边，右手五指略微并拢并平放在试样上，从左向右，按规定的压力接触平移后，重复一次上述动作，并使试样所有位置均受到抚平手压至少一次。

（c）观察形变的抚平效果，按表 2 进行评分。评分所对应的等级称为"主观回复性"。

表 2 织物抚平回复评分对照

形变抚平效果	评价分数	指标
很明显完全抚平抓印	90~99	5 级
明显抚平抓印	80~89	4 级
有抚平抓印	70~79	3 级
有轻微抚平抓印	60~69	2 级
基本没有抚平抓印	50~59	1 级

2.2.3.3 评价方法

根据试验评定等级的平均结果，来评价织物的形态回复性，也称为主观回复性，采用主观评价法。

根据反复试验和验证，全记忆织物的主观回复性为 4~5 级，半记忆织物的主观回复性为 3~4 级。

3. 试验数据分析与评价

本文仅对折叠加压法、抓皱造型法、悬挂回复法的试验数据进行分析。

本文选用 14 个样品，包括 6 个全记忆类、6 个半记忆类、4 个仿记忆类，其规格见表3。

表3　聚酯纤维形态记忆类织物样品清单

序号	类别	原料规格	成品密度/ (根·10cm⁻¹)	质量/ (g·m⁻²)	组织	备注
1	全记忆类	PTT50D×PTT50D	940×570	100	平纹	
2		PTT50D×PTT50D	1020×520	130	2/1斜纹	
3		PTT50D×PTT75D	1030×420	128	平纹	纬捻
4		PTT75D×PTT75D	870×480	145	2/1斜纹	纬加捻
5		PTT75D×PTT75D	940×510	150	31/11骑兵斜	经纬加捻
6		PTT75D×PTT75D	820×390	145	平纹七线格	经纬加捻色织
7	半记忆类	PTT50D×50DT400	920×610	115	小提花	纬弹
8		PTT75D×75D低弹	960×450	145	小提花	纬捻色织
9		PTT75D×150D七彩丝	800×380	150	31/11骑兵斜	七彩丝
10		75D低弹×75PTT	880×450	135	31/11骑兵斜	纬捻
11		50D涤锦×PTT50D	940×550	95	平纹	涤锦复合丝
12		PTT50D×50D低弹	920×520	125	平纹	纬捻
13	仿记忆类	75D×75D+68D+40D	760×460	142	联合	经纬加捻抗静电
14		75D+75D×75D+75D	850×500	150	31/11骑兵斜	经纬加捻吸湿性
15		75D低弹×75D低弹	880×370	128	平纹	经纬加捻
16		75D+75D×75D+75D	880×460	135	小提花格子	经纬加捻色织涂层

3.1　折叠加压法分析

16种试样，每种试样进行经向、纬向各5次试验；压力重锤分别采用10N、20N、30N、40N等进行试验，根据同组数据的极差和方差大小，确定使用30N

的重锤较为合理。其试验数据见表4。

表4 折叠加压法测试织物记忆系数数据汇总

序号	类别	经向1	经向2	经向3	经向4	经向5	纬向1	纬向2	纬向3	纬向4	纬向5	总平均
1	全记忆类	20.3	21.4	22.6	21.8	21.6	23.0	24.3	22.0	23.2	23.3	22.4
2		21.8	20.9	20.1	22.1	21.6	24.2	23.8	24.4	25.4	25.6	23.0
3		23.6	24.9	25.1	23.2	22.9	27.0	25.3	28.1	26.6	25.7	25.2
4		24.4	27.1	26.3	23.8	23.3	23.1	24.0	26.2	24.2	24.6	24.7
5		25.2	24.1	25.9	25.5	24.2	31.1	29.6	27.9	30.0	28.1	27.2
6		23.2	20.9	23.3	22.4	21.5	22.8	23.7	22.8	22.9	23.1	22.7
7	半记忆类	12.6	15.0	15.2	14.4	15.0	17.1	13.9	15.8	15.6	15.6	15.0
8		20.1	21.4	20.3	21.2	20.9	24.4	26.1	23.0	23.5	25.3	22.6
9		16.8	17.1	18.8	15.6	17.1	14.5	16.7	16.8	14.6	16.4	16.4
10		23.3	20.9	21.5	21.5	23.3	25.0	23.8	24.2	23.1	22.8	22.9
11		16.9	17.7	16.1	17.6	16.1	17.9	18.7	18.9	17.7	18.0	17.6
12		20.9	22.1	23.3	22.1	20.4	17.9	20.0	20.9	18.8	19.2	20.6
13	仿记忆类	16.1	16.3	12.0	14.7	15.4	14.5	14.6	16.1	16.5	17.5	15.4
14		8.9	10.8	11.9	8.0	9.1	9.7	12.1	11.0	9.4	10.8	10.2
15		15.4	11.2	15.8	14.5	15.1	11.9	16.5	17.0	12.7	13.3	14.3
16		9.2	11.6	11.0	9.9	10.5	14.1	10.6	8.8	13.2	13.3	11.2

从表中可以看出，测试数据均匀，符合面料的实际记忆特征，全记忆织物的记忆系数均大于20%，半记忆织物的记忆系数均大于15%，所以本试验方法合理、科学、有效。

3.2 抓皱造型法分析

同样对上述16种试样，每种试样进行抓皱造型法试验织物的形态可塑性，试验数据见表5。

从表中可以看出，测试数据均匀，符合面料的实际记忆特征，全记忆织物的形态可塑性均为 4~5 级，半记忆织物的形态可塑性均为 3~4 级，所以本试验方法合理、科学、有效。

表5　抓皱造型法测试织物可塑性数据汇总

序号	类别	抓皱1		抓皱2		抓皱3		抓皱4		抓皱5		平均等级
1	全记忆类	92	5级	83	4级	93	5级	89	4级	85	4级	4级
2		95	5级	90	5级	95	5级	95	5级	86	4级	5级
3		95	5级	94	5级	95	5级	84	4级	93	5级	5级
4		90	5级	83	4级	92	5级	93	5级	95	5级	5级
5		93	5级	84	4级	90	5级	95	5级	95	5级	5级
6		88	4级	98	5级	86	4级	86	4级	85	4级	4级
7	半记忆类	83	4级	88	4级	77	3级	85	4级	75	3级	3级
8		90	5级	85	4级	85	4级	83	4级	85	4级	4级
9		84	4级	75	3级	75	3级	75	3级	75	3级	3级
10		95	5级	95	5级	97	5级	93	5级	90	5级	5级
11		85	4级	85	4级	85	4级	90	5级	82	4级	4级
12		85	4级	80	4级	75	3级	72	3级	75	3级	3级
13	仿记忆类	65	2级	73	3级	74	3级	65	2级	68	2级	2级
14		55	1级	55	1级	66	2级	65	2级	58	1级	1级
15		80	4级	75	3级	75	3级	65	2级	75	3级	3级
16		76	3级	65	2级	55	1级	68	2级	65	2级	2级

3.3　悬挂回复法分析

上述 16 种试样，对折叠加压法产生的形变，采用悬挂回复法，每个试样进行形态回复性试验，测量其形态回复系数。每种试样分别进行经向、纬向各 5 次试验；悬挂重锤分别采用 5N、10N、15N、40N 等进行试验，根据同组数据的极差和方差大小，确定使用 10N 的重锤较为合理。其试验数据见表6。

从表6 中可以看出，测试数据均匀，符合记忆面料变形后的实际记忆回复性特征，全记忆织物的形态回复系数均大于98%，半记忆织物的形态回复系数均大于96%，所以本试验方法及各项指标合理、科学、有效。

表 6 悬挂回复法测试织物形态回复性数据汇总

序号	类别	经向1	经向2	经向3	经向4	经向5	纬向1	纬向2	纬向3	纬向4	纬向5	总平均
1	全记忆类	99	99	99	98	99	99	99	99	99	99	98.9
2		99	99	99	99	99	98	99	99	97	99	98.7
3		100	99	99	99	99	99	99	99	98	99	99.0
4		99	99	99	99	99	99	99	99	99	98	98.9
5		100	99	99	99	99	99	99	99	99	99	99.1
6		99	99	100	99	99	99	99	98	99	99	99.0
7	半记忆类	99	98	99	98	99	95	97	96	97	98	97.6
8		98	98	99	99	99	96	96	94	96	96	97.1
9		100	99	98	99	99	95	98	95	95	97	97.5
10		98	95	95	96	98	94	97	97	96	97	96.3
11		98	98	98	99	98	98	98	97	96	97	97.4
12		97	98	98	96	99	94	97	97	96	96	96.8
13	仿记忆类	97	95	96	94	94	96	92	92	95	93	94.4
14		97	94	93	97	97	93	94	95	97	94	95.1
15		96	94	97	93	94	93	92	95	95	92	94.1
16		92	90	92	94	94	94	91	95	94	94	93.0

4. 结束语

使用 PTT 纤维制成的机织物具有较好的伸长性、弹性、折皱回复性，具有涤纶、锦纶、腈纶的综合性能，广泛适用于服装面料，因而受到了消费者的喜爱，新产品应用前景极为广阔。

形态记忆织物具有较强的形态记忆性，包括形态可塑性和形态回复性。这种性能可用多种方法进行测试和评价，特别是本文提出的五种形态可塑性和三种形态回复性的试验和评价方式，可对该类产品的性能的检测提供完整、全面、切实的指导和依据，协助制定相关标准，以规范该类产品的研发、生产与贸易，促进其进一步的开拓创新，为企业生产提供技术支持，为消费者保驾护航，为更好地促进我国纺织业的发展！

参考文献

[1] 中国长丝织造协会. 2017 中国长丝织造产业发展研究 [M]. 北京：中国纺织出版社，2018.

[2] 薛淑云，王国华. PTT 记忆织物加工工艺与性能研究 [D]. 苏州：苏州大学，2009.

[3] SOOPAT 网站 [Z]. 专利技术.

（本文获得"牛牌杯"2020 年中国长丝织造行业技术创新优秀论文一等奖）

素织经起花色织新产品开发

武　京，眭建华

（苏州大学纺织与服装工程学院，江苏苏州，215021）

摘　要：基于多臂织造条件研究开发经起花色织产品，研究了经起花织物的纱线配置、构图设计、组织设计、上机织造等的方法与要点。研究认为，经起花织物的彩经数一般为 1~3 组，彩、地经排列比值应在 3 及以下，彩经可根据构图要求设计为全幅均匀分布和嵌条分布，地组织可以是单层组织也可以配置双层组织，可根据设计要求配置不同长度彩经起花，彩经不起花时可设计全沉背或加点接结。织物上机采用分区穿综，彩、地经织缩率相差较大时要考虑使用双经轴，绘制纹板图时要根据构图特点适当对彩经起花和沉背接结的区域边缘作"抛点"处理。进一步采用 36Ne/2 棉、40Ne/2 棉、21Ne 棉及 40Nm/2 涤/毛混纺纱等色纱作经纬，设计并试制了"霓虹炫彩""生命律动"两个单组彩经全幅起花，"如影随形"双组彩经全幅起花，"丝丝入扣"双组彩经嵌条起花等几个不同特色的色织新产品。

关键词：经起花织物；组织设计；多臂织机；色纱排列

经起花织物是将经纱设成地经、彩经两组，地经与纬纱交织构成地组织，彩经在不同区域分别配置纵向连续经组织点或纵向连续纬组织点，连续经组织点区域彩经浮现于地组织上方，连续纬组织点区域彩经沉背在地组织下方[1-4]。地经由地综管理，相同运动的彩经由同一片彩经综框管理，连续数根穿于同综框的彩经使花纹形成一定宽度，彩经起花跨过的纬纱根数使花纹有一定的高度，一定数量的彩经用综框就可以实现花纹构图的变化。

显然，复杂构图的经起花织物必须使用大提花织机。多臂织机开发经起花织物，构图变化与彩经用综框数有关。传统机械多臂织机综框数一般在 16 片及以下，并且使用实物形的纹板。生产中需要配备几片边综框，并要考虑后排综框提升高度限制，实际可用于布身的综框数就不多了，因此采用机械多臂织机织制经起花织物，彩经沉浮的变化就会受到很大限制[5-6]。此外纹板数量的受限也制约了经起花织物构图沿经向的丰富变化。现代电子多臂织机在绞边综以外的综框数可达到 20 片以上，且纹板图以文件信号输入，这就能大大拓宽经起花织物的设计开发思路。本文基于电子多臂剑杆织机实例设计并试制了几款经起花色织新产品。

1. 经起花织物设计

1.1 经纱配置

经纱配置包括彩经组数配置与彩、地经排列比设置，其原则是一方面要使彩经以一定的排列密度凸显起花效果，另一方面要确保地经以一定密度与纬纱交织成牢固稳定的地部。

彩经可配置单组，也可配置两组或三组。单组彩经的，彩、地经以 1∶1 排列。双组彩经的，可以有 1 根甲彩经、1 根地经、1 根乙彩经、1 根地经的 1∶1 配置，也可以有 1 根甲彩经、1 根乙彩经、1 根地经的 2∶1 配置。三组彩经的，宜用 1 根甲彩经、1 根乙彩经、1 根丙彩经、1 根地经的 3∶1 配置。彩经组数过多会使得地经密度不足，织物过于松弛；三组彩经的经起花，如果彩、地经 1∶1 排列，则会使同组彩经分布过稀疏，显现花纹效果欠佳。

1.2 构图设计

1.2.1 花纹的大小

显然，素织经起花织物的构图仍以几何纹为主[7-8]。每一个起花区域的大小，其高度等于彩经连续起花所跨过的纬纱数除以织物纬密，其宽度等于连续相同起花彩经根数除以该组彩经的实际经密。

1.2.2 花纹的变化

经起花织物的构图设计时首先要确定彩经的可变数量，数量越多，花纹越丰富。不同规律的彩经必须穿于不同的综框，因此彩经的可变数量等于内经纱总用综数减去地综用综数。例如，设计总用综数 16 片，其中地经需用综 4 片，那么对于单组彩经品种可以有 12 种不同规律的沉浮变化，对于双组彩经就各有 6 种变化，三组彩经的各有 4 种变化。

1.2.3 花纹的布局

这里所提的花纹布局是指彩经在织物中的分布，有全幅分布和嵌条分布两种。全幅分布的彩经与全部地经按比例排列，构成满幅图案。嵌条分布的织物中彩经在局部区段按比例与地经配置，其他区域不配置彩经，形成纵向条纹图案。

图 1 为经起花织物构图设计示例，图中"□"表示地经，"■、■"表示彩经起花部分，"■"表示彩经沉背部分。其中（a）为单组彩经，地经∶彩经＝1∶1，彩经全幅布局；（b）为双组彩经，地经∶彩经＝1∶2，彩经全幅布局；（c）为单组彩经，地经∶彩经＝1∶1，彩经嵌条布局；（d）为双组彩经，地经∶彩经＝1∶2，彩经嵌条布局。

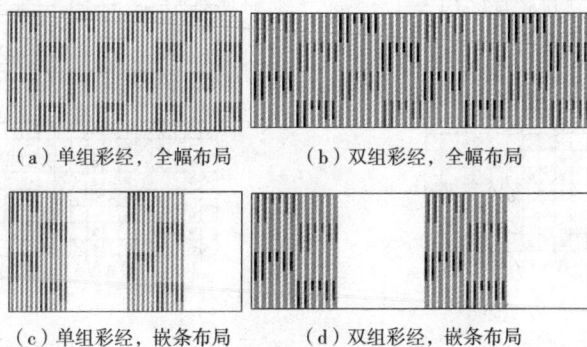

（a）单组彩经，全幅布局　　　（b）双组彩经，全幅布局

（c）单组彩经，嵌条布局　　　（d）双组彩经，嵌条布局

图 1　经起花的几种构图设计

1.3　组织设计

1.3.1　单层地组织

单层地经起花属于经二重组织结构[9]。地部一般配置 2~5 枚组织的简单组织。在彩经起花区域，可根据设计要求按一定规律加纬组织点切断过长浮长线，但需要注意在接近沉背区域的边缘部分不加点切点（抛点处理），以保持彩经的显花效果。

对彩经沉背的处理有两种办法：一种是彩经以全部纬组织点沉背，下机后将背后的浮长线修剪掉；另一种是采用加经组织点办法切断过长的反面浮长线，此时同样要注意在接近起花区域不加点切点，对沉背区域长度较小的情况也可不加点切点（抛点处理）。

如图 2 所示均为单层地经起花组织，图中"⊠"为地经经组织点，"▣"为彩经起花经组织点，其中（a）为单组彩经，彩、地经 1∶1，地组织平纹，彩经在Ⅰ、Ⅲ区以 $\frac{3}{1}$ 组织起花，在Ⅱ、Ⅳ区以 $\frac{1}{3}$ 组织沉背；（b）也是单组彩经，1∶1 排列，地组织为 $\frac{3}{1}\nearrow$，彩经在Ⅰ、Ⅲ区 $\frac{3}{1}$ 起花，Ⅱ、Ⅳ不起花区以全纬组织点沉背；（c）有甲、乙两组彩经，地经∶彩经＝1∶2，平纹地组织，在Ⅰ区甲彩经以 $\frac{3}{1}$ 组织起花、乙彩经 $\frac{1}{3}$ 组织沉背，在Ⅱ区乙彩经 $\frac{3}{1}$ 起花、甲彩经 $\frac{1}{3}$ 沉背，在Ⅲ区甲、乙彩经均配置 $\frac{3}{1}$ 组织起花，在Ⅳ区甲、乙彩经均配置 $\frac{1}{3}$ 组织沉背。三组彩经参照图 3 设计。

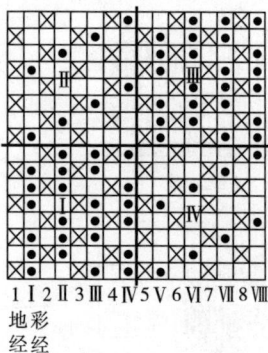

（a）单组彩经，平纹地，$\frac{3}{1}$起花，$\frac{1}{3}$沉背

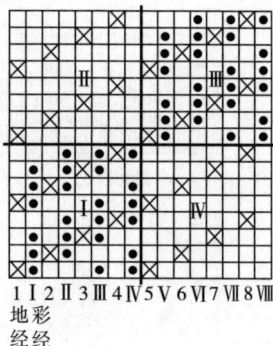

（b）单组彩经，$\frac{1}{3}\nearrow$地，$\frac{3}{1}$起花，全纬沉背

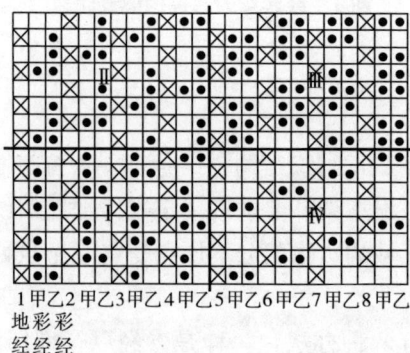

（c）双组彩经，平纹地，$\frac{3}{1}$起花，$\frac{1}{3}$沉背

图 2　单层地经起花组织示例

1.3.2 双层地组织

配置双层地结构经起花组织的好处在于：彩经在不起花时可以安排于表纬之下、里纬之上，藏于两层之间，不会出现单层地组织经起花中彩经沉背区域"露底"的现象[10-11]。同时，还可以通过表里换层丰富地部层次[12-13]。但考虑控制地经用综、保障彩经用综，基础组织以配置平纹为主。地部组织可以采用表里换层，也可以采用表里接结。

图 3 所示双层地经起花组织中，"○"为地经提升符号，"□"为彩经提升符号，"▲"为接结双层组织的下接上接结点，其中（a）为表里换层、单组彩经起花，甲地经：乙地经：彩经=1：1：1，甲纬：乙纬=1：1，Ⅰ、Ⅲ区甲地经与甲纬平纹作表组织，乙地经乙纬平纹作里组织，彩经以$\frac{3}{1}$组织起花；在Ⅱ、Ⅳ区，乙地经乙纬平纹作表组织，甲地经甲纬平纹作里组织，彩经藏于上、下层之间。（b）为表里换层、双组彩经，甲地经：乙地经：A彩经：B彩经=1：1：1：1，甲纬：乙纬=1：1，在Ⅰ和Ⅱ区甲地经甲纬平纹作表、乙地经乙纬平纹作里，在Ⅲ和Ⅳ区乙地经乙纬平纹作表、甲地经甲纬平纹作里。A彩经在Ⅰ区、Ⅲ区以$\frac{3}{1}$起花，Ⅱ、Ⅳ区藏于两层之间，B彩经在Ⅱ、Ⅳ区以$\frac{3}{1}$起

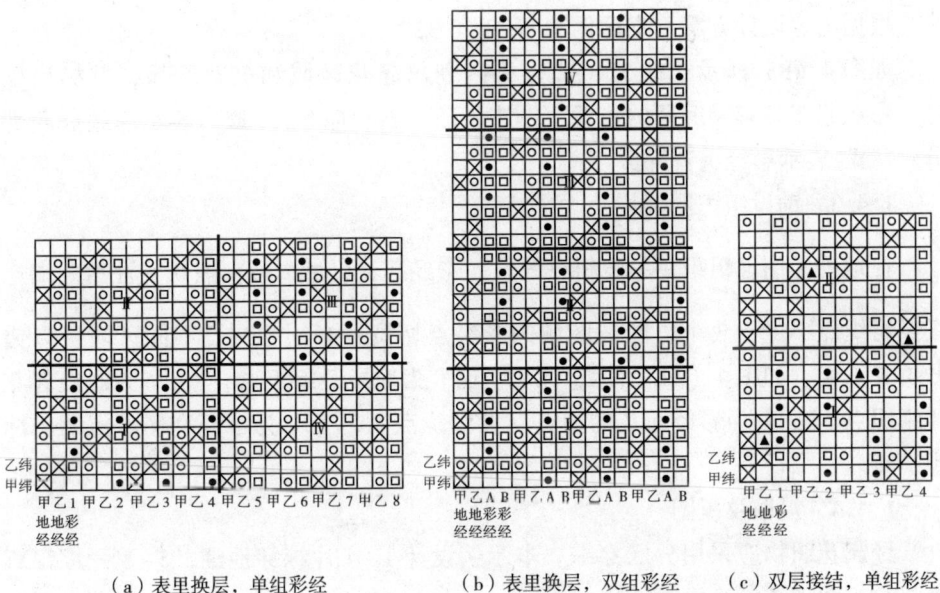

（a）表里换层，单组彩经　　　　（b）表里换层，双组彩经　　　（c）双层接结，单组彩经

图 3　双层地经起花组织示例

花，在Ⅰ区、Ⅲ区藏于两层之间。（c）为表里接结双层地的单彩经起花，1∶1排列方式，甲地经与甲纬 $\dfrac{2}{2}$↗作表，乙地经与乙纬 $\dfrac{2}{2}$↗作里，下接上接结，彩经在Ⅰ区 $\dfrac{3}{1}$ 起花、在Ⅱ区藏于两层之间。

1.4 经起花织物组织图与上机图绘制方法

1.4.1 设计构图与组织

示例如图4所示，（a）为构图设计，其中"▨"为彩经起花区域，"□"为彩经沉背部分。设计单组彩经，彩、地经1∶1排列，每个起花区域的彩经数4根，起花浮长为8根纬纱，纵横向各有4个变化起花区域。地组织 $\dfrac{1}{3}$ 破斜纹，彩经 $\dfrac{3}{1}$ 起花，不起花时全沉背。

1.4.2 计算 R_j、R_w

可按公式1、2计算出组织循环数：

R_j = 起花区域彩经数 ×（彩、地经排列比之和）× 横向变化起花区域数

公式1

$$R_w = 起花高度纬纱数 × 纵向变化起花区域数$$ 公式2

根据给定设计方案，本示例 $R_j = R_w = 32$。

如图4（b）所示，在32×32方格内划出起花区域和沉背区域，并标出地经、彩经起花、彩经沉背的位置，图中"□"表示地经，"■"表示彩经起花部分，"■"表示彩经沉背部分。

1.4.3 铺设组织图铺设

在地经上用地组织 $\dfrac{1}{3}$ 破斜纹铺设，彩经起花区域以 $\dfrac{3}{1}$ 点切，注意两端连续经组织点不少于3个，同一区域的彩经点切位置必须相同，不同区域可以错开位置点切。如图4（c）所示，图中"⊠"为地经经组织点，"▲"为彩经起花经组织点，"☑"为彩经起花的切点（纬组织点），"□"为地经和彩经沉背的纬组织点。

1.4.4 提取纹板图

经起花织物应采用分区穿综。本示例设计1~4片综穿地经，5~8片综穿彩经，纹板图如图4（d）所示。

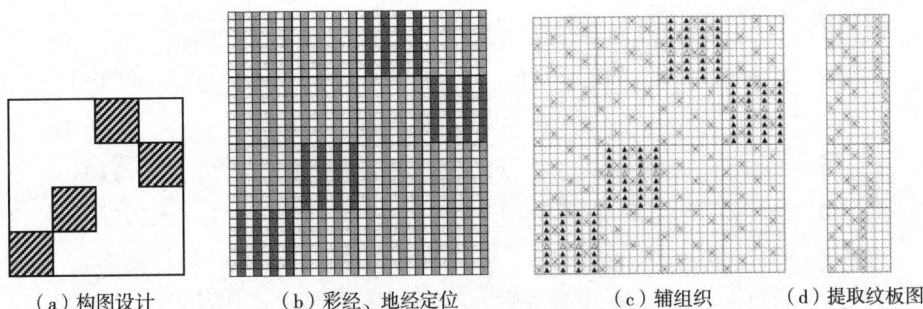

(a) 构图设计　　　(b) 彩经、地经定位　　　(c) 辅组织　　　(d) 提取纹板图

图4　经起花织物组织图、纹板图绘制示例

2. 经起花色织产品开发

2.1 单彩经起花产品

本文设计开发的经起花产品均为单层地部结构，在全自动电子多臂剑杆织机上试制，织机配置16片综框、8色选纬。

2.1.1 霓虹炫彩

设计一款彩经多色渐变、全幅起花、单层地组织经起花织物。彩经以曲线斜纹起花构成菱形花纹图案，深色底纹，以营造夜幕下霓虹闪烁的强烈视觉对比效果。地经、彩经均为32Ne/2棉色纱，彩经单组，地、彩经1∶1排列。地经配深藏青色。彩经配甲（明黄）、乙（暗红）、丙（宝蓝）、丁（中绿）四种色纱，以（4甲1乙）×2、（3甲2乙）×2，（2甲3乙）×2，（1甲4乙）×2；（4乙1丙）×2、（3乙2丙）×2，（2乙3丙）×2，（1乙4丙）×2；（4丙1丁）×2、（3丙2丁）×2，（2丙3丁）×2，（1丙4丁）×2；（4丁1甲）×2、（3丁2甲）×2，（2丁3甲）×2、（1丁4甲）×2排列形成色彩渐变。纬纱配置同地经。上机经密320根/10cm，纬密200根/10cm。地组织 $\frac{2}{2}$ ↗斜纹，彩经起花处配置 $\frac{3}{1}$ 组织，不起花处全部沉背。采用16片综，地综穿1~4片综，彩经穿5~16片综，具体穿综为（1、5、2、5、3、5、4、5），（1、6、2、6、3、6、4、6），（1、7、2、7、3、7、4、7、1、7、2、7），（3、8、4、8、1、8、2、8），（3、9、4、9、1、9、2、9），（3、10、4、10），（1、5、2、5），（3、6、4、6），（1、7、2、7、3、7、4、7），（1、8、2、8、3、8、4、8），（1、9、2、9、3、9、4、9、1、9、2、9），（3、10、4、10、1、10、2、10），（3、5、4、5、1、5、2、5），（3、6、4、6）（1、7、2、7），（3、8、4、8），（1、11、2、

11)，(3、12、4、12)，(1、13、2、13、3、13、4、13)，(1、14、2、14、3、14、4、14)，(1、15、2、15、3、15、2、15、1、15、2、15)，(3、16、4、16、1、16、2、16)，(3、11、4、11、1、11、2、11)，(3、12、4、12)，(1、13、2、13)，(3、14、4、14)，(1、12、2、15、3、15、4、15)，(1、16、2、16、3、16、4、16)，(1、11、2、11、3、11、4、11、1、11、2、11)，(3、12、4、12、1、12、2、12)，(3、13、4、13、1、13、2、13)，(3、14、4、14)。图 5（a）为纹板图，（b）为下机后的织物片段，布面平整，克重在 150g/m² 左右，色彩过渡自然、炫目感强烈，不对称构图丰富了作品的视觉效果，非常适宜于歌舞厅、宴会等娱乐场所的墙面、沙发及窗帘装饰用。

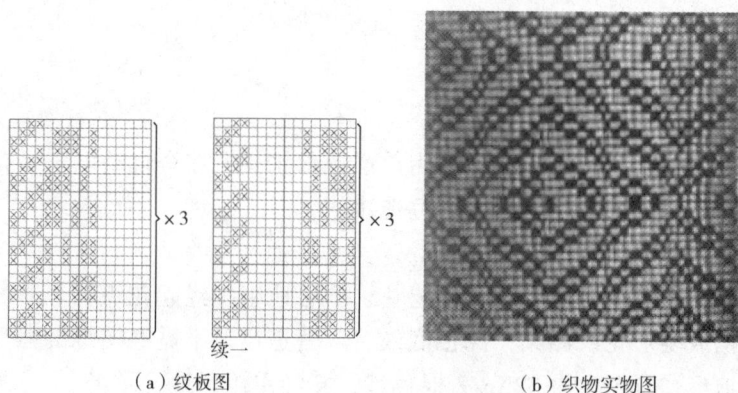

（a）纹板图　　　　　　　　　　（b）织物实物图

图 5　"霓虹炫彩"织物设计

2.1.2　生命律动

设计采用五色彩经规律分布构作中心对称几何纹构图，全幅起花。彩经在不起花区域相同水平位置接结，形成细条横纹，丰富装饰效果。纵横纹在构图和比例上产生对比，如心电图跳跃波动的效果。采用 40Nm/2 涤/毛混纺纱作经纬，地经配置藏青色，彩经配置 A（中灰）、B（橙）、C（浅黄）、D（艳红）、E（白）五色。地经与彩经按 1∶1 排列，彩经中 A 色纱与其他色纱 2∶2 排列，具体排列为 2A2B2A2C2A2C2A2D2A2E、2B2A2C2A2D2A2E2A。纬纱与地经同色。上机经密 320 根/10cm，纬密 180 根/10cm。地组织配置 $\frac{1}{3}$ ↗ 斜纹，彩经 $\frac{7}{1}$ 起花、$\frac{1}{7}$ 沉背，纹板图如图 6（a）所示。织物实物如图 6（b）所示，中厚型，克重在 170g/m² 左右，纹理清晰、表面平整、手感弹糯、呢面感强、色彩调和、温暖、变化中不失庄重感，可用作秋冬季高档男女西服、休闲服面料。

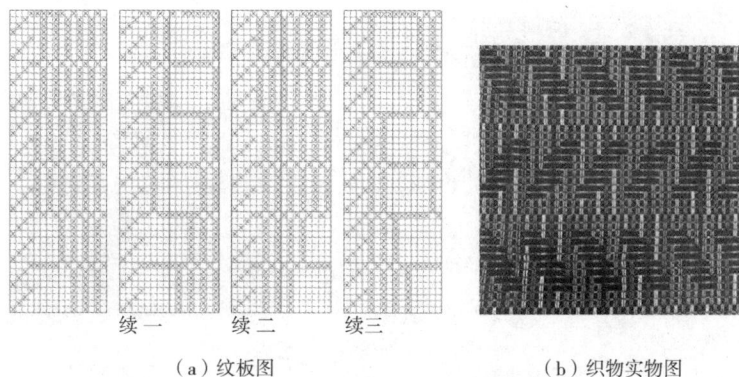

续一　　　　续二　　　　续三

（a）纹板图　　　　　　　　　　　　（b）织物实物图

图6　"生命律动"织物设计

2.2　双彩起花产品

2.2.1　如影随形

设计两组彩经在全幅内起相同花纹图案，左右错位排列，其中一组彩经配单色，另一组多色渐变，形成"如影随形"的效果。彩、地经均为32Ne/2棉色纱。地经本白色，甲组彩经配浅蓝单色，乙组彩经配A（浅黄）、B（浅橙）、C（淡咖啡色）三色。地经：甲组彩经：乙组彩经＝1：1：1，乙组彩经的渐变排列规律为（3A1B）×4、（2A2B）×4、（1A3B）×4、（3B1C）×4、（2B2C）×4、（1B3C）×4、（3C1A）×4、（2C2A）×4、（1C3A）×4。纬纱选用16Ne棉（浅灰色）。上机经密450根/10cm，纬密240根/10cm。地组织配$\frac{1}{3}$ ↗斜纹，主要显现经纱色彩。几何纹错位构图，彩经起花处配置$\frac{7}{1}$组织，不起花处以全部纬组织点沉背。采用16片综分区穿，第1~4片综为地综，第5、7、9、11、13、15片综提织甲彩经，第6、8、10、12、14、16片综提织乙彩经。图7（a）为纹板图，成品织物如图7（b）所示，重量约150g/m²，布面平整、手感柔软，冷暖色调对比明显，适宜于作春秋季男女时装、休闲服面料。

2.2.2　丝丝入扣

设计采用两组不同色彩经交替起花、形成"带扣"图案，嵌条布局。不同色彩彩经交替起"扣"纹和"带"纹，"扣"纹和"带"纹有上、下关系的构图变化。选用地经40Ne/2棉（黑/灰合股线），甲彩经32Ne/2棉（大红），乙彩经32Ne/2棉（宝蓝）。经纱排列：48地，（1地1甲1乙）×28，12地，（1地1甲1乙）×28，12地，（1地1乙1甲）×28，96地，（1地1乙1甲）×28，

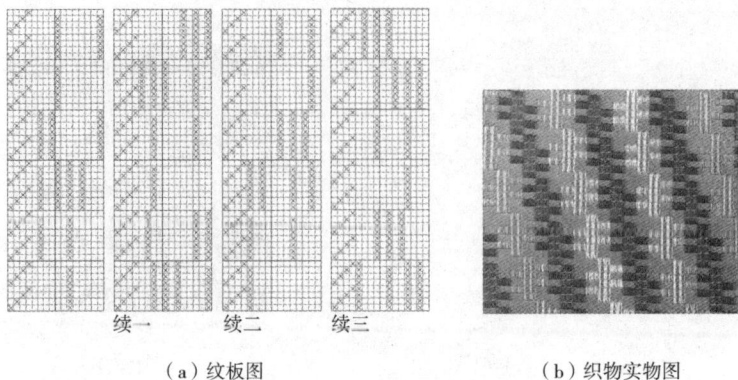

| （a）纹板图 | （b）织物实物图 |

图 7 "如影随形"织物设计

48 地。纬纱配置同地经。上机时地经、彩经分别卷绕于不同经轴，采用 12 齿/cm 钢筘，无彩经处每筘 2 穿入，彩经嵌条处每筘 6 穿入。纬密 240 根/10cm。地组织 $\frac{1}{3}$ 破斜纹，彩经起花处配置 $\frac{3}{1}$ 组织，不起花处以全纬组织点沉背。16 片综分区穿，第 1~4 片综为地综，第 5、7、9、11、13、15 片综提织甲彩经，第 6、8、10、12、14、16 片综提织乙彩经。纹板图如图 8（a）所示，下机后的成品织物如图 8（b），平方米克重约 120g/m²，花型简约、时尚，可用作春秋季高档西服、休闲服装面料。

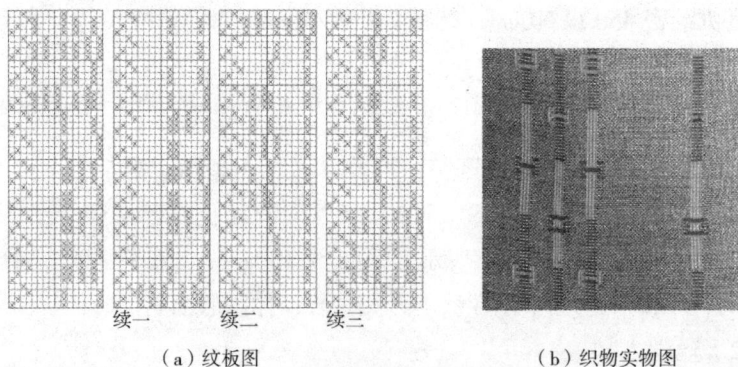

| （a）纹板图 | （b）织物实物图 |

图 8 "丝丝入扣"织物设计

3. 结论

（1）依托多综框、电子纹板信息输入、变化纬密、多经轴等现代电子多臂织机的技术优势，可以大大拓展色织经起花产品的设计开发路径。

（2）用综安排、穿综设计、纹板图设计是经起花织物的构图变化的技术关键。产品设计前，一般先明确地经用综数与彩经用综数，然后根据彩经组数设计花纹图案，确定图案大小及起花区域，由此得出经纱排列顺序、组织循环数，最后在组织图上铺设地组织及彩经起花组织，提取纹板图。

（3）彩经与地经的色彩对比、彩经色彩的搭配，影响面料的视觉效果，最终影响产品的档次和附加值。

（4）经起花织物在经纬纱线组合、织物组织、交织紧密度的设计上要做到相互配合，既要使花纹凸显，又要考虑正反面浮长线对产品外观和服用性能的影响。

参考文献

［1］高硕，孙润军．经起花织物的设计与织造［J］．纺织科技进展，2020（4）：28-30，36.

［2］陈桂香，陈浩文．全棉色织经起花织物的生产实践［J］．上海纺织科技，2020，48（4）：45-47.

［3］张仕阳，张怡，眭建华．色织小提花家纺面料新产品设计［J］．江苏丝绸，2019（6）：40-44.

［4］Jiu Zhou, Li Na Duan, Bing Fen Luo. Design Principle and Method of Digital Multicolored Warp Jacquard Fabric［J］. Advanced Materials Research, Volume 3226, 2014：1331-1335.

［5］臧海迪，白燕．浮纹起花与经起花织物的对比分析［J］．上海纺织科技，2015，43（9）：32-33.

［6］佟昀．基于现代织造工艺的缂丝技艺创新［J］．棉纺织技术，2020，48（8）：77-80.

［7］刘艳，钱飞，高小亮．局部经纬起花织物的改进设计［J］．棉纺织技术，2018，46（11）：49-51.

［8］刘艳，徐帅，高小亮．重叠式四方连续经起花织物的设计［J］．棉纺织技术，2017，45（11）：44-46.

［9］蒋秀翔．重经起花织物的设计［J］．现代丝绸科学与技术，2019，34（3）：15-16.

［10］郁兰．经起花织物花型变化设计与开发［J］．纺织学报，2015，36（11）：39-44.

［11］马倩，王可．双经起花织物的设计［J］．上海纺织科技，2013，41

（9）：38-39.

　　［12］瞿建新，马顺彬. 全棉色织经起花双层织物的开发 ［J］. 棉纺织技术，2017，45 （1）：66-70.

　　［13］林晓云. 表里换层经起花织物设计 ［J］. 上海纺织科技，2019，47 （4）：46-48.

　　（本文获得"牛牌杯"2020 年中国长丝织造行业技术创新优秀论文一等奖）

产业政策篇

第十一章 产业政策

一、国家鼓励发展的重大环保技术装备目录（2020年版）（节选）

为加快先进环保装备研发和应用推广，提升环保装备制造业整体水平和供给质量，工业和信息化部、科学技术部、生态环境部联合制定了《国家鼓励发展的重大环保技术装备目录（2020年版）》，纺织部分见表11-1。

表11-1 国家鼓励发展的重大环保技术装备目录（2020年版）（节选）

序号	名称	关键技术及主要技术指标	适用范围
		开发类	
		二、水污染防治	
14	喷水织机废水处理回用集成装备	关键技术：生物流化床、膜生物反应器、深度处理组合集成技术 技术指标：喷水织机废水处理回用率>85%；脱盐水电导率≤150S/cm；硬度<150μng/L；处理后水质符合喷水织机生产用水要求；长丝织物单位产品取水定额：$0.28m^2/100m$，优于《取水定额第20部分：化纤长丝织造产品》（GB/T 18916.20—2016）标准要求	喷水织机废水循环处理技术升级改造
		四、固体废物处理	
21	有机固废闪蒸干化耦合热解气化装备	关键技术：污泥与生物质流化床协同气化技术；双流闪蒸干燥技术 技术指标：进泥含水率≤80%；系统热效率>80%；出渣含水率<10%；出渣热酌减率<5%；粉尘浓度$<20mg/m^3$	市政、印染、造纸、石化领域污泥处理

续表

序号	名称	关键技术及主要技术指标	适用范围
应用类			
二、水污染防治			
47	纳米陶瓷膜污水一体化处理装备	技术指标： 处理能力：10~500t/d；膜通量>25LMH；混合液悬浮物的固体浓度>10000mg/L 进水水质：COD≤1000mg/L，BOD≤600mg/L，NH_3-N≤80mg/L，TN≤100mg/L，TP≤10mg/L，SS≤500mg/L；出水水质：COD≤50mg/L，BOD≤10mg/L，NH_3-N≤5mg/L，TN≤15mg/L，TP≤0.5mg/L，SS≤10mg/L	工业废水、农村无水处理
49	电子束辐照难降解工业废水处理装备	技术指标： 进水水质：CODCr：150~250mg/L，BOD：40~60mg/L，SS：70~100mg/L，色度：32倍，NH_3-N：5~10mg/L，TN：7~14mg/L，TP：1.7~1.9mg/L，可吸附有机卤素：0.9~1.3mg/L 出水水质：CODCr：30~50mg/L，BOD：7~10mg/L，SS：10~20mg/L，色度：2倍~8倍，NH_3-N：4~8mg/L，TN：5~10mg/L，TP：0.04~0.06mg/L，可吸附有机卤素：0.3~0.5mg/L	印染、造纸、医疗、食品及工业园区废水处理
推广类			
一、大气污染防治			
115	定形机废气处理及余热回用装备	技术指标： 进口参数：染整油烟：100~400mg/m³，颗粒物：100~200mg/m³；出口参数：染整油烟<10mg/m³，颗粒物<10mg/m³；排口气体温度：40~50℃；回收清洁热水温度：60~90℃；自动在线清洗效率：1~5次/天	印染、化纤、造粒行业油烟废气治理及资源化利用
二、水污染防治			
120	上流式多相废水处理装备	技术指标： 处理能力：100~10000m³/d；水力停留时间：0.3~1.0h；适用pH2~11；进水水质：CODCr<600mg/L；出水水质：CODCr去除率≥50%；$FeSO_4$用量：2.5~3.4kg/kgCOD；H_2O_2用量：2.1~2.6kg/kgCOD	印染、造纸、制革等领域难生化降解工业废水处理

续表

序号	名称	关键技术及主要技术指标	适用范围
127	深井曝气装备	技术指标： 进水水质：CODCr：300~8000mg/L；出水水质：CODCr：30~50mg/L；氧利用率：70%~90%；充氧能力：0.25~3.0kg/（$m^3 \cdot h$）	印染纺织高浓度有机废水处理

二、鼓励外商投资产业目录（2020年）（节选）

2020年12月27日，国家发展改革委、商务部发布了《鼓励外商投资产业目录（2020年版）》，自2021年1月27日开始施行。

《鼓励外商投资产业目录（2020年版）》是新时期我国外商投资促进工作的重要依据。从内容上看，它包括两个子目录：一是全国鼓励外商投资产业目录，适用于全国，是外商投资产业促进政策；二是中西部地区外商投资优势产业目录，主要适用于中西部地区、东北地区，是外商投资区域促进政策。

（一）全国鼓励外商投资产业目录

1. 纺织业

（1）采用非织造、机织、针织、编织等工艺及多种工艺复合、长效整理等新技术，生产功能性产业用纺织品。

（2）采用数字化智能化印染技术装备、染整清洁生产技术（酶处理、高效短流程前处理、针织物连续平幅前处理、低温前处理及染色、低盐或无盐染色、低尿素印花、小浴比气流或气液染色、数码喷墨印花、泡沫整理等）、功能性整理技术、新型染色加工技术、复合面料加工技术，生产高档纺织面料；智能化筒子纱染色技术装备开发与应用。

（3）符合环保要求的特种动物纤维、麻纤维、桑柞蚕丝、彩色棉花、彩色桑蚕丝类天然纤维的加工技术与产品生产。

（4）废旧纺织品回收利用。

2. 纺织服装、服饰业

（1）高支棉纱的生产。

（2）采用计算机集成制造系统的服装及服装半成品生产。

（3）功能性特种服装生产。

3. 化学纤维制造业

（1）差别化、功能性聚酯（PET）的连续共聚改性［阳离子染料可染聚酯

（CDP、ECDP）、碱溶性聚酯（COPET）、高收缩聚酯（HSPET）、阻燃聚酯、低熔点聚酯、非结晶聚酯、生物可降解聚酯、采用绿色催化剂生产的聚酯等]；阻燃、抗静电、抗紫外、抗菌、相变储能、光致变色、原液着色等差别化、功能性化学纤维的高效柔性化制备技术研发；智能化、超仿真等功能性化学纤维生产；原创性开发高速纺丝加工用绿色高效环保油剂的生产。

（2）高性能纤维及制品的开发、生产：碳纤维（CF）、芳纶（AF）、芳砜纶（PSA）、超高分子量聚乙烯纤维（UHMWPE）、聚苯硫醚纤维（PPS）、聚酰亚胺纤维（PI）、聚四氟乙烯纤维（PTFE）、聚苯并双噁唑纤维（PBO）、聚芳噁二唑纤维（POD）、玄武岩纤维（BF）、碳化硅纤维（SiCF）、聚醚醚酮纤维（PEEK）、高强型玻璃纤维（HT—AR）、聚（2，5-二羟基-1，4-亚苯基吡啶并二咪唑）（PIPD）纤维。

（3）纤维及非纤维用新型聚酯的生产：聚对苯二甲酸丙二醇酯（PTT）、聚萘二甲酸乙二醇酯（PEN）、聚对苯二甲酸环己烷二甲醇酯（PCT）、二元醇改性聚对苯二甲酸乙二醇酯（PETG）。

（4）利用新型可再生资源和绿色环保工艺生产生物质纤维，包括新溶剂法纤维素纤维（Lyocell），以竹、麻等为原料的再生纤维素纤维，聚乳酸纤维（PLA），甲壳素纤维，聚羟基脂肪酸酯纤维（PHA），动植物蛋白纤维等。

（5）尼龙11、尼龙12、尼龙1414、尼龙46、长碳链尼龙、耐高温尼龙等新型聚酰胺，差别化、功能性、高附加值改性尼龙（包括尼龙弹性体、共聚尼龙、尼龙工程塑料、阻燃尼龙）的开发、生产。

（二）中西部地区外商投资优势产业目录

1. 山西省、内蒙古自治区、辽宁省、吉林省、安徽省、江西省、河南省、湖北省、湖南省、广西壮族自治区、四川省、贵州省、云南省、陕西省、新疆维吾尔自治区（含新疆生产建设兵团）：棉、毛、麻、丝、化纤的高档纺织、针织及服装加工生产和相关产品的研发、检测。

2. 内蒙古自治区：棉、毛、绒、麻、丝、化纤的高档纺织、针织及服装生产加工和相关产品的研发、检测。

三、国家鼓励的工业节水工艺、技术和装备目录（2019年）

为贯彻落实《国家节水行动方案》，加快工业高效节水工艺、技术和装备的推广应用，提升工业用水效率，促进工业绿色发展，工业和信息化部、水利部编制完成了《国家鼓励的工业节水工艺、技术和装备目录（2019年）》，纺织部分见表11-2所示。

表 11-2　国家鼓励的工业节水工艺、技术和装备目录（2019 年修订）（节选）

序号	工艺、技术和装备名称	工艺、技术和装备内容	适用范围	目前推广比例	未来五年节水潜力	
					预计推广比例	节水能力/（万立方米·年$^{-1}$）
1	MBR+反渗透印染废水回用技术	该技术采用膜生物反应器（MBR）及反渗透（RO）组合技术处理印染废水，回用率可达到 60% 左右。MBR 系统采用了第四代中空纤维膜—砼式复合膜，具有强度高、通量大、抗污染性强、寿命长等特点	适用于印染废水深度处理及回用	15%	40%	25000
2	喷水织造废水处理回用技术	该技术集成生物流化床反应器、沼气净化贮存、回用水深度处理等单元，较好去除喷水织造废水中主要污染物，保证回用水水质满足要求，回用率达到 90%，节水效果显著	适用于喷水织造废水处理回用	< 1%	60%	15000
3	化学纤维原液染色技术	该技术着色剂（或色母粒）可在单体聚合时加入、也可在聚合物溶解（或熔融）前或后加入，再匹配三原色配色技术，可极大丰富纱线色彩。传统染色工序相比，省去了上浆、染色等环节，吨纱节水 120m^3，染色成本降低 10%~20%	适用于化纤企业熔体直纺和切片纺纤维在线添加	10%	30%	12000
4	印染废水膜处理回用技术	该技术采用超滤和反渗透双膜法，有效降低废水中有机物浓度，去除微米级、亚微米级颗粒；同时，高抗污染反渗透系统利用浓水内循环、膜管两侧分时进水、大流量错流冲洗膜侧污染物等方式，大幅降低了反渗透膜表面污染程度。保证系统长期高效稳定运行，实现印染、电镀废水处理回用	适用于印染、电镀废水处理回用	< 15%	25%	6250
5	高温高压气流染色技术	该技术依据空气动力学原理，由高压风机产生的气流经特殊喷嘴后形成高速气流，牵引被染织物进行循环运动。同时染液以雾状喷向织物，使得染液与织物在很短时间内充分接触，以达到匀染的目的	适用于印染企业各种绳状织物，特别是高档织物的染色加工	15%	35%	4000

续表

序号	工艺、技术和装备名称	工艺、技术和装备内容	适用范围	目前推广比例	未来五年节水潜力	
					预计推广比例	节水能力/（万立方米·年$^{-1}$）
6	浆纱机湿分绞用水回收利用技术	该技术通过加装循环泵与水箱，实现了湿分绞工艺用水的回收再利用。浆纱机设备的每个浆槽与烘房之间配置一根湿分绞机构，湿分绞由烘筒链条传动，在分绞棒内通入冷水，由于冷水和环境温度的差异，使分绞棒外表面处在一种水雾状的工作状态下，既利于分绞，避免湿分绞棒表面黏浆、起皮，又能保持纱线表面浆膜完整、光滑	适用于浆纱机湿分绞用水的回收利用	70%	100%	10

四、产业结构调整指导目录（2019 年本）

2019 年 10 月 30 日，国家发展和改革委员会发布了《产业结构调整指导目录（2019 年本）》，并自 2020 年 1 月 1 日起施行。根据《国务院关于发布实施〈促进产业结构调整指导目录〉》（国发〔2005〕40 号），《产业结构调整指导目录（2019 年本）》（以下简称《目录》）是引导投资方向、政府管理投资项目，制定实施财税、信贷、土地、进出口等政策的重要依据。

《目录》（2019 年本）共涉及行业 48 个，条目 1477 条，由鼓励、限制和淘汰三类组成，不属于以上三类，且符合国家有关法律、法规和政策规定的为允许类，允许类不列入《目录》。

（一）鼓励类

鼓励类主要是对经济社会发展有重要促进作用，有利于满足人民美好生活需要和推进高质量发展的技术、装备、产品、行业。纺织业的鼓励类为：

（1）差别化、功能性聚酯（PET）的连续共聚改性［阳离子染料可染聚酯（CDP、ECDP）、碱溶性聚酯（COPET）、高收缩聚酯（HSPET）、阻燃聚酯、低熔点聚酯、非结晶聚酯、生物可降解聚酯、采用绿色催化剂生产的聚酯等］；阻燃、抗静电、抗紫外、抗菌、相变储能、光致变色、原液着色等差别化、功能性化学纤维的高效柔性化制备技术；智能化、超仿真等功能性化学纤维生产；原创性开发高速纺丝加工用绿色高效环保油剂。

（2）聚对苯二甲酸丙二醇酯（PTT）、聚萘二甲酸乙二醇酯（PEN）、聚对苯二甲酸丁二醇酯（PBT）、聚丁二酸丁二酯（PBS）、聚对苯二甲酸环己烷二甲醇酯（PCT）、生物基聚酰胺、生物基呋喃环等新型聚酯和纤维的开发、生产与应用。

（3）采用绿色、环保工艺与装备生产新溶剂法纤维素纤维（Lyocell）、细菌纤维素纤维、以竹、麻等新型可再生资源为原料的再生纤维素纤维、聚乳酸纤维（PLA）、海藻纤维、壳聚糖纤维、聚羟基脂肪酸酯纤维（PHA）、动植物蛋白纤维。

（4）高性能纤维及制品的开发、生产、应用［碳纤维（CF）（拉伸强度≥4200MPa，弹性模量≥230GPa）、芳纶（AF）、芳砜纶（PSA）、超高分子量聚乙烯纤维（UHMWPE）（纺丝生产装置单线能力≥300t/年，断裂强度≥40cN/dtex，初始模量≥1800cN/dtex）、聚苯硫醚纤维（PPS）、聚酰亚胺纤维（PI）、聚四氟乙烯纤维（PTFE）、聚苯并双噁唑纤维（PBO）、聚芳噁二唑纤维（POD）、玄武岩纤维（BF）、碳化硅纤维（SiCF）、聚醚醚酮纤维（PEEK）、高强型玻璃纤维（HT-AR）、聚（2，5-二羟基-1，4-亚苯基吡啶并二咪唑）（PIPD）纤维等］。

（5）符合环保要求的特种动物纤维、麻纤维、桑柞茧丝、彩色棉花、彩色桑茧丝类天然纤维的加工技术与产品。

（6）建立智能化纺纱工厂，采用智能化、连续化纺纱成套装备（清梳联、粗细联、细络联及数控单机及喷气涡流纺、高速转杯纺等短流程先进纺纱设备），生产高品质纱线；采用高速数控无梭织机、自动穿经机、全成形电脑横机、高速电脑横机、高速经编机等新型数控装备，生产高支、高密、提花等高档机织、针织纺织品。

（7）采用数字化智能化印染技术装备、染整清洁生产技术（酶处理、高效短流程前处理、针织物连续平幅前处理、低温前处理及染色、低盐或无盐染色、低尿素印花、小浴比气流或气液染色、数码喷墨印花、泡沫整理等）、功能性整理技术、新型染色加工技术、复合面料加工技术，生产高档纺织面料；智能化筒子纱染色技术装备开发与应用。

（8）采用非织造、机织、针织、编织等工艺及多种工艺复合、长效整理等新技术，生产功能性产业用纺织品。

（9）智能化、高效率、低能耗纺织机械，关键专用基础件、计量、检测仪器及试验装备开发与制造。

（10）高档地毯、抽纱、刺绣产品生产。

（11）数字化、网络化、智能化服装生产技术和装备开发、应用。

（12）纺织行业生物脱胶、无聚乙烯醇（PVA）浆料上浆、少水无水节能印染加工、"三废"高效治理与资源回收再利用技术的推广与应用。

（13）废旧纺织品回收再利用技术、设备的研发和应用，利用聚酯回收材料生产涤纶工业丝、差别化和功能性涤纶长丝、非织造材料等高附加值产品。

（二）限制类

限制类主要是工艺技术落后，不符合行业准入条件和有关规定，禁止新建扩建和需要督促改造的生产能力、工艺技术、装备及产品。纺织行业限制类的目录如下：

1. 单线产能小于 20 万吨/年的常规聚酯（PET）连续聚合生产装置。

2. 常规聚酯的对苯二甲酸二甲酯（DMT）法生产工艺。

3. 半连续纺黏胶长丝生产线。

4. 间歇式氨纶聚合生产装置。

5. 常规化纤长丝用锭轴长 1200mm 及以下的半自动卷绕设备。

6. 黏胶板框式过滤机。

7. 单线产能≤1000t/年、幅宽≤2m 的常规丙纶纺黏法非织造布生产线。

8. 25kg/h 以下梳棉机。

9. 200 钳次/min 以下的棉精梳机。

10. 5 万转/min 以下自排杂气流纺设备。

11. FA502、FA503 细纱机。

12. 入纬率小于 600m/min 的剑杆织机，入纬率小于 700m/min 的喷气织机，入纬率小于 900m/min 的喷水织机。

13. 采用聚乙烯醇浆料（PVA）上浆工艺及产品（涤棉产品，纯棉的高支高密产品除外）。

14. 吨原毛洗毛用水超过 20 吨的洗毛工艺与设备。

15. 双宫丝和柞蚕丝的立式缫丝工艺与设备。

16. 绞纱染色工艺。

17. 亚氯酸钠漂白设备。

18. 普通涤纶载体染色。

（三）淘汰类

淘汰类主要是不符合有关法律法规规定，不具备安全生产条件，严重浪费资源、污染环境，需要淘汰的落后工艺、技术、装备及产品。纺织业淘汰类的目录如下：

（1）使用时间达到 30 年的棉纺、毛纺、麻纺设备、机织设备。

（2）辊长 1000mm 以下的皮辊轧花机，锯片片数在 80 以下的锯齿轧花机，压力吨位在 400t 以下的皮棉打包机（不含 160t、200t 短绒棉花打包机）。

（3）D647、ZD721 型自动缫丝机，D101A 型自动缫丝机，ZD681 型立缫机，DJ561 型绢精纺机，K251、K251A 型丝织机等丝绸加工设备。

（4）Z114 型小提花机。

（5）GE186 型提花毛圈机。

（6）Z261 型人造毛皮机。

（7）未经改造的 74 型染整设备。

（8）蒸汽加热敞开无密闭的印染平洗槽。

（9）R531 型酸性黏胶纺丝机。

（10）4 万 t/年及以下黏胶常规短纤维生产线。

（11）湿法氨纶生产工艺。

（12）二甲基甲酰胺（DMF）溶剂法氨纶及腈纶生产工艺。

（13）硝酸法腈纶常规纤维生产工艺及装置。

（14）常规聚酯（PET）间歇法聚合生产工艺及设备。

（15）常规涤纶长丝锭轴长 900mm 及以下的半自动卷绕设备。

（16）使用年限超过 15 年的国产和使用年限超过 20 年的进口印染前处理设备、拉幅和定形设备、圆网和平网印花机、连续染色机。

（17）使用年限超过 15 年的浴比大于 1∶10 的棉及化纤间歇式染色设备

（18）使用直流电动机驱动的印染生产线。

（19）印染用铸铁结构的蒸箱和水洗设备，铸铁墙板无底蒸化机，汽蒸预热区短的 L 型退煮漂履带汽蒸箱。

（20）螺杆挤出机直径小于或等于 90mm，2000t/年以下的涤纶再生纺短纤维生产装置。

五、2020 年度重点用能行业能效“领跑者”

为促进工业能源利用效率持续提升，推动制造业绿色高质量发展，按照《工业和信息化部国家发展改革委质检总局关于印发〈高耗能行业能效“领跑者”制度实施细则〉的通知》（工信部联节〔2015〕407 号）要求，工业和信息化部、市场监管总局发布了《关于组织开展 2020 年度重点用能行业能效“领跑者”遴选工作的通知》（工信厅联节函〔2020〕234 号）。

（一）实施范围

2020 年度遴选范围包括钢铁、铁合金、电解铝、铜冶炼、铅冶炼、水泥、平板玻璃、原油加工、乙烯、合成氨、甲醇、烧碱、电石、焦化等 14 个行业。

（二）入围条件

申请能效"领跑者"应满足以下要求：

1. 年能源消费量超过 1 万吨标准煤的独立法人单位。

2. 单位产品能耗达到能耗限额国家标准先进值。

3. 按照国家标准《能源管理体系要求》（GB/T 23331）和《测量管理体系 - 测量过程和测量设备的要求》（GB/T 19022）建设能源管理体系和测量管理体系，建立完备的能源统计和计量管理体系制度，能源计量器具配备满足国家标准《用能单位能源计量器具配备和管理通则》（GB 17167）要求并已通过能源计量审查，建立节能奖惩制度，已经开展或正在开展能源管控中心或能耗监测系统建设。

4. 未使用国家明令禁止或列入禁止、淘汰目录的落后用能设备和产品。

5. 近三年内未发生重大安全、环境事故或产品质量违法行为，且未被列入企业经营异常名录或严重违法失信企业名单。

（三）组织实施

1. 企业申请。符合入围条件的企业可自愿申请。企业填写能效"领跑者"申请报告，提交至所在地省级工业和信息化主管部门、市场监管部门。鼓励有关行业协会向省级工业和信息化主管部门、市场监管部门推荐本行业符合入围条件的企业。

2. 初审。省级工业和信息化主管部门、市场监管部门组织对本地区企业申请报告进行初审。请于 2020 年 10 月 30 日前将推荐意见、企业申请报告及《2020 年度重点用能行业能效"领跑者"推荐汇总表》等材料（纸质版一式两份，附电子版光盘）报送至工业和信息化部（节能与综合利用司）、市场监管总局（计量司）。

3. 复审和发布。工业和信息化部、市场监管总局组织专家对申报材料进行审查，核实能效指标，遴选确定 2020 年度重点用能行业能效"领跑者"名单。

六、专精特新"小巨人"企业培育工作

近日，财政部、工业和信息化部（统称两部门）联合印发《关于支持"专精特新"中小企业高质量发展的通知》（财建〔2021〕2 号，简称《通知》），启动中央财政支持"专精特新"中小企业高质量发展政策。

（一）关于两部门出台支持中小企业"专精特新"发展政策的背景

中小企业的韧性是我国经济韧性的重要基础，是保市场主体、保就业的主力军，是提升产业链供应链稳定性和竞争力的关键环节，是构建新发展格局的有力支撑。为加快提升中小企业专业化、精细化、特色化及创新水平，在工业和信息化部持续组织地方培育"专精特新"中小企业的基础上，2018年起，财政部会同工业和信息化部、科技部支持实体经济开发区打造创新创业特色载体，促进中小企业创新发展，成长为专精特新"小巨人"企业。截至目前，中央财政已通过中小企业发展专项资金累计安排近84亿元奖补资金，支持了200个开发区，受益企业有2000家以上成长为国家级专精特新"小巨人"企业或省级"专精特新"中小企业。

目前，全国范围内已认定省级"专精特新"中小企业2.6万家，国家级专精特新"小巨人"企业1832家。这些"专精特新"中小企业专注细分市场，抗风险能力较强，在新冠肺炎疫情发生后，率先复工复产，发挥了积极示范作用。鉴于推进中小企业"专精特新"发展已具备一定工作基础，但政策措施还不够精准直接，上下工作联动还不够紧密，已获认定的企业存在创新协作不足、产业配套能力有限等问题，着眼于支持中小企业高质量发展、助推构建双循环新发展格局，将通过中央财政资金引导，进一步带动地方加大"专精特新"中小企业培育力度，强化政策措施精准性，做强梯度培育优质企业的关键环节。

（二）关于两部门印发《通知》的重要意义

为深入贯彻党和国家领导人关于培育一批"专精特新"中小企业的重要指示精神，落实党的十九届五中全会精神、《政府工作报告》和国务院促进中小企业发展工作领导小组工作部署，两部门联合印发本《通知》。《通知》的出台，旨在通过中小企业发展专项资金引导，促进上下联动，加快培育一批专注于细分市场、聚焦主业、创新能力强、成长性好的专精特新"小巨人"企业，推动梯度培育优质企业，着力提升中小企业创新能力和专业化水平，助力实体经济特别是制造业做实做强做优，提升产业链供应链稳定性和竞争力。

（三）关于《通知》明确的支持事项

在"十四五"期间，中央财政将通过中小企业发展专项资金累计安排100亿元以上奖补资金，引导地方完善扶持政策和公共服务体系，分三批（每批不超过三年）重点支持1000余家国家级专精特新"小巨人"企业（即重点"小巨人"企业）高质量发展，促进这些企业更好发挥示范作用。

主要支持专精特新"小巨人"企业推进以下工作：一是加大创新投入，加快技术成果产业化应用，推进工业"四基"领域或制造强国战略明确的十大重点产业领域"补短板"和"锻长板";二是与行业龙头协同创新、产业链上下游协作配套,支撑产业链补链延链固链、提升产业链供应链稳定性和竞争力;三是促进数字化网络化智能化改造,业务系统向云端迁移,并通过工业设计促进提品质和创品牌。另外,支持企业加快上市步伐,加强国际合作等,进一步增强发展潜力和国际竞争力。

此外,为落实《中华人民共和国中小企业促进法》关于中小企业发展专项资金"重点用于支持中小企业公共服务体系建设"要求,还支持每省每批次不超过 3 个国家(或省级)中小企业公共服务示范平台,为国家级专精特新"小巨人"企业提供技术创新、上市辅导、创新成果转化与应用、数字化智能化改造、知识产权应用、上云用云及工业设计等服务。其中,对于重点"小巨人"企业,还应提供"点对点"服务。

(四)如何从专精特新"小巨人"企业中选拔由中央财政支持的重点"小巨人"企业

首先,纳入选拔范围的企业是工业和信息化部认定的专精特新"小巨人"企业,在此基础上,企业可自愿申请,并由地方作出推荐。目前,工业和信息化部已发布《关于公布第一批专精特新"小巨人"企业名单的通告》(工信部企业函〔2019〕153 号)和《关于公布第二批专精特新"小巨人"企业名单的通告》(工信部企业函〔2020〕335 号),累计认定两批专精特新"小巨人"企业 1832 家。后续工业和信息化部还将继续认定新的专精特新"小巨人"企业,本《通知》印发后工业和信息化部新认定的专精特新"小巨人"企业同样有资格按程序申请支持。

其次,两部门将制定可量化、可考核的统一标准,在地方推荐企业名单的基础上,在全国范围内统一排名,优中选优,全力打造"专精特新"中小企业的国家队。

最后,对重点"小巨人"企业采取淘汰制。为加强激励约束,通过考核逐年淘汰部分成长速度、目标实现进度相对落后的重点企业。

另外,申请企业名称须与工业和信息化部认定文件所公布的名称一致,不含已在上交所主板、科创板和深交所主板、中小板、创业板,以及境外发行股票的。且须符合产业导向、专业化程度、创新能力、经营管理、成长性等方面的条件。

(五)中央财政有关奖补资金如何下达

对于每一批重点"小巨人"企业,财政部分别于《实施方案》批复当年、实施期满 1 年及满 2 年时,按照预算管理规定、分年度绩效考核结果及工业和信息化部建议，按程序滚动安排奖补资金，切块下达省级财政部门。对于 2021 年启动支持的首批重点"小巨人"企业，将于 2021 年下达首笔奖补资金，后续奖补资金金额将与绩效考核结果挂钩。第二批、第三批重点"小巨人"企业也按此执行。

省级中小企业主管部门商同级财政部门按照《实施方案》（备案版），并结合本地区重点"小巨人"企业、公共服务示范平台实际情况，确定资金分配方案（奖补资金 90%以上用于直接支持重点"小巨人"企业）。省级中小企业主管部门商财政部门确定资金分配方案时，应统筹考虑全省产业布局，重点"小巨人"企业发展现状与前景，确定每家重点"小巨人"企业的资金分配金额，避免简单分配，并按照直达资金有关要求下达。

（六）在中央财政有关奖补资金使用方面有何要求

对于重点"小巨人"企业所获奖补资金，充分发挥企业能动性，不对奖补资金使用方向作限制，由企业围绕"专精特新"发展目标自主安排使用。对于示范平台所获奖补资金，要求必须用于服务专精特新"小巨人"企业，不得用于平衡本级财政预算，不得用于示范平台自身建设、工作经费等；如检查考核发现存在此类问题的，酌情扣减有关奖补资金。对检查考核发现以虚报、冒领等手段骗取财政资金的，按照《财政违法行为处罚处分条例》等有关规定处理。

（七）如何开展绩效考核，考核结果如何应用

省级中小企业主管部门会同财政部门按照两部门批复的《实施方案》，组织推进实施并做好分年度实施成效自评估。工业和信息化部商财政部对地方培育工作组织分年度绩效考核，明确绩效考核等次，以及继续支持的重点"小巨人"企业（通过可量化可考核的统一标准择优确定），考核结果与后续奖补资金安排挂钩。对于年度绩效考核中发现问题及不足的，由有关省级中小企业主管部门会同财政部门组织落实整改。

七、加快建立健全绿色低碳循环发展经济体系的指导意见

建立健全绿色低碳循环发展经济体系，促进经济社会发展全面绿色转型，是解决我国资源环境生态问题的基础之策。为贯彻落实党的十九大部署，加快建立健全绿色低碳循环发展的经济体系，国务院发布了《国务院关于加快建立健全绿色低碳循环发展经济体系的指导意见》（国发〔2021〕4 号）。

（一）总体要求

1. 指导思想

认真落实党中央、国务院决策部署，坚定不移贯彻新发展理念，全方位、

全过程推行绿色规划、绿色设计、绿色投资、绿色建设、绿色生产、绿色流通、绿色生活、绿色消费，使发展建立在高效利用资源、严格保护生态环境、有效控制温室气体排放的基础上，统筹推进高质量发展和高水平保护，建立健全绿色低碳循环发展的经济体系，确保实现碳达峰、碳中和目标，推动我国绿色发展迈上新台阶。

2. 工作原则

坚持重点突破。以节能环保、清洁生产、清洁能源等为重点率先突破，做好与农业、制造业、服务业和信息技术的融合发展，全面带动一二三产业和基础设施绿色升级。

坚持创新引领。深入推动技术创新、模式创新、管理创新，加快构建市场导向的绿色技术创新体系，推行新型商业模式，构筑有力有效的政策支持体系。

坚持稳中求进。做好绿色转型与经济发展、技术进步、产业接续、稳岗就业、民生改善的有机结合，积极稳妥、韧性持久地加以推进。

坚持市场导向。在绿色转型中充分发挥市场的导向性作用、企业的主体作用、各类市场交易机制的作用，为绿色发展注入强大动力。

3. 主要目标

到 2025 年，产业结构、能源结构、运输结构明显优化，绿色产业比重显著提升，基础设施绿色化水平不断提高，清洁生产水平持续提高，生产生活方式绿色转型成效显著，能源资源配置更加合理、利用效率大幅提高，主要污染物排放总量持续减少，碳排放强度明显降低，生态环境持续改善，市场导向的绿色技术创新体系更加完善，法律法规政策体系更加有效，绿色低碳循环发展的生产体系、流通体系、消费体系初步形成。到 2035 年，绿色发展内生动力显著增强，绿色产业规模迈上新台阶，重点行业、重点产品能源资源利用效率达到国际先进水平，广泛形成绿色生产生活方式，碳排放达峰后稳中有降，生态环境根本好转，美丽中国建设目标基本实现。

（二）健全绿色低碳循环发展的生产体系

4. 推进工业绿色升级

加快实施钢铁、石化、化工、有色、建材、纺织、造纸、皮革等行业绿色化改造。推行产品绿色设计，建设绿色制造体系。大力发展再制造产业，加强再制造产品认证与推广应用。建设资源综合利用基地，促进工业固体废物综合利用。全面推行清洁生产，依法在"双超双有高耗能"行业实施强制性清洁生产审核。完善"散乱污"企业认定办法，分类实施关停取缔、整合搬迁、整改提升等措施。加快实施排污许可制度。加强工业生产过程中危险废物管理。

5. 加快农业绿色发展

鼓励发展生态种植、生态养殖，加强绿色食品、有机农产品认证和管理。发展生态循环农业，提高畜禽粪污资源化利用水平，推进农作物秸秆综合利用，加强农膜污染治理。强化耕地质量保护与提升，推进退化耕地综合治理。发展林业循环经济，实施森林生态标志产品建设工程。大力推进农业节水，推广高效节水技术。推行水产健康养殖。实施农药、兽用抗菌药使用减量和产地环境净化行动。依法加强养殖水域滩涂统一规划。完善相关水域禁渔管理制度。推进农业与旅游、教育、文化、健康等产业深度融合，加快一二三产业融合发展。

6. 提高服务业绿色发展水平

促进商贸企业绿色升级，培育一批绿色流通主体。有序发展出行、住宿等领域共享经济，规范发展闲置资源交易。加快信息服务业绿色转型，做好大中型数据中心、网络机房绿色建设和改造，建立绿色运营维护体系。推进会展业绿色发展，指导制定行业相关绿色标准，推动办展设施循环使用。推动汽修、装修装饰等行业使用低挥发性有机物含量原辅材料。倡导酒店、餐饮等行业不主动提供一次性用品。

7. 壮大绿色环保产业

建设一批国家绿色产业示范基地，推动形成开放、协同、高效的创新生态系统。加快培育市场主体，鼓励设立混合所有制公司，打造一批大型绿色产业集团；引导中小企业聚焦主业增强核心竞争力，培育"专精特新"中小企业。推行合同能源管理、合同节水管理、环境污染第三方治理等模式和以环境治理效果为导向的环境托管服务。进一步放开石油、化工、电力、天然气等领域节能环保竞争性业务，鼓励公共机构推行能源托管服务。适时修订绿色产业指导目录，引导产业发展方向。

8. 提升产业园区和产业集群循环化水平

科学编制新建产业园区开发建设规划，依法依规开展规划环境影响评价，严格准入标准，完善循环产业链条，推动形成产业循环耦合。推进既有产业园区和产业集群循环化改造，推动公共设施共建共享、能源梯级利用、资源循环利用和污染物集中安全处置等。鼓励建设电、热、冷、气等多种能源协同互济的综合能源项目。鼓励化工等产业园区配套建设危险废物集中贮存、预处理和处置设施。

9. 构建绿色供应链

鼓励企业开展绿色设计、选择绿色材料、实施绿色采购、打造绿色制造工艺、推行绿色包装、开展绿色运输、做好废弃产品回收处理，实现产品全周期的绿色环保。选择100家左右积极性高、社会影响大、带动作用强的企业开展绿色供应链试点，探索建立绿色供应链制度体系。鼓励行业协会通过制定规范、咨询服务、行业自律等方式提高行业供应链绿色化水平。

（三）健全绿色低碳循环发展的流通体系

10. 打造绿色物流

积极调整运输结构，推进铁水、公铁、公水等多式联运，加快铁路专用线建设。加强物流运输组织管理，加快相关公共信息平台建设和信息共享，发展甩挂运输、共同配送。推广绿色低碳运输工具，淘汰更新或改造老旧车船，港口和机场服务、城市物流配送、邮政快递等领域要优先使用新能源或清洁能源汽车；加大推广绿色船舶示范应用力度，推进内河船型标准化。加快港口岸电设施建设，支持机场开展飞机辅助动力装置替代设备建设和应用。支持物流企业构建数字化运营平台，鼓励发展智慧仓储、智慧运输，推动建立标准化托盘循环共用制度。

11. 加强再生资源回收利用

推进垃圾分类回收与再生资源回收"两网融合"，鼓励地方建立再生资源区域交易中心。加快落实生产者责任延伸制度，引导生产企业建立逆向物流回收体系。鼓励企业采用现代信息技术实现废物回收线上与线下有机结合，培育新型商业模式，打造龙头企业，提升行业整体竞争力。完善废旧家电回收处理体系，推广典型回收模式和经验做法。加快构建废旧物资循环利用体系，加强废纸、废塑料、废旧轮胎、废金属、废玻璃等再生资源回收利用，提升资源产出率和回收利用率。

12. 建立绿色贸易体系

积极优化贸易结构，大力发展高质量、高附加值的绿色产品贸易，从严控制高污染、高耗能产品出口。加强绿色标准国际合作，积极引领和参与相关国际标准制定，推动合格评定合作和互认机制，做好绿色贸易规则与进出口政策的衔接。深化绿色"一带一路"合作，拓宽节能环保、清洁能源等领域技术装备和服务合作。

（四）健全绿色低碳循环发展的消费体系

13. 促进绿色产品消费

加大政府绿色采购力度，扩大绿色产品采购范围，逐步将绿色采购制度扩展至国有企业。加强对企业和居民采购绿色产品的引导，鼓励地方采取补贴、积分奖励等方式促进绿色消费。推动电商平台设立绿色产品销售专区。加强绿色产品和服务认证管理，完善认证机构信用监管机制。推广绿色电力证书交易，引领全社会提升绿色电力消费。严厉打击虚标绿色产品行为，有关行政处罚等信息纳入国家企业信用信息公示系统。

14. 倡导绿色低碳生活方式

厉行节约，坚决制止餐饮浪费行为。因地制宜推进生活垃圾分类和减量化、资源化，开展宣传、培训和成效评估。扎实推进塑料污染全链条治理。推进过度包装治理，推动生产经营者遵守限制商品过度包装的强制性标准。提升交通系统智能化水平，积极引导绿色出行。深入开展爱国卫生运动，整治环境脏乱差，打造宜居生活环境。开展绿色生活创建活动。

（五）加快基础设施绿色升级

15. 推动能源体系绿色低碳转型

坚持节能优先，完善能源消费总量和强度双控制度。提升可再生能源利用比例，大力推动风电、光伏发电发展，因地制宜发展水能、地热能、海洋能、氢能、生物质能、光热发电。加快大容量储能技术研发推广，提升电网汇集和外送能力。增加农村清洁能源供应，推动农村发展生物质能。促进燃煤清洁高效开发转化利用，继续提升大容量、高参数、低污染煤电动机组占煤电装机比例。在北方地区县城积极发展清洁热电联产集中供暖，稳步推进生物质耦合供热。严控新增煤电装机容量。提高能源输配效率。实施城乡配电网建设和智能升级计划，推进农村电网升级改造。加快天然气基础设施建设和互联互通。开展二氧化碳捕集、利用和封存试验示范。

16. 推进城镇环境基础设施建设升级

推进城镇污水管网全覆盖。推动城镇生活污水收集处理设施"厂网一体化"，加快建设污泥无害化资源化处置设施，因地制宜布局污水资源化利用设施，基本消除城市黑臭水体。加快城镇生活垃圾处理设施建设，推进生活垃圾焚烧发电，减少生活垃圾填埋处理。加强危险废物集中处置能力建设，提升信息化、智能化监管水平，严格执行经营许可管理制度。提升医疗废物应急处理能力。做好餐厨垃圾资源化利用和无害化处理。在沿海缺水城市推动大型海水淡化设施建设。

17. 提升交通基础设施绿色发展水平

将生态环保理念贯穿交通基础设施规划、建设、运营和维护全过程，集约利用土地等资源，合理避让具有重要生态功能的国土空间，积极打造绿色公路、绿色铁路、绿色航道、绿色港口、绿色空港。加强新能源汽车充换电、加氢等配套基础设施建设。积极推广应用温拌沥青、智能通风、辅助动力替代和节能灯具、隔声屏障等节能环保先进技术和产品。加大工程建设中废弃资源综合利用力度，推动废旧路面、沥青、疏浚土等材料以及建筑垃圾的资源化利用。

18. 改善城乡人居环境

相关空间性规划要贯彻绿色发展理念，统筹城市发展和安全，优化空间布局，合理确定开发强度，鼓励城市留白增绿。建立"美丽城市"评价体系，开展"美丽城市"建设试点。增强城市防洪排涝能力。开展绿色社区创建行动，大力发展绿色建筑，建立绿色建筑统一标识制度，结合城镇老旧小区改造推动社区基础设施绿色化和既有建筑节能改造。建立乡村建设评价体系，促进补齐乡村建设短板。加快推进农村人居环境整治，因地制宜推进农村改厕、生活垃圾处理和污水治理、村容村貌提升、乡村绿化美化等。继续做好农村清洁供暖改造、老旧危房改造，打造干净整洁有序美丽的村庄环境。

（六）构建市场导向的绿色技术创新体系

19. 鼓励绿色低碳技术研发

实施绿色技术创新攻关行动，围绕节能环保、清洁生产、清洁能源等领域布局一批前瞻性、战略性、颠覆性科技攻关项目。培育建设一批绿色技术国家技术创新中心、国家科技资源共享服务平台等创新基地平台。强化企业创新主体地位，支持企业整合高校、科研院所、产业园区等力量建立市场化运行的绿色技术创新联合体，鼓励企业牵头或参与财政资金支持的绿色技术研发项目、市场导向明确的绿色技术创新项目。

20. 加速科技成果转化

积极利用首台（套）重大技术装备政策支持绿色技术应用。充分发挥国家科技成果转化引导基金作用，强化创业投资等各类基金引导，支持绿色技术创新成果转化应用。支持企业、高校、科研机构等建立绿色技术创新项目孵化器、创新创业基地。及时发布绿色技术推广目录，加快先进成熟技术推广应用。深入推进绿色技术交易中心建设。

（七）完善法律法规政策体系

21. 强化法律法规支撑

推动完善促进绿色设计、强化清洁生产、提高资源利用效率、发展循环经济、严格污染治理、推动绿色产业发展、扩大绿色消费、实行环境信息公开、应对气候变化等方面法律法规制度。强化执法监督，加大违法行为查处和问责力度，加强行政执法机关与监察机关、司法机关的工作衔接配合。

22. 健全绿色收费价格机制

完善污水处理收费政策，按照覆盖污水处理设施运营和污泥处理处置成本并合理盈利的原则，合理制定污水处理收费标准，健全标准动态调整机制。按照产生者付费原则，建立健全生活垃圾处理收费制度，各地区可根据本地实际情况，实行分类计价、计量收费等差别化管理。完善节能环保电价政策，推进农业水价综合改革，继续落实好居民阶梯电价、气价、水价制度。

23. 加大财税扶持力度

继续利用财政资金和预算内投资支持环境基础设施补短板强弱项、绿色环保产业发展、能源高效利用、资源循环利用等。继续落实节能节水环保、资源综合利用以及合同能源管理、环境污染第三方治理等方面的所得税、增值税等优惠政策。做好资源税征收和水资源费改税试点工作。

24. 大力发展绿色金融

发展绿色信贷和绿色直接融资，加大对金融机构绿色金融业绩评价考核力度。统一绿色债券标准，建立绿色债券评级标准。发展绿色保险，发挥保险费率调节机制作用。支持符合条件的绿色产业企业上市融资。支持金融机构和相关企业在国际市场开展绿色融资。推动国际绿色金融标准趋同，有序推进绿色金融市场双向开放。推动气候投融资工作。

25. 完善绿色标准、绿色认证体系和统计监测制度

开展绿色标准体系顶层设计和系统规划，形成全面系统的绿色标准体系。加快标准化支撑机构建设。加快绿色产品认证制度建设，培育一批专业绿色认证机构。加强节能环保、清洁生产、清洁能源等领域统计监测，健全相关制度，强化统计信息共享。

26. 培育绿色交易市场机制

进一步健全排污权、用能权、用水权、碳排放权等交易机制，降低交易成本，提高运转效率。加快建立初始分配、有偿使用、市场交易、纠纷解决、配套服务等制度，做好绿色权属交易与相关目标指标的对接协调。

（八）认真抓好组织实施

27. 抓好贯彻落实

各地区各有关部门要思想到位、措施到位、行动到位，充分认识建立健全绿色低碳循环发展经济体系的重要性和紧迫性，将其作为高质量发展的重要内容，进一步压实工作责任，加强督促落实，保质保量完成各项任务。各地区要根据本地实际情况研究提出具体措施，在抓落实上投入更大精力，确保政策措施落到实处。

28. 加强统筹协调

国务院各有关部门要加强协同配合，形成工作合力。国家发展改革委要会同有关部门强化统筹协调和督促指导，做好年度重点工作安排部署，及时总结各地区各有关部门的好经验、好模式，探索编制年度绿色低碳循环发展报告，重大情况及时向党中央、国务院报告。

29. 深化国际合作

统筹国内国际两个大局，加强与世界各个国家和地区在绿色低碳循环发展领域的政策沟通、技术交流、项目合作、人才培训等，积极参与和引领全球气候治理，切实提高我国推动国际绿色低碳循环发展的能力和水平，为构建人类命运共同体作出积极贡献。

30. 营造良好氛围

各类新闻媒体要讲好我国绿色低碳循环发展故事，大力宣传取得的显著成就，积极宣扬先进典型，适时曝光破坏生态、污染环境、严重浪费资源和违规乱上高污染、高耗能项目等方面的负面典型，为绿色低碳循环发展营造良好氛围。

第十二章 中国长丝织造产业"十四五"发展指导意见

长丝织造产业是指经向以化纤长丝为主要原料进行机织生产、研发、营销服务等相关产业，是我国纺织工业中发展较快的新兴产业，是最具市场活力和技术活力的产业之一，在推动纺丝技术、织造技术及印染后整理技术的发展，以及在开发高性能多功能纺织品的过程中发挥着不可替代的作用。化纤长丝织物应用范围广，新品开发多，具有较强的创新优势、广阔的发展空间和良好的市场前景。为促进长丝织造产业转型升级，实现高质量发展，根据《国民经济和社会发展第十四个五年规划纲要》《中国制造 2025》《纺织工业"十四五"发展指导意见》总体要求，编制本指导意见。

一、长丝织造产业"十三五"发展现状

进入"十三五"以来，全行业面临诸多困难挑战。全球经济低迷，政治形势复杂多变，单边主义、贸易摩擦不断加剧，新冠肺炎给全球经济带来严重影响；国内经济增长放缓、下行压力增大。面对不利的发展形势，全行业始终围绕"十三五"发展目标，努力攻坚克难，不断加大结构调整和创新力度，深化供给侧结构性改革，着力提升发展质量和效益，取得了较好的成绩。产业规模逐步扩大，技术创新多有突破，结构调整成效明显，品牌培育初见成效，标准化建设稳步推进，绿色生产成果颇丰，人才建设力度加强，大数据收集系统的完善为智能化管理打造坚实基础。

(一) 产业规模逐步扩大

1. 生产稳步增长

自 2000 年至 2015 年，我国化纤长丝织造产业实现了年均递增 15% 以上的高速发展，产业规模已位居机织物前列，成为纺织工业重要支柱产业。由于产业基数已具相当规模，进入"十三五"时期，产业发展已进入缓增长的新常态，产量从 2015 年的 433 亿米增长到 2020 年的 520 亿米，年均增长 3.7%，扣除2020 年因新冠肺炎造成负增长的影响外，前四年产量年均增长实际达到 6.2%，完成了"十三五"产量发展目标，产业规模继续保持了稳步发展态势。2020

年，应用于长丝织造的纤维加工量占纺织纤维加工总量比例提升至35%，行业占比进一步扩大。

2. 出口优势明显

"十三五"期间，我国化纤长丝织物出口量从2015年的115.92亿米增长到2020年的149.2亿米，年均增长5.2%，扣除2020年因新冠肺炎造成负增长的影响外，前四年出口量年均增速实际达到10.2%，占我国出口机织物比重从2015年的42.63%提升至2019年的52.89%，完成了"十三五"出口发展目标。对外贸易比重由2015年的27%提高到2020年的29%，出口市场进一步多元化，一带一路市场份额逐步提高，国际竞争优势进一步增强。

(二) 技术创新多有突破

"十三五"期间，长丝织造行业在技术创新、装备提升、创新体系建设等方面取得了一系列丰硕成果，行业的技术创新能力得到稳步提升。

1. 技术创新硕果累累

"十三五"以来，随着行业对技术创新扶持力度的增强，促使企业越来越重视产品研发与技术创新，并大胆实践。长丝织造行业规模以上企业的研发经费占主营业务收入的比例从低于1%上升到了1%以上，一批重点骨干企业的研发投入达到3%以上；大量科技创新成果获得行业认可，"差别化高密阻燃遮光面料生产关键技术"等一批前沿科技项目成功通过验收，并已在部分企业得到推广应用，创造了较高的附加值。"复合纺新型超细纤维及其纺织品关键技术研发与产业化"等2个项目获得了"纺织之光"中国纺织工业联合会科技进步奖一等奖，"基于功能性协同生效机理的多功能复合织物关键技术与产业化"等7个项目获得了二等奖，"涤纶新型休闲服用面料的研发及产业化"等6个项目获得了三等奖，较"十二五"期间（仅8个项目获得三等奖）取得更多成果。"20D雪纺系列面料的研发""超细高密再生面料研发""光蓄热面料的研发""差别化、功能性聚酯纤维柔性制备关键技术""织造集中管控系统"等行业关键技术取得突破并实现产业化；专利申请量大幅提升，创新力度有所加强。

2. 生产装备得到较大提升

"十三五"期间，喷水织机高速化、自动化水平整体提高，国产喷水织机实际生产转速已由450r/min提高到750r/min，采用电子送经、电子卷取、共轭凸轮开口、电子多臂开口、电子大提花开口、永磁直驱电动机、高速电子储纬器等具有国际先进水平织机比重达到了40%。喷水织机的数据监控水平得到了进一步提升，有效提高了生产效率和产品质量。

针对长丝细旦特性专门研制的化纤长丝自动穿经机得到企业认可，逐渐在规模较大企业中批量使用，全行业已投入使用的自动穿经机达到 800 台。自动穿经速度达 20 万~30 万根/（台·天），可相当于 15~20 名熟练工人，在提升生产效率和产品质量的同时，也为开发生产复杂组织织物提供了技术保障，有效降低了对熟练工人的依赖，显著节约了劳动力成本。

具有自动控制功能的新型浆丝机普及率已达到 20%，整经机普遍开始采用多套 PLC、多套交流数字伺服变频控制。高自动化、高精度控制的整经机在超细纤维织物，特别是锦纶长丝织物中获得了广泛应用，降低了能源消耗、提高了产品质量和适应性，为生产高端纺织品提供了硬件保障。

3. 创新体系建设初见成效

"十三五"以来，为突破关键技术，解决行业生产中的难点和瓶颈，长丝织造企业纷纷与高校、研究院所及军方合作，建立了院士工作站、技术创新中心、重点实验室等技术创新机构，邀请院士、教授等高级技术专家给企业进行技术指导，拓宽发展思路，解决实际问题，校企、院企合作取得了丰硕成果。

以福华公司为代表的重点企业与东华大学、苏州大学等联合开展技术攻关，完成了"细旦超薄弹力面料的开发与应用""细旦超柔型面料的开发与应用"等一批行业领先项目。

(三) 结构调整成效明显

"十三五"期间，长丝织造行业在产品结构、产业结构的调整上稳步推进，产业布局更趋合理。

1. 产品结构由量的扩张转向质的提升

"十三五"期间，长丝织造产业高质量发展水平显著提高，附加值不高的低档产品有所压缩，高档产品比例明显增加，实现了由注重规模扩张向注重产品质量提升和生产效率提高的高质量发展转变。在国家"三品"战略的指导下，行业差别化、功能化、高仿真类、新型弹性化新产品层出不穷，尤其是在涤阳高收缩复合面料、锦涤 T400 织物、SPH+POY 四面弹织物、负离子型涤纶面料和高 F 涤涤复合强绒感面料等生产的关键技术上有所突破，高档羽绒服、功能性户外运动服、高档时装、高档窗帘和高档室内装饰等面料逐渐成行业主流。

长丝织物新产品的产量占比已由"十二五"末的 30% 提高到了近 40%，低档大路货产品的产量下降幅度超过 12%，中高档产品产量增加明显，尤其是满足人们多功能、个性化需求的高附加值产品的产量比重从 20% 提高到了 25%，产品结构得到进一步优化。

2. 产业结构趋向合理

"十三五"期间，长丝织物在窗帘、床品、墙布等家纺领域应用越来越丰富,在医疗卫生、汽车、航空航天等领域的应用也更加成熟和深入,应用比重也越来越高。目前,长丝织造行业服装、家纺、产业用纺织品的纤维消费量比重由 2015 年的 70∶25∶5 调整为 64∶30∶6。

3. 产业布局更加合理

"十三五"期间,中部地区的长丝织造产业逐渐兴起,有蓬勃发展之势。截至 2020 年底,苏南、浙江、福建等原有产业集群喷水织造规模约为 43 万台,约占全国总规模的 63%;苏北、安徽、河南、湖北、江西等新兴产业集群喷水织机规模约 25 万台,约占全国总规模的 37%,比 2015 年提高了 27 个百分点。"以沿海发达地区为产品研发和销售基地,以中西部地区为产品生产加工基地的产业分工格局"正在形成。

(四) 品牌培育初见成效

在国家政策支持、企业自身培育、行业引导、社会机构参与等多方推动下,"十三五"时期,全行业品牌意识显著增强,品牌建设的内生动力明显提升,品牌发展环境不断改善,越来越多的企业已经意识到品牌建设的重要性和必要性,不断依托特色产品及各自优势提升企业形象和影响力,行业内涌现出了一批知名品牌企业,品牌价值和品牌竞争力进一步提升。如江苏的恒力集团、聚杰微纤、斯尔克集团,浙江的台华、盛发、鸣业,福建的向兴、东纶及三福等为代表的品牌企业坚持实施品牌战略,不断通过自主创新,开拓国内外高端市场,提高核心竞争力,打造出了具有国际影响力的企业品牌。

(五) 标准建设稳步推进

"十三五"期间,根据我国长丝织造行业的发展形势和要求,依据轻重缓急的原则,行业标准化建设迈出了坚实的步伐,取得了较好的成绩。先后组织相关单位制修订了 19 项标准,占行业总标准的近 60%,其中国家标准 4 项,行业标准 15 项,标准体系得到不断完善,为提升行业的技术水平、产品质量及国际竞争力发挥了积极作用。截至 2020 年底,长丝织造行业现有标准 32 项,多数为产品标准,其中:国家标准 9 项,行业标准 23 项,标准体系初步建成。

(六) 绿色生产成果丰硕

1. 节能新技术得到推广

"十三五"期间,长丝织造行业依据国家相关政策,通过"纺织之光"长丝织造清洁生产推广会等系列活动,大力宣传推广永磁电动机直驱技术、车间 LED 节能日光灯照明系统、太阳能集热技术、智能信息化管理系统等节能生产新技术,及时淘汰落后的生产技术和设备,持续推进清洁生产模式,在原料选择、工艺优化、节能环保、企业管理等方面都有了较大的改进,有效促进了长丝织造产业绿色化生产水平的提升，为 2030 年前实现碳达峰做出了积极贡献。

2. 废水排放量大幅降低

"十三五"期间，长丝织造行业通过技术进步与创新、规范管理、节能减排和中水回用等方式使得行业的"三废"排放大幅减少，实现全行业生产废水的100%处理，中水回用率由 40% 提高到近 70%，取得了良好的经济效益和社会效益。

"十三五"期间，行业内大多数骨干企业根据自身条件都建立了各具特色的生产废水处理与中水回用系统，实现了生产废水的零排放，以长兴县夹浦镇为代表的产业集群建立了比较完善的喷水织机污水处理和中水回用系统，通过对废水的集中收集、统一处理和回用，夹浦镇已实现了喷水织机废水的"零排放"。

3. 社会责任成为行业共识

"十三五"期间，长丝织造企业的环境保护和社会责任观念显著增强，企业积极进行 ISO9000 质量管理体系认证、ISO14000 环境管理体系认证、Oeko-Tex 信心纺织品认证和 GRS 全球回收标准认证，融入全球社会责任体系，不断满足绿色消费需求，促进行业健康发展。

4. 绿色标准助推绿色生产

由中国长丝织造协会组织制定的国家标准《取水定额第 20 部分：化纤长丝织造产品》（GB/T 18916.20—2016）和《节水型企业化纤长丝织造行业》（GB/T 37832—2019）均已发布实施，团体标准《绿色设计产品评价技术规范　布艺类产品》已制定完成，国家标准《化纤长丝织造行业水系统集成优化实施指南》和团体标准《绿色设计产品评价技术规范　长丝织造产品》正在研究制定中。绿色标准的制定，对企业实施绿色生产具有引导和指导意义，有效提升了行业的绿色生产水平。

（七）人才建设力度加强

"十三五"期间，行业规模以上企业本科及以上工程技术人员和管理人员的比例提高至 3%，人才结构进一步优化；由人力资源和社会保障部、中国纺织工业联合会和中国财贸轻纺烟草工会等单位主办，中国长丝织造协会承办的全国纺织行业职业技能竞赛已连续 3 年举办了 4 次，涵盖了 6 个职业（工种），包括：织布工、整经工、穿经工、浆纱浆染工（浆丝）、捻线工（倍捻）和织机保全工。参加全国决赛人数近 350 人，有数万员工参加了培训和选拔赛活动，在总结行业先进操作法、统一操作规程、提升操作水平、促进行业整体技术水平上台阶等方面发挥了积极作用。自 2017 年大赛举行以来，长丝织造行业有 2 人获得全国五一劳动奖章，3 人获得全国技术能手，48 人获得全国纺织行业技术能手等荣誉。

（八）大数据收集系统的完善为智能化管理打造坚实基础

"十三五"期间，长丝织造行业的智能化软件和数字化管理系统已大面积使用，在全行业已初步建立了大数据收集系统，并取得了较好的效果。数字化生产车间在完善企业员工考核、改善产品品质、提高生产效率、实现精准追溯、实时防错、增强国际竞争力等方面发挥了重要作用；智能织轴存储系统和智能立体仓储配送系统实现了上千批次坯布的随时存放和调取管理，存取效率高、节约土地、安全可靠，大幅提高了企业的生产和销售能力。

二、长丝织造产业"十四五"发展面临的形势

（一）发展的机遇

1. 市场规模庞大

中国拥有 4 亿中等收入群体在内的 14 亿人口所形成的超大规模内需市场，随着人均 GDP 再次突破 1 万美元，潜在的经济活力和发展空间还非常大。面对当前全球经济低迷，贸易摩擦和单边主义不断抬头的国际环境，我国将加速推动形成以国内大循环为主体、国内国际双循环相互促进的新发展格局，通过繁荣国内经济、释放国内消费潜力、畅通国内大循环为我国经济发展增添动力。

随着网络电商、直播带货、远程试穿等线上新型消费模式的推广发展，国内外纺织品服装的市场需求将被进一步挖掘。长丝织造产业作为服装、家纺和产业用纺织品的基础性产业，具有明显的竞争力和比较优势，存在较好的增长空间。预计未来 5~10 年，全球纤维加工总量仍将以每年 3% 左右的速度增长，其中主要增量来自化学纤维，在机织物中的增量则主要来自长丝机织物。

2. 投资环境继续向好

长丝织造产业具有产业投资省，市场潜力大的特点，是传统纺织转型升级的方向之一，也是可供贫困地区实施精准扶贫选择的优势产业之一。截至"十三五"末期，河南、安徽、湖北、江西等中部地区已先后建立了具有一定规模的长丝织造产业集聚区或产业园区，具备了一定的发展基础，未来还将继续加强基础设施保障，配套相关产业，为长丝织造产业的科学发展提供优良的投资环境；甘肃、新疆、云南、四川等西部地区也在进行积极探讨，四川的泸州于2020 年初已启动了 1 万台喷水织机和 120 万吨/年纺丝项目。随着新时代推进西部大开发新格局有关政策的逐步落实，将会为长丝织造产业在西部的发展带来更好的投资环境。

3. 科技创新步伐加快

科技发展日新月异，随着新一代信息技术、人工智能等核心技术的不断突破，必将推动长丝织造自动化、数字化、信息化和智能化的快速发展，科技成果的产业化，也将为加快改造长丝织造工艺、技术和装备提供支撑环境。

《中华人民共和国国民经济和社会发展第十四个五年规划和2035年远景目标纲要》中提出"坚持创新在我国现代化建设全局中的核心地位，把科技自立自强作为国家发展的战略支撑"。这是我国历史上第一次把科技创新摆在各项规划任务的首位，这也必将加快我国各行业的科技创新步伐。

长丝织造技术的进步与创新，也必将不断拓展长丝织物的应用领域，加快在医疗与卫生、过滤与分离、安全与防护、文体与旅游、隔离与绝缘、结构增强、航空航天、土工、建筑、农业、汽车等新兴领域的应用。长丝织物将以其高强、高性能、多功能、物美价廉等优越特性，不断适应社会的新需求新发展，不断拓展自身的应用领域，为长丝织造产业带来更大的发展空间。

(二) 发展的挑战

1. 国际经济环境低迷

自2020年以来，受新冠肺炎疫情持续蔓延的影响，世界经济下行风险加剧，国际贸易环境的不稳定不确定因素显著增加。我国长丝织造产业将面对发达国家再工业化、中美贸易摩擦以及发展中国家低端挤压的严峻的外部环境。

2. 资源与环境约束趋紧

绿水青山，就是金山银山。随着国家环保政策的完善和趋紧，各地方政府和部门加大了对各行业的环境排污整治力度，绿色生产已成为大势所趋。我国长丝织造产业主要集中在东部沿海地区，这些地区的土地及水、电、气等资源供应日益紧张，正面临减排任务繁重、所需投资和运营成本上升等挑战。产业集聚区域对水资源使用以及废水排放的限制已经成为长丝织造产业发展必须战胜的困难。

(三) 面临的问题

"十三五"期间，我国长丝织造产业取得了较快发展，但也出现了研发投入不足、标准化建设有待加强、专业人才供不应求、企业融资难融资贵等问题。长丝织造产业以中小企业为主，量大面广，有些企业因缺乏专业人才和对自主创新和产品研发不够重视，对生产产品没有自主性，无法应对市场灵活多变的需求变化，导致市场同质化竞争激烈，严重影响了市场产品供需结构，制约了行业的健康发展。

三、长丝织造产业"十四五"指导思想、主要目标及任务

（一）指导思想

按照《纺织工业"十四五"发展规划》总体要求，以新发展理念为指引，坚持"科技、绿色、时尚"的发展方向，充分挖掘内需市场潜力、努力拓展国际市场空间，积极构建"双循环"新发展格局，以产品创新为导向，以技术创新为手段，以人才培养为依托，继续保持长丝织造产业在纺织面料中的竞争优势，为经济高质量发展发挥更好的作用。

（二）基本原则

1. 市场导向

以市场为导向，以满足个性化、多样化消费需求为出发点，不断提高生产效率和产品质量，满足时尚、绿色、健康的消费需求。

2. 创新驱动

优化技术创新体系，加大研发创新投入力度，提升产品质量和档次。加强品牌建设，以品牌价值实现产业附加值的提升。坚持管理创新和企业文化建设，提高资源配置效率，提升企业软实力。

3. 绿色发展

坚持绿色发展理念，推动节能减排、资源循环利用共性关键技术研发和推广应用，节约资源、减少能耗和废水排放，积极履行社会责任，为国家生态文明建设做出贡献。

（三）主要目标

1. 产业规模

到 2025 年，我国长丝织造产业产量规模将达到 635 亿米，年均增长 4%；喷水织机数量达到 78 万台，年均增长 4%；应用于长丝织造的纤维加工量占纺织纤维加工总量比例提升为 37%。

到 2025 年，我国化纤长丝机织物出口数量达到 180 亿米，年均增长 4%。

2. 技术创新

到 2025 年，采用电子送经、电子卷取、共轭凸轮开口、电子多臂开口、电子大提花开口、永磁直驱电动机、高速电子储纬器等具有国际先进水平的织机比重达到 60%。逐步提升高速稳定、自动化程度高、节能降耗水平高的先进喷水织机的应用水平，淘汰低档简易喷水织机，推动长丝织造产业向智能化、高效率、高质量制造技术方向发展。

到 2025 年，全自动穿经设备的应用量达到 1200 台，提高在超细旦纤维、多色经复合、双层复杂织物等领域的应用比例。

具有自动控制功能的新型浆丝机、整经机的普及率提高到60%，降低能源消耗、适应超细旦纤维产品的生产。

研发出一批具有智能控制的织造辅助设备，如自动上轴设备、自动落布设备等，降低劳动强度和用工成本，提高上机效率。

到2025年，长丝织造行业规模以上企业的研发经费占主营业务收入的比例提高到1.5%以上，大部分骨干企业要达到3%以上的水平。

3. 产品结构

到2025年，新产品产值率由目前的40%提高到50%，高档次、高附加值产品的比重由目前的25%提高到35%。

加强功能性、差别化和个性化长丝织物的开发，以技术进步拓展产业用、家纺用长丝织物的应用领域，引领市场消费。

继续推进服装用、家纺用和产业用长丝织物的均衡发展，优化产品结构，服装、家纺、产业用纺织品的纤维加工量比例调整为55∶35∶10。

4. 品牌培育

到2025年，推荐5家优秀企业作为工信部自主品牌跟踪培育的重点企业；引导企业开发特色产品，培育30个精品生产基地企业；鼓励企业重视产品研发设计，加强自主品牌培育，力争培育出具有国际影响力的长丝面料品牌。

5. 标准建设

加快行业标准体系建设，全面推进行业标准化工作，力争将"化纤长丝机织物产品分类标准""绿色设计产品评价技术规范　化纤长丝织造产品""喷水织机废水处理回用技术"和"喷气织机节能降耗"等长丝织造行业"十四五"重点标准研制项目列入国家标准制定项目。引导企业积极制定高于行业标准的企业标准。到2025年，行业中拥有一批特色产品的企业标准、尝试性制定化纤长丝织物CNTAC团体标准6项、新增行业标准15项、国家标准2项。

6. 集群发展

按照布局合理、产业协同、资源节约、生态环保的原则，对产业集群进行规划布局和功能定位，构建创新能力强、信息化水平高、公共服务好、专业市场完善的现代集群体系，充分发挥集群优势，造就一批代表行业先进生产力，具有较高区域品牌影响力的特色示范集群。

7. 绿色生产

到2025年，全行业中水回用率达到80%。取水定额指标涤纶长丝织物达到1.4m³/100m、锦纶长丝织物达到1.2m³/100m、人造丝织物达到0.35m³/100m。培养一批长丝织造行业的节水型企业，推荐国家级水效领跑者、节水型企业5~

10 家，引领行业全面节水用水规范化。

8. 人才培养

引导企业重视人才的培养，提高员工的业务素质和职业技能水平。到 2025 年，规模以上企业本科及以上工程技术人员和管理人员的比例提高至 5%，高级工及技师占职工总数的占比达到 5%，全国五一劳动奖章 1 人，全国技术能手 10 人，纺织行业技术能手 40 人。行业内组织技术培训 5 次、专业管理培训 2~3 次、组织全国纺织行业职业技能操作大赛 4~5 次。

（四）主要任务

1. 着力技术创新，突破技术瓶颈

加强科技创新和技术攻关，着力提升关键环节、关键领域、关键产品的突破能力。进一步推进以企业为主体、市场为导向、产学研用结合的科技创新体系建设。通过长丝织造企业与高校、设备生产企业及软件开发商等产业链上下游的合作，突破关键技术，提高行业内各生产环节的自动化智能化水平。特别是对数字化整浆并、数字化喷水织机、成品半成品自动仓储技术、生产线智能运输系统、ERP 管理系统和在线监控与管理系统等关键技术进行研究和开发，建设智能制造示范生产线和数字化工厂，逐步提高生产的自动化、智能化水平。

2. 优化产品与产业结构

加大绿色化、功能化、差别化、时尚化和个性化产品的研发力度，实现来样仿制向设计研发的转变，深入时尚流行趋势研究，提高原创设计产品比例，以国际性的视野、高瞻远瞩，生产高质量、高附加值、专业化的产品，实现从满足需求向创造市场需求转变。

通过上下游的合作与创新，不断提高化纤长丝织物的应用性能，满足在服装、家纺和产业用领域的需求，特别是医用卫生防护、农业、国防、航空航天和交通运输等领域的需求。

3. 加强产需衔接，促进产业协同发展

加强与服装生产企业及原辅料供应商之间的沟通与交流，将供应链打造成为适应"小批量、多品种、快交期"的快速反应体系，推动供应链上合作伙伴实现业务计划、预测信息、POS 数据、库存信息、进货情况以及协调物流信息的共享，实现由生产领域向流通领域的全业务流程的互通互联，减少过多中间交接环节的信息中断和延误问题，提高产业链的快速反应能力。

供应链企业间开展质量诚信体系建设，建立供应链内部企业原辅料、面料、服装免检供应商的绿名单机制。

建立和完善供应链应用合作开发系统，实现合作开发相关方的密切配合，

开发适应市场需求的产品,提高产业竞争力。

4. 加强平台建设,增强服务功能

发展专业化的第三方长丝织造设计中心、物流、检测检验认证、技术管理咨询、科技孵化服务、节能环保服务、电子商务平台、服务外包等生产服务业,创新业务流程和价值创造模式,逐步实现整体产业价值最大化。

5. 培育自主品牌

以市场为导向,以设计创意、产品质量、营销渠道为重点,重点培育科技含量高,规模效益好,产品特色鲜明的企业品牌,逐渐从规模和成本优势转变为科技和品牌创新优势。依托品牌企业的科技创新和进步,不断提高行业核心竞争力,培育产业新的增长点;增强产品品牌的发展活力,充分体现长丝织造行业自主品牌的社会价值;依托产业集群特色优势,完善集群公共服务平台服务能力,提升产业集群效应,培育知名长丝织造区域品牌。

6. 推进标准化建设

继续加强标准化建设,夯实行业发展基础。在"十四五"期间,在抓紧完成原有标准制定计划的基础上,重点梳理压缩已完成的标准,调整和完善标准体系建设。与时俱进,每年根据行业实际情况,积极申报标准项目,优先解决行业急需的标准。特别是与国家政策方针一致急需的标准,例如,绿色设计产品评价技术规范等。针对本行业新产品较多的突出特点,对一些急需制订行业标准的新产品及时列入 CNTAC 团体标准制订计划项目,完善充实团体标准体系。在"十四五"期间力求做到新立项标准的制订周期控制在 2 年以内,现有老标准的标龄控制在 5 年以内,稳步推进行业标准化工作,做到行业内主要产品的企业标准、团体标准、行业标准和国家标准的全覆盖,科学合理按照标准体系,逐步完善标准制定,提升行业标准的整体水平。

7. 优化布局,促进特色集群发展

东部地区要利用市场优势、技术优势、人才优势,重点发展技术研发中心、品牌营销中心、检验检测认证等价值链高端环节,建设自动化、数字化和智能化织造基地,发展电子商务、节能环保等生产性技术服务,促进国际化龙头企业成长。

中西部地区要充分利用国家政策,尤其要注重结合扶贫政策,发展长丝织造产业,在高的起点上打造高质量的生产加工基地,促进地方经济发展和繁荣。中西部地区新上产能务必要保持后发优势,新上技术装备在产品适应性、产品质量、速度、效率、能耗、水耗等技术性能上要达到国内领先、国际先进水平,杜绝落后二手设备的异地搬迁。

强化产业集群专业化协作和配套能力，打造创新能力强、信息化水平高、品牌影响力大、公共服务能力强的特色产业集群。

8. 加强生态文明建设

（1）规范行业行为，完善清洁生产评价体系。加强长丝织造绿色生产标准体系建设，健全取水定额、污染物排放、清洁生产企业评定等清洁生产评价体系，加强清洁生产审核和绩效评估。积极推进行业规范条件建设，健全节能、节水、污染物排放及资源综合利用相关政策和标准体系，为提升行业可持续发展能力提供充分的标准依据。

（2）发展绿色制造技术、开发绿色纺织产品。加快免上浆技术、节水型喷水织机、废水高效回用技术等先进技术的研究，开发绿色纺织品，推广清洁生产技术，引导绿色生产，发展绿色园区，实现生产过程集约化、清洁化和智能化，打造绿色供应链，构建从原料、生产、营销、消费到回收再利用的全产业链绿色循环生产体系。

9. 加强专业人才队伍建设

人才是赢得国际竞争主动的战略资源，是行业可持续发展的根本保证。行业要重视专业人才队伍的培育和储备，鼓励企业从实际需要出发，制订在职人员继续教育培训计划，加强与职业院校、高校和科研单位等开展合作，进行针对性的技术和管理培训。鼓励在职人员通过培训班、研讨会和短期进修等渠道进行知识与技能的培训，紧跟行业发展前沿。鼓励企业建立合理的薪酬激励考核机制，在全行业形成重才、引才、爱才的社会风气，激发人才创新活力，打造富有创新精神、求真务实的人才队伍。开展职业技能竞赛，推广新操作法及岗位练兵、技术比武等活动，培育高技能人才，带动职业技能水平的提高。

10. 加强管理创新，提升企业核心竞争力

加强长丝织造行业现代企业制度建设，加强基础管理，建立全方位管理体系，拓展战略管控、流程再造、供应链管理、精细化管理等，提高企业竞争力和经济效益。特别要加强工艺管理、质量管理、设备管理、过程管理、物流管理和生产成本控制等生产管理，全面提高管理水平。

四、重点工程

（一）数字化、自动化、智能化生产和管理系统建设工程

发展高效、低能耗、自动化、数字化、智能化纺织装备，重点研发自动穿经机、高速喷水织机、特种纤维织造装备等机织设备，研发节水型喷水织机引纬系统、高速电子多臂、积极式共轭凸轮开口机构、电子提花开口机构、电子

送经装置、电子卷取装置、高速储纬器、永磁直驱电动机、喷水织机断经自停机构等关键装置，开发纺织面料订单管理系统、在制品条码管理系统、织造车间数字化生产管理系统、自动立体仓储和物流配送系统等数字化生产管理系统，形成长丝织造领域智能制造系统化解决方案。

（二）功能性、差别化和个性化产品的品质提升工程

开发并完善化纤长丝仿真织造技术，功能性防寒服、防紫外、吸湿快干、抗菌、阻燃等面料的织造技术，碳纤维、芳纶、玻璃纤维等产业用特种纤维织造技术，防弹衣、降落伞、医用材料等特种面料的织造技术，特宽幅、高紧高密、超细低密、大提花加工技术。

（三）品牌培育工程

进一步完善品牌培育体系，壮大品牌人才队伍，增强品牌国际运营能力，提高品牌服务水平。在全行业开展开展品牌价值评价、品牌宣传与推广等品牌活动，提高我国化纤长丝织造品牌的国内外影响力。

（四）领军企业工程

引导长丝织造企业加强科技创新，积极履行社会责任，重点培养一批在经济规模、科技含量和社会贡献等方面具有领先地位的排头兵企业，更好地发挥领军企业的骨干示范带动作用。

（五）专精特新"小巨人"工程

培育一批专注于细分市场、创新能力强、市场占有率高、掌握关键核心技术、质量效益优的专精特新"小巨人"企业，提高长丝织造企业专业化能力和水平，促进其在创新能力、国际市场开拓、经营管理水平、智能转型等方面得到提升发展。

（六）绿色生产建设工程

研究和开发化纤长丝织物免上浆技术、易分解浆料上浆技术、无锑纤维纺丝织造及染整技术、聚乳酸纤维织造及染整技术、喷水织造废水的低成本处理和高效回用技术。

（七）建设新时代高质量产业园区工程

引导和鼓励产业园区按照布局合理、产业协同、资源节约、生态环保的原则进行规划布局和功能定位。鼓励支持在园区内建设"园中园"等中小企业工业园，鼓励有条件的产业园建设多层标准厂房，高效开发利用土地。加强产业园基础设施保障，推进产业园生态文明建设。完善产业园能源供应、给排水、排污综合治理等基础设施，推广节能减排技术，鼓励企业参与节能减排投融资、合同能源管理、开展清洁生产审核，推动建立产业园内废旧物回收处理、再制

造等第三方环境治理方式，加强节能管理和"三废"有效治理，推动绿色低碳循环发展。

五、政策措施及建议

（一）发挥政策引导功能，优化营商环境

引导财政预算资金和信贷银行对长丝织造行业技术创新、智能制造、绿色制造、品牌建设、创新服务平台等方面的支持，包括高端装备的研发与应用，数字化工厂的研发与建设，废水的高效利用技术等。建议中央和地方设立更多支持企业发展的优惠政策，如工业转型升级专项资金、技术改造专项资金、高新技术企业税收优惠、所得税减免、重大装备进口和国家鼓励类技改项目进口设备的关税减免等。强化对科技型中小企业的政策引导与精准支持，加快推动民营企业特别是各类中小企业走创新驱动发展道路。

（二）深化资本市场改革，助力产业结构升级

用基础制度提升资本市场吸引力，充分发挥资本市场的要素资源配置枢纽、政策传导枢纽等重要作用，促进科技与资本融合，带动金融和长丝织造产业良性循环，为实体企业克服疫情影响、实现提质增效注入新动能。

（三）完善行业公共服务体系

做好公共服务平台建设，完善行业公共服务体系。提高长丝织造企业、产业和区域间的系统发展能力，促进上下游合作推动行业高质量发展；推动企业技术进步，引导产业转型升级，以科技创新的力量提高劳动生产率和企业经济效益；开展国内外市场拓展工作，受政府委托承办或根据市场和行业发展需求，举办推介会、交易会、展览会，为企业开拓市场搭建平台。

（四）充分发挥行业协会作用

充分发挥协会连接政府和企业的桥梁和纽带作用，从维护行业利益出发，及时加强企业调研，跟踪国内外行业及企业的运行情况，发布行业发展报告，制定行业规范和标准，及时反映企业诉求，做好政策宣传。强化知识产权保护，加强国际、上下游及相关产业的交流与合作，完善全行业公共服务平台和区域公共服务平台建设。

数据统计篇

表 1　2011~2020 年中国纺织行业主要大类产品产量情况（规模以上）

名称	单位	2011 年	2012 年	2013 年	2014 年	2015 年	2016 年	2017 年	2018 年	2019 年	2020 年
纱	万吨	2894	3333		3379	3538	3733	4050	2976	2892	2654
布	万米	6198242	6597085	6834487	7036842	7031200	7144621	6955940	4989350	4569293	3712234
印染布	万米	5930260	5660197	5423572	5367757	5095290	5336963	5245912	4906868	5376266	5250276
毛机织物（呢绒）	万米	51836	60303	58443	60003	63326	59079	48096	41559	45858	33978
亚麻布（含亚麻≥55%）	万米	25514	43351	37311	46081	30536	28112	20849	16458	35538	35469
苎麻布（含苎麻≥55%）	万米	44217	52764	53612	50367	57857	54613	23397	37673	11366	8990
蚕丝	吨	108032	125973	137090	167284	172114	158382	141827	86512	68590	53358
无纺布（非织造布）	吨	1850423	2364724	2573333	3614000	4429375	5783502	4155565	3663489	5030338	5790826
帘子布	吨	567691	751390	874466	836572	784884	851958	803825	630869	622631	642168
服装	万件	2542035	2672834	2710070	2992060	3082723	3145223	2878078	2227421	2447162	2237252
化学纤维	万吨	3362	3811	4122	4390	4832	4944	4920	5011	5953	6168

注 自 2011 年起，规模以上企业划分标准调整为年主营业务收入 2000 万元及以上工业法人企业。

数据来源：国家统计局

表2　2020年中国纺织工业主要指标完成情况（规模以上）

序号	指标名称	单位	2020年累计	2019年累计	同比/%
1	企业单位数	户	34196	34196	
2	亏损企业数	户	7777	5121	51.86
3	亏损面	%	22.74	14.98	
4	营业收入	万元	451906459	495691143	−8.83
5	营业成本	万元	394738801	435518859	−9.36
6	销售费用	万元	10264831	11235976	−8.64
7	管理费用	万元	16276782	17579254	−7.41
8	财务费用	万元	5280452	5039884	4.77
9	利润总额	万元	20647307	22055540	−6.38
10	亏损企业亏损额	万元	3618479	2854057	26.78
11	资产总计	万元	414690311	401970397	3.16
12	其中：流动资产合计	万元	229872884	220626160	4.19
13	其中：应收票据及应收账款	万元	51702746	46883478	10.28
14	存货	万元	58264847	59326853	−1.79
15	其中：产成品	万元	29893086	29377298	1.76
16	负债合计	万元	228871230	221997834	3.10
17	出口交货值	万元	59288622	69144541	−14.25
18	资产负债率	%	55.19	55.23	−0.04
19	利润率	%	4.57	4.45	0.12

注　部分指标调整：1. 原主营业务收入、主营业务成本指标取消，提供营业收入、营业成本；
　　　　　　　　　2. 原利息支出取消，提供利息费用；
　　　　　　　　　3. 原应收账款取消，提供应收票据及应收账款。

数据来源：国家统计局

表 3 2010～2020 年中国国民经济主要统计数据

年份	GDP增长率/%	第一产业增加值增长率/%	第二产业增加值增长率/%	第三产业增加值增长率/%	交通运输仓储邮政业增加值增长率/%	批发和零售业增加值增长率/%	全社会固定资产投资规模/亿元	全社会固定资产投资名义增长率/%	全社会固定资产投资实际增长率/%	工业出厂品价格指数上涨率/%	固定资产投资价格指数上涨率/%
2010 年	10.4	4.3	12.3	9.8	9.8	14.3	278122	23.8	19.5	5.5	3.6
2011 年	9.3	4.3	10.3	9.4	9.9	12.6	311485	23.9	15.6	6.0	6.5
2012 年	7.7	4.3	7.9	8.1	6.8	9.8	374676	20.3	19.0	-1.7	1.1
2013 年	7.7	3.8	7.8	8.3	7.2	10.1	447074	19.3	18.9	-1.9	0.3
2014 年	7.3	4.1	7.3	7.8	6.9	9.1	512763	15.3	14.7	-1.9	0.5
2015 年	6.9	3.9	6.0	8.3	6.8	9.2	563014	9.8	11.8	-5.2	-1.8
2016 年	6.7	3.3	6.1	7.8	6.7	8.9	616106	8.1	6.3	-1.3	0.6
2017 年	6.9	4.0	6.1	8.0	6.6	8.8	641238	7.3	1.4	6.3	5.8
2018 年	6.6	3.5	5.8	7.6	8.1	6.2	645680	5.9	—	3.5	5.4
2019 年	6.1	3.1	5.7	6.9	7.1	5.7	678610	5.1	—	-0.3	2.6
2020 年	2.3	3.0	2.6	2.1	0.5	-1.3	—	—	—	-1.8	—

续表

年份	居民消费价格指数上涨率/%	城镇居民实际人均可支配收入增长率/%	农村居民实际人均纯收入增长率/%	新增货币发行/亿元	社会消费品零售总额/亿元	社会消费品零售总额名义增长率/%	社会消费品零售总额实际增长率/%	贷款余额/亿元	新增贷款/亿元	财政收入/亿元	财政收入增长率/%	财政支出/亿元
2010 年	3.3	7.8	10.9	6381	156998	18.3	14.8	473247	79511	83101	21.3	89874
2011 年	5.4	8.4	11.4	6120	183919	17.1	11.7	547947	74700	103874	25.0	109248
2012 年	2.6	9.7	10.7	3911	210307	14.3	12.1	629910	81963	117210	12.8	125712
2013 年	2.6	7.0	9.3	3915	237810	13.1	11.5	719000	89090	129210	10.1	140212
2014 年	2.0	6.8	9.2	1726	262394	12.0	10.9	816800	97800	140350	8.6	151662
2015 年	1.4	6.6	7.5	2975	300931	10.7	10.6	939513	122713	152217	8.4	175768
2016 年	2.0	5.6	6.4	4045	332316	10.4	9.6	1066040	126500	159552	4.8	187841
2017 年	1.6	6.5	7.6	2342	366260	10.2	9.0	1201320	135230	172570	8.2	203330
2018 年	2.1	5.6	6.6	—	380990	9.0	—	1362970	161650	183350	6.2	220900
2019 年	2.9	5.0	6.2	—	411850	8.0	—	1586021	223051	190382	3.8	238874
2020 年	2.5	1.2	—	—	391981	-3.9	—	—	—	182895	-3.9	245588

续表

年份	财政支出增长率/%	财政收支差额/亿元	城乡储蓄存款余额/亿元	城乡储蓄存款余额增长率/%	货币和准货币(M2)/亿元	货币和准货币(M2)增长率/%	社会融资总额/亿元	进口总额/亿美元	进口总额增长率/%	出口总额/亿美元	出口总额增长率/%	货物贸易顺差/亿美元
2010 年	17.8	-6772.7	303302	16.3	725852	19.7	140191	13962.4	38.8	15778	31.3	1815
2011 年	21.6	-5373.4	343636	13.3	851591	17.3	128286	17435	24.9	18939	20.3	1549
2012 年	15.1	-8000.0	391970	14.1	974149	14.4	157605	18178	4.3	20489	7.9	2303
2013 年	10.9	-11002	447602	12.0	1106525	13.6	172900	19504	7.3	22096	7.9	2592
2014 年	8.2	-11312	497742	11.2	1228400	12.2	165000	19582	0.4	23443	6.1	3861
2015 年	15.8	-23551	546078	9.7	1392269	13.3	154162	16842	-14.0	22787	-2.8	5945
2016 年	6.9	-28288	597751	9.5	1550067	11.3	178023	15882	-5.5	20976	-7.7	5094
2017 年	5.2	-30760	643770	7.7	1677000	8.2	194000	18438	16.0	22634	7.9	4210
2018 年	8.7	-37550	—	—	1826740	8.1	192580	21360	15.8	24870	9.9	3510
2019 年	8.1	-48492	—	—	1986000	8.7	256000	20752	1.6	24983	5.0	4229
2020 年	2.8	—	—	—	2187000	10.1	—	—	—	—	—	—

资料来源：国家统计局

表4　世界经济增长简况回顾及展望（2019～2022年）

年类别	估计值	预测值	
	2020年	2021年	2022年
世界产出	-3.5	5.5	4.2
发达经济体	-4.9	4.3	3.1
美国	-3.4	5.1	2.5
欧元区	-7.2	4.2	3.6
德国	-5.4	3.5	3.1
法国	-9.0	5.5	4.1
意大利	-9.2	3.0	3.6
西班牙	-11.1	5.9	4.7
日本	-5.1	3.1	2.4
英国	-10.0	4.5	5.0
加拿大	-5.5	3.6	4.1
其他发达经济体①	-2.5	3.6	3.1
新兴市场和发展中经济体	-2.4	6.3	5.0
亚洲新兴市场和发展中经济体	-1.1	8.3	5.9
中国	2.3	8.1	5.6
印度②	-8.0	11.5	6.8
东盟五国③	-3.7	5.2	6.0
欧洲新兴市场和发展中经济体	-2.8	4.0	3.9
俄罗斯	-3.6	3.0	3.9
拉丁美洲和加勒比	-7.4	4.1	2.9
巴西	-4.5	3.6	2.6
墨西哥	-8.5	4.3	2.5
中东和中亚	-3.2	3.0	4.2
沙特阿拉伯	-3.9	2.6	4.0
撒哈拉以南非洲	-2.6	3.2	3.9
尼日利亚	-3.2	1.5	2.5
南非	-7.5	2.8	1.4

①这里的"其他发达经济体"不包括七国集团（加拿大、法国、德国、意大利、日本、英国、美国）和欧元区国家。

②印度的数据和预测值以财政年度为基础，2011年以后的GDP是以市场价格得出的GDP为基础，其以2011/2012财政年度作为基准年。

③印度尼西亚、马来西亚、菲律宾、泰国和越南。

数据来源：IMF，世界经济展望，2021年1月

表5 2012~2020年中国化纤工业主要产品产量

品种	单位	2012年	2013年	2014年	2015年	2016年	2017年	2018年	2019年	2020年
化学纤维	万吨	3792.16	4160.91	4389.75	4831.71	4943.74	4919.55	5011.09	5952.79	6025.12
其中：黏胶纤维	万吨	273.27	334.52	333.76	336.03	358.05	381.79	397.18	406.35	395.47
其中：黏胶纤维长丝	万吨					16.73	17.99	20.09	21.19	16.5
合成纤维	万吨	344.12	3782.92	4017.46	4446.37	4536.33	4480.75	4562.66	5432.75	—
其中：锦纶	万吨	181.46	235.16	259.16	287.28	333.16	332.92	330.37	392.84	384.25
涤纶	万吨	3057.03	3348.79	3565.8	3917.98	3959	3934.26	4014.87	4751.17	4922.75
其中：涤纶长丝	万吨					2837.74	3009	3125.6	3731	3869.28
腈纶	万吨	69.35	69.44	67.57	72	71.99	71.91	61.45	66.71	55.03
维纶	万吨	8.71	10.09	11.07	10	10.89	8.4	10.08	9.24	8.33
丙纶	万吨	36.86	26.93	26.7	25.94	25.85	29.41	34.78	38.47	41.22
氨纶	万吨	30.75	45.02	49.3	51.21	53.29	55.11	68.32	81.69	83.2

数据来源：国家统计局、中国化学纤维工业协会

参考文献

[1] 中国长丝织造协会.2019/2020 中国长丝织造产业发展研究［M］.北京：中国纺织出版社有限公司，2020.

[2] 中国长丝织造协会.2016 中国长丝织造产业发展研究［M］.北京：中国纺织出版社，2017.

[3] 吴立.染整工艺设备［M］.北京：中国纺织出版社，2009.

[4] 陈革.织造机械［M］.北京：中国纺织出版社，2009.

[5] 朱苏康.机织学［M］.北京：中国纺织出版社，2015.

[6] 裘愉发，吕波.喷水织机原理与使用［M］.北京：中国纺织出版社，2007.

[7] 郭兴峰.现代准备与织造工艺［M］.北京：中国纺织出版社，2007.

[8] 高卫东，王鸿博，牛建设.机织工程（上册）［M］.北京：中国纺织出版社，2014.

[9] 于伟东.纺织材料学［M］.北京：中国纺织出版社，2006.

[10] 中国化学纤维工业协会.2019 年中国化纤经济形势分析与预测［M］.北京：中国纺织出版社，2019.

[11] 中国纺织工业联合会.2019/2020 中国纺织工业发展报告［M］.北京：中国纺织出版社，2020.

[12] 范雪荣.纺织品染整工艺学［M］.北京：中国纺织出版社，2017.

[13] 顾振亚，田俊莹，牛家嵘，等.仿真与仿生纺织品［M］.北京：中国纺织出版社，2007.

[14] 彭孟娜，马建伟.生物基化学纤维的发展现状及其应用［J］.合成纤维工业，2018，41（3）：55.

[15] 付少举，张佩华.智能绿色纺织新型原料的开发现状及趋势［J］.针织原料，2020（7）：10-15.

[16] 李夏.并复合聚酯纤维的制备及性能研究［D］.上海：东华大学，2014.

［17］姚穆．纺织材料学［M］．北京：中国纺织出版社，2016.

［18］罗益锋．主要高性能纤维及其复合材料的创新发展与研发方向［J］．高科技纤维与应用，2020（6）：1-16.

［19］彭孟娜，马建伟．生物基化学纤维的发展现状及其应用［J］．合成纤维工业，2018，41（3）：55.

［20］付少举，张佩华．智能绿色纺织新型原料的开发现状及趋势［J］．针织原料，2020（7）：10-15.

［21］李夏．并复合聚酯纤维的制备及性能研究［D］．上海：东华大学，2014.

［22］肖长发．化学纤维概论［M］．北京：中国纺织出版社，2015.

［23］中国长丝织造协会．化纤长丝织造操作技术指南［M］．北京：中国纺织出版社，2017.

［24］中国长丝织造协会．化纤长丝织物大全［M］．北京：中国纺织出版社，2018.